말은 순간이지만, 울림은 영원하다.

"말하는 순간, 인생의 무대가 달라진다"

관계를 지배하고 메시지를 설계하라

- 스피치 커뮤니케이션 마스터 클래스 -

신윤형 지음

차례

프롤로그

대학을 졸업한 이후, 군과 사회에서 강의를 한지도 10년을 훌쩍 넘겼다. 군의 정훈장교 시절부터 시작한 다소 전투적이었던(?) 정신교육으로 시작한 나의 강의 인생은, 사회에서도 전투적으로 발현되었다.

내가 군에서 실시한 교육은 국가관, 안보관, 대적관과 같은, 말 그대로 장병들의 정신을 강하게 하여 전투력을 상승시키기 위한 정신교육이었다. 사람의 정신을 교육한다는 것은 결코 쉬운 일이 아니라는 사실을 미쳐 깨닫기도 전에, 나는 전투적인 교육 현장에 투입되었다. 이제 갓 임관한 '소위'가 병사부터 간부까지 교육한다는 것은 결코 쉬운 일은 아니었다. 누군가는 무시를 했고, 누군가는 비아냥거렸다. 누군가는 아예 듣기를 거부하고 잠의 세계로 빠져들었고, 누군가는 어떻게든 꼬투리를 잡기 위해 팔짱을 낀 채로 내 강의를 평가했다.

아마도, 내가 이런 교육생들만 보고 강의를 진행했다면, 그 강의는 군이 안 들어봐도 뻔할 것이다. 분명 재미는 없었을 것이고, 상급부대에서 내려온 교안의 텍스트들만을 간신히 읽어대는 것으로 최악의 강의를 시전했을 것이다. 그리고 나를 무시하고, 비아냥거리며, 잠을 청하거나 평가만 하려고하는 그 누군가들에게 아주 맛있는 먹잇감을 내가 자처하여 던져주는 꼴이 됐을 것이다.

나는 '사명감'에 집중했다. 정신교육은 본질적으로 교육을 하는 강사 혹은 교관이 감화되지 않으면 실로 굉장히 하기 어렵고 난해한 교육이다.

반면에, 그 반대라면, 이미 절반은 성공한 교육이라고 볼 수 있다. 나는 후자였다. 나는 교육을 준비하며 그 누구보다 강한 내 안의 정신 전력을 고취했다. 어려운 지식, 대단한 정보를 찾아 나열하기보다, 핵심적인 지식과 정보를 바탕으로 나부터 설득할 수 있는, 나부터 감화될 수 있는, 나부터 감동할 수 있는 교육을 만들기 위해 최선을 다했다.

(Who) 이 교육을 하는 나는 누구인지?
(Who) 이 교육을 듣는 교육생들은 누구인가?
(Why) 왜 내가 이 교육을 해야 하는지?
(Why) 왜 장병들이 이 교육을 들어야 하는지?
(What) 이 교육을 통해 내가 전달해야 하는 메시지는 무엇인가?
(What) 이 교육을 통해 장병들이 얻는 것은 무엇인가?

교육 준비를 하며 나는 간혹 눈을 감고 스스로 끊임없이 질문을 던졌다. 그리고 그 질문에 스스로 답을 하며 '나'에 대한 정신교육을 시뮬레이션 했다.

(Who) 이 교육을 하는 나는 누구인지?
이 교육을 하는 나는 자랑스러운 대한민국의 육군 정훈장교다.

(Who) 이 교육을 듣는 교육생들은 누구인가?
이 교육을 듣는 교육생들은 자랑스러운 대한민국의 장병들이다.

(Why) 왜 내가 이 교육을 해야 하는지?
국가는 내게 정훈의 영광스러운 임무 수행을 명하였고, 나는 그 임무를 마땅히 성공적으로 수행해야 할 의무가 있다.

(Why) 왜 장병들이 이 교육을 들어야 하는지?

장병들은 투철한 국가관과 대적관, 안보관을 확립하여 전투력을 고양하기 위해 나의 교육이 굉장히 필요하다. 그들에게 확립되는 정신전력으로 인하여 그들의 군 생활은 영광스러운 시간과 명예로운 경험이 될 것이다.

(What) 이 교육을 통해 내가 전달해야 하는 메시지는 무엇인가?

나는 자랑스러운 대한민국의 역사와 우리의 안보를 흔드는 것에 대해 장병들에게 확고하게 전달하며, 나아가 조국의 강한 국방력 향상을 위한 뜨거운 마음을 갖게 한다.

(What) 이 교육을 통해 장병들이 얻는 것은 무엇인가?

장병들은 조국에 대한 애국심과 군인으로서의 사명감으로 누구로부터 무엇을 지켜야 하는지 명확하게 인식할 수 있어야 한다.

결국 나의 강의는 성공적이었다. 그 누구도 졸지 않았으며, 그 누구도 평가하지 못했다. 완고하게 낀 팔짱은 풀렸으며, 비아냥은 찬사로 바뀌었다. 나의 노력과 마음이 통했고, 나의 열정과 노력을 인정받았다. 하지만 그 강의의 최대 수혜자는 교육생들이 아닌, 바로 '나' 자신이었다. 그 누구보다 뜨거웠던 그날의 교육으로 나는 그렇게 '말'의 힘을 누구보다 뜨겁게, 누구보다 무겁게 체감할 수 있었다.

말, 스피치, 커뮤니케이션... 참 중요하지만 너무도 당연하기에 조금씩 그 본질이 잊히기도 하고, 누군가에게 상처를 주기도 한다. 누군가를 뜨겁게 할 수 있지만, 누군가를 차갑게 만들기도 한다.

나는 지금도 모든 교안을 만들 때, 위와 같은 질문과 답변의 과정을 내 안에서 끊임없이 돌린다. 물론, 결코 쉽지 않은 과정이지만, 이러한 마인드셋 덕분에 10년이 넘게 강사로서 인정받으며 계속 이 일을 즐겁고 뜨겁게 할 수 있는 것이 아닐까.

지금 당신의 말은 사람을 끌어당기고 있는가,
아니면 밀어내고 있는가?

말하기는 단순한 기술이 아니다. 그것은 전략이며, 모든 것은 당신의 말에서 시작된다. 나는 군의 정신교육부터 기업의 현장, 대학 강의실, 그리고 다양한 기관에서 수많은 사람과 호흡해 왔다. 그 과정에서 한 가지 사실을 절실히 느꼈다. 사람들은 탁월한 능력과 화려한 경력을 가지고 있으면서도, 막상 말과 소통 앞에서는 좌절하거나 한계를 느낀다는 것이다. 뛰어난 지식을 가졌음에도 발표와 소통에서 스스로 만족하지 못해 매너리즘과 번아웃에 빠지는 경우를 수도 없이 보았다. 그때마다 내 마음에 울린 질문은 하나였다.

"어떻게 하면 말이 사람을 지치게 하는 것이 아니라,
살아 움직이게 할 수 있을까?"

이 책은 그 답을 찾기 위한 여정의 기록이다. 말은 단순한 전달이 아니다. 말은 관계를 지배하고, 메시지를 설계하며, 세상을 바꾸는 도구다. 스피치 능력은 훈련을 통해 누구나 키울 수 있는 힘이다. 그러나 중요한 것은 단순한 발화 기술이 아니라, 말 속에 담긴 사명감과 태도, 그리고 상대의 마음을 움직이는 전략적 커뮤니케이션이다.

이 책은 사람 앞에 서는 모든 이들을 위한 책이다. 강의실의 교사와 교수뿐 아니라, 회의실의 리더, 무대 위의 연설자, 그리고 일상 속에서 누군가와 소통을 해야 하는 모든 이들에게 이 책은 길잡이가 될 것이다.

물론, 시중에는 이미 수많은 스피치와 커뮤니케이션 관련 서적이 있다. 그러나 이 책은 내가 직접 몸으로 부딪히며 얻은 경험, 수없이 반복된 무대와 현장에서 흘린 땀, 그리고 관계 속에서 깨달은 통찰을 바탕으로 쓰였다. 기술과 전략은 어디서든 배울 수 있지만, 그 속에 담긴 사람에 대한 진심과 책임감은 경험에서만 길러진다.

만약 지금 당신이 "말과 소통이 즐겁고 뜨겁다"라고 자신 있게 말할 수 있다면, 이 책은 당신에게 더 큰 원동력과 확신을 줄 것이다. 반대로, "말과 소통이 소모적이고 버겁게 느껴진다"면, 이 책은 새로운 에너지를 불어넣는 쉼터이자 힐링의 통로가 될 것이다.

이 책을 덮는 순간, 나는 당신이 이렇게 다짐하기를 바란다.

"내 말은 단순한 소리가 아니다.

내 말은 사람을 살리고, 관계를 세우며, 세상을 바꾸는 메시지다."

그 다짐 하나가, 앞으로 당신의 무대를 완전히 새롭게 설계할 것이다.

당신의 스피치는 사람을 끌어당기고 있는가, 밀어내고 있는가?
이 물음 앞에서 마음이 복잡해지고, 쉽게 대답할 수 없다 해도 괜찮다. 굳이 답하려 애쓰지 않아도 된다. 그저 지금처럼 조용히 책장을 넘기면 된다. 반복해서 들었던 정보와 당연해 보이는 지식은 확인만 하고 지나가도 좋다. 대신 그 속에서 새롭게 다가오는 문장, 마음을 두드리는 깨달음, 공감으로 다가오는 이야기를 만나기를 바란다.

그 순간이 바로 당신의 마음을 치유하고, 다시 앞으로 나아갈 힘을 길러주는 시간이 될 것이다. 이 책이 당신의 말에 온기를 불어넣고, 삶의 무대를 조금 더 뜨겁고 따뜻하게 밝혀주길 진심으로 기원한다.

나의 미약한 경험과 지혜가
누군가에게는 힐링과 용기가 되길 바라며.
저자 신윤형.

1장
기초 디자인

스피치 커뮤니케이션의 본질을 그리다

말은 사람의 의지를 전달하는 도구이다._공자

스피치 커뮤니케이션의 의미

스피치 커뮤니케이션은 사람들 간의 정보 전달과 이해를 목적으로 하는 말을 기반으로 한 의사소통 과정을 의미한다. 이 과정은 말하는 사람이 메시지를 말로 표현하고, 듣는 사람이 이를 듣고 해석하는 일련의 단계를 포함한다. 효과적인 스피치 커뮤니케이션은 명확하고 논리적인 표현, 청중에 맞는 적절한 어조와 스타일, 그리고 몸짓, 표정과 같은 비언어적 요소들까지 포함된다. 스피치 커뮤니케이션은 연설, 토론, 프레젠테이션 등 다양한 상황에서 사용되며, 설득, 정보 전달, 동기 부여 등의 목적을 띈다. 이 과정에서 피드백은 중요한 역할을 하며, 피드백을 통해 말하는 사람은 자신의 메시지가 제대로 전달되었는지 확인하고, 필요 시 메시지를 수정할 수 있다. 결과적으로 스피치 커뮤니케이션은 효과적인 인간 관계 형성과 사회적 상호작용에 중요한 역할을 한다고 볼 수 있다.

상품에 있어서 소비자의 마음을 사로잡는 시간은 평균 0.6초라고 한다. 짧은 시간에 고객의 발길을 잡지 못하면 마케팅 싸움에서 결코 승리할 수 없다. 디자인은 물건의 겉모양이나 스타일을 결정하는 개념에 그치는 것이 아니라 무언가를 계획하고 창조되는 모든 과정이다. 상품을 만들 때 절차와 구성요소가 갖추어져야 소비자를 사로잡는 제품이 탄생하듯, 성공적인 커뮤니케이션을 위해서는 스피치도 반드시 구상과 전략적인 디자인의 과정이 필요하다.

모든 상품에 의미가 있듯이, 모든 스피치 커뮤니케이션에도 목적과 의미가 있다. 정보를 전달하고자 하는지, 설득을 하고자 하는지, 누군가를 위로하고자 하는지, 교육을 하고자 하는지 등등… 아마 스피치 커뮤니케이션에 부담과 어려움을 느끼는 부분이 바로 이 부분일 것이다. 스피치의 목적과 의미를 어느정도 알고 있으나, 어떻게 접근해야 할지 감을 잡기 힘들다면, 스피치 커뮤니케이션의 구성요소들을 바탕으로 전략을 수립해 보는 것을 추천한다. 그렇다면 무엇이 문제인지, 무엇 때문에 어렵게 느껴졌는지 확실하게 이해할 수 있다.

스피치 커뮤니케이션의 요소로는 말하는 사람, 듣는 사람, 메시지, 채널, 피드백, 상황, 방해요인이 있다.

성공적인 스피치 커뮤니케이션 1요소: 말하는 사람

말하는 사람은 말 그대로 말을 하는 주최자를 말한다. 의도를 갖고 있을 것이며, 목적이 있는 스피치를 구사할 것이다. 일반적으로 퍼블릭 스피치를 예로 들어 '연사'라는 표현을 쓰겠다(연사는 사전적으로 연설하는 사람을 뜻하는 말이다). 사람들 앞에서 말을 하는 모든 사람들을 우리는 연사라고 칭하는데, 연사들은 개인적인 신뢰도와 경험, 말하는 내용에 대한 지식을 바탕으로 말하는 방법과 전략 등을 기획하여 적절한 태도로 열정을 다해 말할 수 있어야 한다. 이는 기본 중의 기본이자, 연사의 말을 듣는 청중에 대한 예의다.

그럼 여기서 조금 더 욕심을 내 보자. 단순한 연사로서의 일은 지금도 하고 있지 않은가? 그렇다면 '좋은 연사'는 어떻게 해야 할까? 여러 방면에서 활동하고, 여론과 언론으로부터 좋은 이미지를 구축하고 인정받는 많은 연사들의 공통점을 추출해 보면 어느 정도 맥락을 잡을 수 있다. 일단, 좋은 연사는 좋은 인격을 갖춰야 한다. 스피치의 기본은 태도와 윤리다. 따라서 좋은 인격을 갖춘 연사의 말에서 청중은 교훈을 얻고자 경청을 게을리 할 수 없다. 또 어떤 분야의 출중한 전문 지식을 갖췄거나, 경험적인 요소를 잘 전달하는 연사도 청중들이 좋아하는 연사라고 볼 수 있다. 이 외에도 테크닉적으로 뛰어난 말주변이 있거나, 태도, 자신감이 뛰어나 통찰력있는 스피치를 구사하는 연사도 우리는 좋은 연사로 인정한다. 하루 아침에 바뀔 수 있는 것은 그 어떤 항목에도 포함되지 않는다. 따라서, 좋은 연사가 되고 싶다면 지금 이 순간부터 하나씩 차곡차곡 무엇이든 쌓아 올리는 부지런함이 필요하다.

성공적인 스피치 커뮤니케이션 2요소: 듣는 사람

듣는 사람은 청중을 의미한다. 말하는 사람, 즉 연사의 메시지를 받아들이는 사람을 뜻한다. 듣는 사람에 대한 분석은 굉장히, 아마 가장 중요한 요소라고 해도 과언이 아닐 정도로 매우 핵심적인 요소다. 아무리 좋은 연사로서의 조건이 갖추어졌다고 하더라도, 청중에 대한 분석이 이루어지지 않는다면 성공적인 스피치 커뮤니케이션을 이루기는 힘들다. 물론, 좋은 연사라면 듣는 사람에 대한 분석을 누구보다 철저히 할 것이다.

말하는 사람의 메시지가 청중에게 전달되지 않는다면, 그것은 연사의 문제다. 청중이 어려워하면 말하는 내용을 쉽고 간결하게 구성해야 할 것이며, 청중이 관심 없어 하면 최대한 흥미로운 소재와 엮어서 연사의 말을 청중이 듣고 싶어 하게 만들어야 할 것이다. 이는 곧, 청중에 맞는 커뮤니케이션 전략이 곧, 승부처라고 할 정도로 매우 중요한 포인트라고 할 수 있다. 물론, 청중 또한, 진지하고 적극적으로 경청하는 태도가 겸비되어야 원활한 스피치 커뮤니케이션 사이클의 2요소로서 작용할 수 있을 것이다.

성공적인 스피치 커뮤니케이션 3요소: 메시지

메시지는 말하는 사람이 듣는 사람에게 전달하는 내용의 전부라고 할 수 있다. 따라서 말하는 사람은 듣는 사람에게 바로 이 메시지를 전달하여 성공적인 스피치 커뮤니케이션을 하기 위해 앞에서 분석한 청중을 바탕으로 전략적으로 내용을 구성해야 한다. 일반적으로 메시지의 표출 단계는 스피치의 목표를 확인한 후, 주제를 압축하여 주제문 형식의 문장을 추출한다. 동시에 스피치 내용을 조사하며 체계적으로 내용을 구성하되, 이는 반드시 청중을 고려하여 진행해야 하는 부분이다. 내용의 순서나 단어 선정 등 반드시 청중을 고려하여 현명하게 내용이 구성되어야 한다. 물론, 내용을 어떻게 표현할지에 대한 고민과 연습도 반드시 선행되어야 한다. 말하는 사람이 의도한 메시지가 실제로 소통되는 메시지가 된다면 '메시지'는 성공적인 스피치 커뮤니케이션의 하나의 요소로서 원활하게 작용할 수 있다.

성공적인 스피치 커뮤니케이션 4요소: 채널

채널은 메시지가 전달되는 방법이나 수단을 말한다. 말 그대로 말하는 사람이 듣는 사람에게 메시지를 전달하는 모든 방법과 수단을 채널이라고 할 수 있는데, 마이크와 스피커, 전화나 카메라가 될 수도 있으며, 텍스트나 기계가 될 수도 있다. 위의 말하는 사람과 듣는 사람, 메시지에 대한 분석과 전략이 어느 정도 수립되었다면 다음 고려해야 할 부분은 바로 이 채널이다. 연사가 말하고자 하는 메시지를 듣는 사람에게 어떤 방법과 수단을 활용하여 전달하는지, 정할 수 있다면 청중과 내용을 고려하여 성공적인 스피치 커뮤니케이션에 최적화된 채널을 정하면 되지만, 이미 정해진 채널 안에서 스피치 커뮤니케이션을 해야 한다면, 채널에 대한 사전조사와 분석을 통해 채널이 방해요인이 되지 않도록 철저히 준비할 수 있어야 하며, 나아가 채널을 잘 활용하여 성공적인 사이클이 될 수 있도록 해야한다.

성공적인 스피치 커뮤니케이션 5요소: 피드백

피드백은 듣는 사람이 말하는 사람에게 보내는 메시지를 말한다. 피드백은 커뮤니케이션이라는 활동에 있어서 굉장히 의미있는 요소이기도 하다. 단순히 말하는 사람이 채널을 통해 전달하는 메시지를 듣는 사람이 단순히 전달만 받는, 수동적으로 듣기만 하는 것이 아닌, 들은 내용에 대해 청중이 연사에게 메시지를 보내며 사이클을 완성되게 하는 단계이자 또 다른 시작을 위한 매우 의미 있는 요소라고 할 수 있다. 연사들 중에서는 이 피드백을 등외시하는 연사가 생각보다 많다. 물론, 좋은 피드백만 있으리라는 보장은 없다. 하지만 연사를 발전시키고 공부하게 하는 것이 바로 청중의 이 피드백이다. 피드백을 통해 연사는 성숙하며, 스피치 커뮤니케이션은 다음 단계로 나아갈 수 있다.

성공적인 스피치 커뮤니케이션 6요소: 방해 요소

방해 요소는 메시지의 소통에 방해가 되는 모든 요인을 말한다. 물론, 성공적인 스피치 커뮤니케이션의 요소에 방해 요소라는 항목이 있다는 것에 고개를 갸웃하는 사람들도 있을 것이다. 여기서 말하는 방해 요소는 스피치 커뮤니케이션에 있어서 필요한 요소가 아닌, 고려해야 할 요소로서 존재한다. 성공적인 스피치 커뮤니케이션을 위해 말하는 사람, 듣는 사람, 메시지, 채널, 피드백에 이르기까지 철저한 준비를 했지만 변수는 어디서든 튀어나올 수 있다. 여기서 말하는 변수가 바로 방해 요소다.

메시지의 소통에 방해가 되는 요소로는 외부적인 요인과 내부적인 요인으로 구분할 수 있다. 외부적인 요인으로는 환경적인 요소를 의미한다. 연사가 말을 하는 환경이 어수선하거나 시끄럽거나 소란스러워 메시지 소통에 방해가 되는 환경을 말한다. 구체적으로 예를 들어 보면, 강사가 강의를 하는 도중 근처에서 큰 공사를 하여 공사 소음이 강의에 방해가 된다면, 바로 이것을 외부적인 방해 요인이라고 볼 수 있다. 반면 내부적인 요인은 청중 내면에서의 작용을 의미하는데 앞에서 연사가 말을 하여 메시지를 전달하고 있지만, 동시에 청중은 다른 생각을 하는 것을 말한다. 물론 청중이 모든 시간 내내 연사의 말을 집중에서 들으면 좋지만, 이는 현실적으로 매우 어렵다. 대부분의 청중은 연사가 말을 함과 동시에 머릿속으로는 다른 생각을 동시다발적으로 하고 있다는 사실을 인지하고 이해할 수 있어야 한다.

여기서 중요한 것은 바로 방해 요소의 예측과 제거이다. 따라서 외부적인 방해 요소가 예상이 되면 이를 사전에 조치할 수 있어야 하며, 내부적인 방해 요소를 예측하여 청중의 집중력을 끝까지 끌고 갈 수 있도록 내용을 구성하고 스킬을 활용할 수 있어야 한다.

성공적인 스피치 커뮤니케이션 7요소: 상황

상황은 커뮤니케이션이 진행되는 시간과 장소를 의미한다. 이 부분도 앞에서 설명한 방해 요소처럼, 성공적인 스피치 커뮤니케이션에 있어서 반드시 확인해야 하는 요소라고 할 수 있다. 히틀러는 연설을 할 때, 주로 석양이 붉게 지는 저녁의 시간을 많이 활용했다고 한다. 이는 철저히 계산된 것으로 하늘에 물드는 노을의 붉은 빛으로 연설하는 히틀러를 더 웅장하면서도 영웅화하려는 목적으로 상황적인 요소를 전략적으로 쓴 사례로 볼 수 있다. 스피치 커뮤니케이션을 하는 시간에 따라서 메시지 전달의 구성을 달리 할 수도 있다. 점심시간 이후라면 졸음이 몰려올 청중을 예상할 수 있으며, 저녁 시간이라면 빨리 일과를 끝내고자 하는 청중을 예측할 수 있다. 메시지를 전달하는 장소가 매우 큰 곳인지, 작은 곳인지, 사람들을 대면할 수 있는 곳인지 스튜디오인지에 따라서도 스피치 커뮤니케이션 전략은 달라질 수 밖에 없다. 따라서 스피치 커뮤니케이션 상황에 대해서도 미리 예측하여 효과적인 전략을 구사할 수 있어야 한다.

스피치 커뮤니케이션은 이처럼 수많은 요소들의 유기적 결합을 통해 완성된다. 말하는 사람, 듣는 사람, 메시지, 채널, 피드백, 방해 요소, 상황은 각각 독립된 개념이 아니라 서로 영향을 주고받으며 커뮤니케이션의 성패를 결정짓는다. 따라서 성공적인 스피치 커뮤니케이션을 위해서는 단순히 화자의 표현 능력만을 갈고닦는 것이 아니라, 청중의 특성과 상황을 고려한 종합적 설계가 필요하다. 이는 곧 말하기가 단순한 기술이 아니라, 철저히 준비되고 전략적으로 운영되는 하나의 '디자인'이라는 점을 보여준다.

결국 스피치 커뮤니케이션은 인간 관계와 사회적 상호작용의 핵심 도구이다. 우리는 말 한마디로 사람의 마음을 얻기도 하고, 또 말 한마디로 관계를 잃기도 한다. 그러므로 스피치 커뮤니케이션은 단순히 잘 말하는 기교를 넘어, 진실성과 윤리성, 공감과 존중을 바탕으로 이루어져야 한다. 말은 보이지 않지만 세상을 바꾸는 힘을 지니고 있다. 올바르게 디자인된 스피치 커뮤니케이션은 개인의 성장을 이끌 뿐 아니라, 공동체를 긍정적으로 변화시키는 원동력이 된다.

스피치 커뮤니케이션의 디자인

우리가 흔히 디자인이라고 하면 제품의 겉모습이나 스타일을 먼저 떠올리곤 한다. 그러나 디자인의 본질은 단순히 외형을 꾸미는 데 있지 않다. 디자인은 목표를 향해 구상하고, 계획하고, 창조하며, 완성에 이르는 일련의 과정 전체를 의미한다. 하나의 제품이 시장에서 소비자의 선택을 받기 위해서는 겉모습뿐 아니라 기능과 사용성, 그리고 경험까지 치밀하게 설계되어야 한다. 스피치 커뮤니케이션 또한 마찬가지다. 즉흥적인 말이 아닌, 철저히 구상되고 전략적으로 디자인된 말이야말로 사람의 마음을 움직이고 관계를 변화시킨다.

심리학 연구에 따르면 소비자가 상품을 보고 구매 여부를 결정하는 데 걸리는 시간은 평균 0.6초라고 한다. 짧은 순간에 호감을 얻지 못하면 다시 돌아오기는 쉽지 않다. 스피치 커뮤니케이션 역시 이와 같다. 첫인상에서 청중의 마음을 열지 못하면 그 이후의 메시지는 효과적으로 전달되기 어렵다. 따라서 스피치 커뮤니케이션의 디자인은 단순히 “무엇을 말할 것인가”에 머무르지 않고, “어떻게 말할 것인가”와 “상대의 마음을 어떻게 움직일 것인가”까지를 포함하는 총체적 과정이라 할 수 있다.

스피치 커뮤니케이션을 디자인하는 과정에서는 상대에 대한 이해가 우선되어야 한다. 청중의 연령과 성별, 직업과 관심사, 가치관과 심리적 상황까지 분석하지 않으면 소통은 시작될 수 없다. 같은 메시지라도 어린아이에게, 직장인에게, 전문가에게 전할 때는 전혀 다른 접근이 필요하다. 아이에게는 쉽게 풀어낸 이야기와 구체적 예시가 필요하며, 직장인에게는 현실적인 문제 해결이 중요하다. 전문가를 대상으로 할 때는 논리적 근거와 새로운 통찰이 설득의 무기가 된다. 결국 스피치 커뮤니케이션의 첫 걸음은 상대를 아는 데서 출발한다.

또한 메시지를 전하는 장소와 환경도 중요한 요소다. 강당에서의 연설, 회의실에서의 보고, 온라인 회의, 야외 행사 등 환경적 변수는 메시지의 강약과 어조에 직접적으로 작용한다. 공간의 크기, 조명, 음향, 청중과의 거리까지 세심하게 고려해야 한다. 같은 말이라도 좁은 공간에서 전할 때와 수백 명이 모인 강당에서 전할 때는 메시지의 리듬과 표현 방식이 달라져야 한다. 환경을 읽어내고 그것을 활용하는 태도는 스피치 커뮤니케이션 디자인의 중요한 일부다.

시간의 맥락 또한 무시할 수 없다. 아침에는 희망과 비전을 제시하는 말이 에너지를 불어넣고, 점심 직후에는 짧고 간결한 메시지가 집중력을 끌어낸다. 저녁에는 하루를 돌아보고 성찰을 이끌어내는 이야기가 효과적이다. 같은 말이라도 언제, 어떤 상황에서 전하는가에 따라 청중의 반응은 달라진다. 따라서 시간의 흐름과 상황을 읽고 그에 맞는 메시지를 선택하는 것이 중요하다.

내용의 구성은 스피치 커뮤니케이션 디자인의 핵심이라 할 수 있다. 단순히 생각나는 대로 이야기를 나열하는 것은 준비가 아니다. 핵심 메시지를 먼저 압축하고, 이를 뒷받침할 수 있는 자료와 사례, 그리고 이야기를 체계적으로 구성해야 한다. 서론, 본론, 결론의 기본 구조를 따르되, 반드시 스토리와 에피소드를 포함해야 한다. 사람들은 논리보다 이야기에 더 쉽게 설득된다. 논리가 이성을 움직인다면, 이야기는 마음을 움직인다.

특히 오프닝은 전체 메시지의 성패를 좌우한다. 첫 만남에서 호감이 몇 초 안에 결정되듯, 스피치 커뮤니케이션에서도 첫 순간의 인상이 중요하다. 따라서 청중과 상황에 맞는 신선한 아이스브레이킹을 준비해야 한다. 진부한 인사말 대신 영화의 한 장면, 최근의 흥미로운 사건, 일상 속의 작은 경험을 활용하면 효과적이다. 중요한 것은 상대의 마음을 열어주는 것이다. 유머, 공감, 흥미 중 하나라도 끌어낼 수 있다면 이미 절반은 성공한 셈이다.

본론에서는 반드시 스토리와 사례가 포함되어야 한다. 자신의 경험이 가장 설득력 있으며, 주변의 작은 일화나 역사적 사례도 메시지를 생생하게 만드는 데 도움이 된다. 결론은 다시 서두와 맞닿아야 한다. 처음 던진 질문이나 이야기를 회수하며 원형을 그리듯 마무리할 때, 청중은 하나의 완결된 경험을 하게 된다.

스피치 커뮤니케이션의 디자인은 무대나 강단에만 국한되지 않는다. 가정에서 가족을 격려하는 말, 직장에서 동료와 협업을 이끄는 말, 친구를 위로하는 대화, 사회적 갈등을 조율하는 지도자의 연설까지 모두 스피치 커뮤니케이션이다. 결국 말은 관계를 만들고, 메시지는 관계를 지탱하는 힘이 된다. 그러므로 스피치 커뮤니케이션을 디자인한다는 것은 곧 관계를 설계하고 사람 사이의 소통을 조율하는 일이라 할 수 있다.

마지막으로 스피치 커뮤니케이션은 연습과 다듬음을 통해 성숙한다. 누군가 대신 써준 원고를 그대로 읽는 것은 스피치가 아니라 단순한 낭독에 불과하다. 메시지를 자신의 언어로 재구성하고, 키워드만 정리한 메모를 활용하며, 상황에 따라 유연하게 풀어낼 수 있어야 한다. 디자인 없는 말은 우연일 뿐이지만, 디자인된 말은 관계를 움직이고 사람을 설득하는 힘이 된다. 따라서 끊임없는 준비와 연습, 피드백과 성찰을 통해 스피치 커뮤니케이션은 단순한 말하기 기술을 넘어, 사람을 연결하고 사회를 변화시키는 강력한 힘으로 거듭나게 된다.

스피치 커뮤니케이션의 이해

스피치의 사전적 의미는 말하기, 말씨, 말투, 발언, 화법 혹은 말하는 능력을 통칭하는 개념이다. 이는 단순히 소리를 내는 행위가 아니라, 청중과 공감대를 형성하고 자신의 의견을 조리 있게 전달하는 목적을 지닌 행위다. 따라서 스피치는 주어진 시간과 장소에서 다수의 사람을 대상으로 체계적이고 기술적으로 말하는 능력을 의미한다.

많은 청중에게 인정받고 사랑받는 연사들의 스피치에는 공통점이 존재한다. 그들의 말은 이해하기 쉽고, 재미있으며, 핵심적인 메시지와 함께 감동을 선사한다. 사람을 움직이고 설득하는 스피치에는 특별한 힘이 있다. 단순한 표현의 차이만으로도 감동의 깊이가 달라지며, 말 한마디의 무게가 청중의 마음을 바꾸기도 한다. 이것이 바로 스피치 커뮤니케이션의 힘이며, 영향력이라 할 수 있다.

스피치는 좁게는 연설과 같은 퍼블릭 스피치를 의미하기도 하지만, 넓게는 웅변, 토론, 토의, 회의, 좌담, 대화, 화술, 커뮤니케이션까지 포괄하는 폭넓은 개념이다. 즉, 공적인 무대뿐 아니라 일상적인 대화와 토론의 장에서도 스피치 커뮤니케이션은 이루어진다. 본질적으로 스피치는 인간 생활에 필수적인 자기표현의 수단이며, 치열한 경쟁 사회에서 살아남을 수 있는 강력한 무기이기도 하다.

오늘날의 스피치는 과거처럼 청중을 선동하거나 특정한 행동으로 몰아가는 기술에 머무르지 않는다. 오히려 대등한 관계 속에서 자신의 감정, 사랑, 지식, 의견 등을 목소리를 통해 전달하고, 상호작용하는 커뮤니케이션의 한 방식으로 진화했다. 따라서 외면적인 표현 기술만으로는 부족하다. 화자의 내면적 인격과 가치관이 뒷받침될 때, 스피치 커뮤니케이션은 비로소 설득력을 발휘한다.

경영학자 피터 드러커는 인간에게 가장 중요한 능력은 표현력이며, 현대의 경영과 조직 관리는 결국 커뮤니케이션에 의해 좌우된다고 했다. 말하기와 듣기는 의사소통의 핵심이며, 현대 사회에서 성공을 좌우하는 능력이다. 따라서 자신의 생각을 올바르게 전달하는 스피치 능력은 오늘날 가장 절실히 요구되는 역량이라고 할 수 있다.

스피치 커뮤니케이션의 개념을 정리하자면, 이는 곧 자신의 생각과 감정을 말로 표현하여 타인과 공유하고 소통하는 과정이라 할 수 있다. 과거에는 연설이나 프레젠테이션과 같은 공적 상황에서만 스피치를 부담스럽게 여겼다면, 오늘날에는 일상적인 대화조차 어려워하는 사람들이 늘어나고 있다. 빠르게 변화하는 디지털 사회에서 우리는 수많은 플랫폼을 통해 그 어느 때보다 활발히 소통하지만, 아이러니하게도 불통의 시대를 살고 있기도 하다. 문자와 이미지, 영상은 넘쳐나지만 정작 사람과 사람이 직접적으로 주고받는 말의 힘은 약해지고 있는 것이다. 첨단화된 기술은 우리에게 편리함을 선사했지만, 동시에 인간 고유의 소통 능력을 다시 되돌아보게 하는 과제가 되었다. 그렇기에 스피치 커뮤니케이션은 더욱 중요한 의미를 지니며, 인간 본연의 가치인 감정의 교감과 공감을 반드시 지켜내야 하는 영역이라 할 수 있다.

변화하는 시대 속에서 변하지 않는 진실은 하나다. 스피치 능력은 언제나 중요한 경쟁력이라는 점이다. 이는 특정 직업군이나 지도자에게만 요구되는 능력이 아니다. 학교에서는 발표 기회가 점점 많아지고 있으며, 기업에서는 면접과 프레젠테이션의 비중이 커지고 있다. 공공기관이나 조직에서도 보고서를 대신하여 구두 보고와 발표가 늘어나고 있다. 디지털 환경은 우리의 삶을 변화시켰지만, 동시에 말의 중요성을 더욱 부각시킨 촉매제가 되었다. 결국 사회는 자신의 생각을 말로서 명확히 표현할 수 있는 인재를 원한다.

스피치를 이해할 때 간과하지 말아야 할 점은, 스피치는 단순한 기술의 문제가 아니라 사람의 문제라는 것이다. 기술적인 테크닉보다 더 중요한 것은 말을 하는 사람의 마음가짐과 인품이다. "잘하다"라는 말은 단순히 능숙하게 한다는 의미를 넘어 옳고 바르게, 훌륭하게 한다는 뜻을 내포한다. 따라서 진정한 스피치 커뮤니케이션은 화려한 언변이 아니라 올바른 태도와 도덕성, 그리고 바른 가치관에서 비롯된다. 말은 그 사람의 인격과 품격을 드러내며, 결국 스피치 커뮤니케이션은 화자의 사람됨을 보여주는 과정이 된다.

그렇다면 사람들은 왜 스피치를 두려워할까. 많은 이들이 "스피치는 타고나는 것"이라고 말한다. 어느 정도는 맞는 말일 수 있다. 그러나 타고난 재능만으로는 부족하다. 스피치 능력은 끊임없는 훈련과 반복을 통해 발전할 수 있다. 후천적인 노력으로 충분히 개선이 가능하며, 타고난 재능을 지닌 사람조차 연습하지 않으면 좋은 연사가 될 수 없다. 결국 스피치 커뮤니케이션은 연습과 피드백을 통해 성장하는 능력이다.

사람은 말을 할 때 얼굴과 목소리, 몸짓을 통해 수많은 정보를 동시에 전달한다. 청중은 무의식적으로 말의 95퍼센트를 이미지와 태도를 통해 받아들인다고 한다. 따라서 목소리나 발성이 부족하다고 실망할 필요가 없다. 꾸준한 연습과 실전 같은 리허설을 통해 누구든 발전할 수 있다. 중요한 것은 자신이 어떤 사람인지, 무엇을 말하고자 하는지에 대한 뚜렷한 인식과 성실한 준비다.

좋은 스피치 커뮤니케이션에는 몇 가지 규칙이 있다. 첫째는 진실이다. 목적을 위해 거짓이나 비윤리적인 내용을 담는 순간, 신뢰와 공신력은 무너진다. 둘째는 간결함이다. 군더더기 없는 말이 핵심을 살아 있게 한다. 셋째는 적절함이다. 사례와 주장, 경험은 주제와 어울릴 때만 효과가 있다. 적절하지 못한 스피치는 오히려 청중의 신뢰를 잃게 만들 수 있다. 결국 좋은 스피치 커뮤니케이션은 진실하고, 간결하며, 적절해야 한다.

따라서 스피치 커뮤니케이션을 이해한다는 것은 단순히 "말을 잘하는 기술"을 배우는 차원을 넘어선다. 그것은 곧 인간으로서 가져야 할 올바른 마음가짐, 성실한 태도, 타인을 존중하는 자세를 익히는 과정이다. 말은 도구이자 무기이며 동시에 사람됨을 드러내는 거울이다. 스피치 커뮤니케이션은 단순한 발화가 아니라, 인간다운 삶을 살아가기 위한 가장 근본적인 소통의 힘이라 할 수 있다.

스피치 커뮤니케이션의 목적

스피치 커뮤니케이션에 있어서 목적은 단순히 말하는 행위의 방향을 정하는 것에 그치지 않는다. 목적은 스피치 커뮤니케이션의 성격과 기능을 규정하고, 더 나아가 관계와 사회적 상호작용의 방식까지 결정짓는 핵심 요소라 할 수 있다. 따라서 스피치를 단순히 발표나 연설의 기술로 보는 관점을 넘어, 스피치 커뮤니케이션이라는 더 넓은 차원에서 목적을 이해할 필요가 있다.

우선 스피치 커뮤니케이션의 첫 번째 목적은 의사의 전달이다. 화자는 자신의 감정과 생각을 말로 표현하며, 지식과 정보, 기술을 타인에게 전달한다. 그러나 단순히 정보를 나열하는 것이 아니라, 듣는 사람이 정확히 이해할 수 있도록 맥락을 설계하고 의미를 명료하게 전달해야 한다. 정보가 곧 소통으로 이어지기 위해서는 메시지 자체의 정확성과 더불어 화자의 태도, 어조, 표현 방식까지 고려되어야 한다.

두 번째 목적은 이해와 설득이다. 스피치 커뮤니케이션은 언제나 상대방이 존재한다. 상대방이 화자의 주장을 이해하고 받아들일 수 있도록 하는 과정이 곧 설득이다. 이를 위해서는 논리적 근거와 체계적인 이론이 필요하며, 동시에 청중의 흥미를 고려한 다양한 아이스브레이킹과 사례가 함께 어우러져야 한다. 설득은 단순히 주장을 강요하는 것이 아니라, 상대가 스스로 납득하고 수용하도록 돕는 과정이다.

세 번째 목적은 공감대 형성이다. 아무리 훌륭한 논리와 자료가 뒷받침되어 있어도 청중이 마음으로 공감하지 못한다면, 스피치 커뮤니케이션은 성공할 수 없다. 공감은 화자와 청중을 연결하는 다리이며, 그 과정에서 침묵의 시간이나 질문법과 같은 전략적 도구가 중요한 역할을 한다. 공감이 형성될 때 청중은 단순한 수용자가 아니라 소통의 동반자가 된다.

네 번째 목적은 감동의 전달이다. 스피치 커뮤니케이션은 단순히 이해시키는 것에 머물지 않고, 사람의 마음을 움직이고 감정을 흔들 수 있어야 한다. 역경을 극복한 이야기, 인간 승리의 드라마, 가족애나 고향의 추억과 같이 보편적 감성을 자극하는 이야기는 청중의 마음을 두드린다. 감동은 단순한 정서적 울림을 넘어, 청중으로 하여금 화자의 메시지를 더 깊이 기억하고 행동으로 옮기게 하는 원동력이 된다.

다섯 번째 목적은 변화를 이끌어내는 것이다. 스피치 커뮤니케이션은 단순한 언어적 상호작용을 넘어, 청중의 생각과 태도, 행동을 변화시키는 힘을 가진다. 설득과 공감을 거쳐 감동에 이르면, 청중은 새로운 관점으로 세상을 바라보고, 결단과 선택을 통해 행동으로 나아가게 된다. 이 변화는 개인의 차원을 넘어 조직과 사회의 패러다임을 바꾸는 원동력이 되기도 한다.

결국 스피치 커뮤니케이션의 목적은 정보 전달에서 시작해 이해와 설득, 공감과 감동을 거쳐, 궁극적으로는 변화와 성장으로 이어지는 과정이라 할 수 있다. 따라서 효과적인 스피치 커뮤니케이션을 위해서는 단순히 메시지의 기술적 완성도에 집중하는 것을 넘어, 청중에게 심리적 안정감을 주고, 철학이 담긴 인품과 태도를 보여 주어야 한다. 말은 기술이자 동시에 사람됨을 드러내는 거울이기 때문이다.

스피치 커뮤니케이션의 유형

스피치 커뮤니케이션은 단순히 무대 위에서 청중을 상대로 하는 연설에만 머무르지 않는다. 인간은 누구나 살아가면서 매일같이 크고 작은 스피치 커뮤니케이션 상황을 맞닥뜨린다. 따라서 스피치 커뮤니케이션은 목적과 맥락에 따라 여러 유형으로 나눌 수 있으며, 각 유형은 일상 대화부터 사회적 관계, 조직 운영, 공적 무대까지 다양한 장면에서 활용된다.

설득 커뮤니케이션

설득을 목적으로 하는 커뮤니케이션은 정치인의 연설, 홈쇼핑 쇼호스트의 상품 설명처럼 상대방을 움직이기 위한 말하기가 대표적이다. 그러나 이는 무대에만 국한되지 않는다. 직장에서 새로운 아이디어를 제안하거나 회의에서 동료들을 설득할 때, 가정에서 가족을 이해시키고 협조를 이끌어낼 때도 모두 설득 커뮤니케이션의 한 형태라 할 수 있다. 설득의 본질은 단순히 강요하는 것이 아니라, 상대가 화자의 의견에 호의적인 태도를 갖도록 만들어 자발적 수용을 이끌어내는 것이다.

정보 전달 커뮤니케이션

정보를 정확히 전달하는 커뮤니케이션은 학교에서 교사의 수업, 기업 강사의 교육처럼 전형적인 강의 장면에서도 이루어진다. 그러나 정보 전달은 일상적인 대화 속에서도 빈번하게 나타난다. 직장에서 업무 보고를 하거나 친구에게 새로운 사실을 알려주는 것, 온라인에서 콘텐츠를 제작하여 대중에게 알리는 것 모두 정보 전달 커뮤니케이션이다. 중요한 것은 정확성과 명료성, 그리고 청자의 흥미를 유지할 수 있는 적절한 설명 방식이다. 지루하지 않도록 예시, 스토리, 유머를 곁들이는 것이 효과적이다.

격려 커뮤니케이션

격려는 상대방의 마음을 북돋우고 자신감을 심어주는 커뮤니케이션이다. 결혼식 축사, 졸업식 격려사처럼 의례적인 상황에서 자주 등장하지만, 실제로는 일상과 조직 속에서 더욱 필요하다. 팀원이 실패했을 때 위로와 용기를 주는 한마디, 자녀가 도전을 앞두고 있을 때 부모가 전하는 격려, 힘든 시기를 겪는 친구에게 건네는 따뜻한 말 모두 격려 커뮤니케이션이다. 핵심은 상대방의 필요와 상황을 정확히 읽어내고, 그에 맞는 진심 어린 메시지를 전하는 것이다.

레크리에이션 커뮤니케이션

레크리에이션 커뮤니케이션은 분위기를 즐겁게 만들고 사람들을 하나로 묶는 소통 방식이다. 방송 프로그램에서 MC가 분위기를 주도하는 모습, 야유회나 워크숍에서 진행자가 분위기를 띄우는 모습이 대표적이다. 그러나 레크리에이션적 소통은 일상에서도 매우 중요하다. 모임에서 적절한 농담으로 긴장을 풀어주는 것, 가족 식사 자리에서 밝은 분위기를 만드는 것, 회의 시작 전에 가벼운 아이스브레이킹으로 팀워크를 높이는 것 모두 레크리에이션 커뮤니케이션이라 할 수 있다. 이 유형의 핵심은 순발력과 재치, 상황을 읽는 감각이다.

스피치 커뮤니케이션 유형의 확장적 의미

스피치 커뮤니케이션의 유형을 위와 같이 네 가지로 구분했을 때, 이들은 단순히 특정 무대나 행사에서만 필요한 것이 아니다. 설득은 비즈니스와 일상에서 끊임없이 요구되고, 정보 전달은 모든 인간관계의 기본이며, 격려는 사람의 마음을 연결하는 힘이고, 레크리에이션은 집단의 활력을 불어넣는다. 결국 스피치 커뮤니케이션은 설득-정보-격려-분위기 조성이라는 네 축을 통해 개인의 삶과 사회의 모든 영역에서 작동한다.

따라서 스피치 커뮤니케이션을 잘한다는 것은 단순히 말을 잘한다는 의미가 아니라, 상황에 맞는 유형을 인식하고, 적절한 전략을 구사할 수 있는 능력을 갖추었다는 것을 뜻한다. 이는 곧 개인의 경쟁력이자 사회적 영향력으로 이어진다.

스피치 커뮤니케이션의 중요성

스피치 커뮤니케이션은 단순히 사람들 앞에서 연설하거나 발표하는 기술을 넘어선다. 그것은 곧 인간이 세상을 살아가며 관계를 형성하고, 지식을 나누고, 세상과 연결되는 가장 본질적인 방식이다. 사람들은 흔히 말한다. "그 사람의 말을 들으면 그 사람이 누구인지 알 수 있다." 실제로 몇 마디의 대화 속에서도 한 사람의 가치관과 세계관, 지식과 교양, 성품과 철학이 고스란히 드러난다. 말은 곧 그 사람 자체이며, 스피치 커뮤니케이션은 곧 사람됨을 보여주는 창이다.

스피치 커뮤니케이션은 청중과 공감대를 형성하는 행위다. 화자가 자신의 경험과 생각을 진정성 있게 전하면, 듣는 이는 자연스레 감동을 받는다. 때로는 따뜻한 격려로 용기를 주고, 때로는 날카로운 통찰로 세상을 일깨우며, 때로는 즐거운 이야기를 통해 사람들의 마음을 하나로 묶는다. 이렇듯 스피치 커뮤니케이션은 분위기를 조율하고, 사람들을 참여하게 하며, 공동의 메시지를 공유하는 장치가 된다. 그것은 단순히 말하기가 아니라, 세상을 긍정적이고 창조적인 방향으로 움직이는 힘이다.

스피치 커뮤니케이션의 중요성은 개인의 삶을 넘어 사회 전반에서 더욱 두드러진다. 가정에서는 부모의 말 한마디가 자녀의 자존감을 키우고, 직장에서는 상사의 말투 하나가 팀의 분위기를 바꾼다. 정치 지도자의 연설은 국가적 의지를 모으고, 기업인의 발표는 새로운 산업을 열며, 예술가의 발언은 사람들의 감성을 깨운다. 더 나아가 글로벌 시대에 스피치 커뮤니케이션은 국가와 국가, 문화와 문화가 소통하는 가장 기본적이고 강력한 다리가 된다.

또한 스피치 커뮤니케이션은 단순히 언어적 기술에 국한되지 않는다. 화자의 태도와 인격, 그리고 비언어적 표현까지 모두 포함된다. 자신감 있는 태도, 명확한 발음, 진솔한 표정, 따뜻한 시선은 청중에게 신뢰를 주며, 이는 말의 의미를 배가시킨다. 반대로 자신감이 부족하거나 불성실한 태도는 청중에게 불신을 불러일으키고 메시지의 힘을 약화시킨다. 따라서 스피치 커뮤니케이션은 단순한 기술적 영역이 아니라, 사람됨과 인격이 고스란히 드러나는 총체적 소통의 과정이다.

오늘날과 같은 정보화·디지털 시대일수록 스피치 커뮤니케이션의 중요성은 더 커지고 있다. 문자와 영상은 넘쳐나지만, 진심 어린 말 한마디가 줄 수 있는 힘은 대체될 수 없다. 사회는 단순히 지식을 많이 가진 사람을 원하는 것이 아니라, 그 지식을 올바르게 말할 수 있는 사람, 사람의 마음을 움직이며 관계를 변화시킬 수 있는 사람을 원한다. 따라서 스피치 커뮤니케이션은 현대 사회에서 가장 중요한 경쟁력으로 자리 잡는다.

결국 스피치 커뮤니케이션은 개인의 삶을 빛내고, 조직을 성장시키며, 사회를 변화시키는 핵심 동력이다. 말을 통해 사람과 사람이 연결되고, 연결된 사람들이 함께 세상을 바꾸어 간다. 그래서 스피치 커뮤니케이션은 단순히 말하는 능력이 아니라, 세상을 바라보는 힘이며, 세상을 새롭게 만드는 에너지라 할 수 있다. 발언, 화법 혹은 말하는 능력을 통칭하는 개념이다. 이는

스피치 커뮤니케이션의 기본자세

스피치 커뮤니케이션은 단순히 무대 위에서 말하는 행위가 아니다. 그것은 인간이 사회 속에서 자신을 표현하고, 타인과 관계를 맺으며, 세상과 소통하는 가장 본질적인 방법이다. 말은 눈에 보이지 않지만 강력한 에너지를 지닌 생명체와 같다. 잘 디자인된 스피치 커뮤니케이션은 청중의 마음을 열고, 공감을 이끌어내며, 때로는 사람들의 생각과 행동까지 변화시킨다. 따라서 스피치 커뮤니케이션을 실천하는 데 있어 가장 중요한 출발점은 화자의 태도, 즉 기본자세이다.

기본자세에서 가장 먼저 요구되는 것은 상대를 존중하는 마음이다. 자신의 말을 앞세우기보다 상대가 듣고 싶어 하는 것이 무엇인지, 청중이 어떤 상황에 놓여 있는지를 먼저 고려해야 한다. 스피치 커뮤니케이션은 일방적인 전달이 아니라 상호작용이다. 따라서 자신의 주장을 펼치기 전에 상대의 관점에 서서 생각하는 태도가 필요하다. 상대를 존중하지 않은 말은 아무리 화려해도 공감을 얻지 못한다.

둘째로, 진실성과 윤리성이 담보되어야 한다. 스피치 커뮤니케이션은 화자의 인격을 그대로 드러낸다. 거짓되거나 과장된 메시지는 단기적으로는 청중을 현혹할 수 있을지 몰라도, 결국 신뢰를 무너뜨리고 화자의 인품까지 훼손한다. "말은 그 사람의 얼굴이다"라는 말처럼, 언어에는 화자의 가치관과 세계관이 묻어난다. 따라서 기본자세는 곧 바른 인격과 윤리의식에서 출발한다. 말에 담긴 윤리적 기준은 화자가 세상과 맺는 관계의 품격을 결정짓는다.

셋째로, 자신감과 성실한 준비가 요구된다. 청중은 화자의 말 자체보다 말하는 태도에서 더 많은 신호를 읽는다. 작은 목소리, 불안한 눈빛, 흔들리는 태도는 곧 신뢰 부족으로 이어진다. 반면에 자신감 있는 말투와 성실한 준비는 청중으로 하여금 안도감을 느끼게 한다. 그러나 이 자신감은 근거 없는 허세가 아니라, 꾸준한 연습과 학습을 통해 다져진 진짜 자신감이어야 한다.

넷째로, 겸손과 공감이 필요하다. 스피치 커뮤니케이션의 목적은 상대를 압도하는 것이 아니라, 공감대를 만들어 함께 나아가는 데 있다. 지나치게 자기중심적인 말은 청중과 거리를 만든다. 반면 겸손하게 자신의 경험을 나누고, 상대의 반응에 귀 기울이며, 함께 웃고 공감하는 말은 관계를 더욱 단단하게 만든다. 공감 없는 소통은 공허하고, 공감 있는 소통은 오래 기억된다.

다섯째로, 긍정적이고 건설적인 언어 태도가 중요하다. 말은 힘이 있기 때문에 누군가를 세우기도 하지만, 무너뜨리기도 한다.

특히 스피치 커뮤니케이션은 많은 사람들에게 동시에 영향을 미치기에 그 책임이 더 크다. 상대를 상처 주거나 사회적 분열을 일으키는 언어가 아니라, 격려하고 협력하게 만들며, 더 나은 방향으로 나아가도록 이끄는 언어가 필요하다. 언어의 윤리는 단순히 개인의 문제가 아니라 공동체 전체의 품격을 가늠하는 기준이다.

마지막으로, 끊임없는 자기 성찰이 필요하다. 아무리 경험이 많은 연사라 해도 완벽한 스피치 커뮤니케이션은 존재하지 않는다. 피드백을 받아들이고, 자신의 말하기 습관을 점검하며, 더 나은 방식으로 소통하려는 노력 속에서 진정한 성장은 이루어진다. 스피치 커뮤니케이션의 기본자세는 완벽을 추구하는 데 있지 않고, 부단한 성찰과 개선을 통해 조금씩 더 나은 화자가 되어가는 과정에 있다.

결국 스피치 커뮤니케이션의 기본자세는 단순한 기술적 훈련을 넘어, 사람에 대한 존중, 윤리적 책임, 자신감 있는 태도, 겸손과 공감, 긍정적 언어, 끊임없는 성찰이라는 여섯 가지 요소로 요약할 수 있다. 이는 단지 말하기 기술을 위한 덕목이 아니라, 삶 전반에서 인간다운 소통을 가능하게 하는 핵심 자세이기도 하다. 말은 세상을 바꾸는 힘을 지니며, 스피치 커뮤니케이션의 기본자세는 그 힘을 올바른 방향으로 사용하기 위한 인간의 책임이자 의무라 할 수 있다.

2장
메시지 디자인

핵심과 경청의 힘

우리의 입보다 귀가 두 배 많은 것은 더 많이 듣기 위함이다._에픽테토스

스피치 커뮤니케이션의 문제제기

스피치 커뮤니케이션에서 문제제기란 단순히 말문을 여는 기술이 아니다. 그것은 청중의 사고를 자극하고, 메시지의 방향을 설정하며, 말하는 사람과 듣는 사람을 '하나의 주제'로 묶어주는 출발점이다. 문제제기의 첫 단계는 "누구에게 말하고 있는가?"를 분명히 하는 것이다. 청중이 학생인지, 전문가인지, 일반 대중인지에 따라 접근 방식은 달라진다. 같은 메시지라 해도 학생에게는 친근한 비유와 사례가 필요하고, 전문가에게는 최신 연구와 통계가 더 설득력을 가진다. 결국 청중 분석은 문제제기의 뿌리다.

다음은 순발력이다. 현장에서 스피치 커뮤니케이션은 언제나 변수가 따른다. 예상치 못한 질문, 돌발 상황, 집중하지 않는 청중 등 다양한 변수 속에서도 핵심을 잃지 않고 대응하는 순발력은 문제제기의 성공을 좌우한다. 준비된 원고만 붙잡는 연사는 변화를 따라가지 못하고, 상황에 맞춰 메시지를 재배치하는 유연성을 가진 연사가 비로소 주목을 끈다.

마지막은 이해 가능성이다. 화려한 수사와 어려운 단어는 오히려 청중을 멀어지게 한다. 이해되지 않는 메시지는 존재하지 않는 것과 같다. 따라서 문제제기의 모든 표현은 단순·명료해야 하며, 청중이 "아, 오늘 말하려는 게 이런 거구나" 하고 직관적으로 받아들일 수 있어야 한다.

문제제기는 방식에 따라 그 효과가 달라진다. 주제를 직접적으로 던져 청중을 몰입하게 하거나, 질문을 통해 스스로 사고하게 만들거나, 충격적인 사실이나 강렬한 경험담을 던져 긴장감을 불러일으킬 수 있다. 중요한 것은 문제제기가 단순한 '흥미 유발'에 머무르지 않고, 반드시 본론으로 연결되는 다리 역할을 해야 한다는 점이다. 이 다리의 마지막에는 반드시 핵심 메시지로 이어지는 Key 문장이 필요하다.

개인의 경험을 활용하는 것도 효과적이다. 자신의 이야기는 외우지 않아도 자연스럽게 전달되며, 사실적인 이야기는 신뢰성을 높이고, 감정을 담으면 청중의 몰입도를 높인다. 특히 스피치 커뮤니케이션의 시작 60초는 '골든 타임'이다. 이 시간 안에 청중의 마음을 붙잡지 못하면 이후의 메시지도 힘을 잃는다. 짧은 이야기, 강렬한 비유, 솔직한 고백 등이 이 시간을 살리는 비결이다.

이야기를 할 때는 반드시 이유가 포함되어야 한다. "왜 내가 이 이야기를 하는지, 왜 청중이 들어야 하는지"를 분명히 밝혀야 한다. 이야기는 단순한 사실 전달이 아니라 감정을 입힌 포장이다.

어려움을 극복한 이야기, 실패에서 배운 교훈, 삶의 전환점 같은 개인의 이야기는 청중을 사로잡는 힘을 가진다. 목소리·표정·제스처까지 함께 동원될 때 이야기는 단순한 일화가 아니라 강력한 문제 제기로 전환된다.

핵심 메시지와 결론 설계하기

메시지는 단순히 정보의 나열이 아니라, 청중이 끝까지 붙잡을 수 있는 핵심이다. 핵심 메시지가 없다면 스피치 커뮤니케이션은 흐름 없는 대화로 흩어지고 만다. 사람들은 화려한 문장보다 분명하고 명료한 중심 사상에 오래 머무른다. 따라서 메시지를 분명히 설정하고, 그 메시지를 뒷받침할 수 있는 구조적 장치를 마련하는 과정이 반드시 필요하다. 이는 마치 건축에서 설계도가 없는 건물을 세우는 것과 같다. 아무리 좋은 자재를 사용해도 설계가 없다면 건물은 곧 무너진다. 메시지의 설계는 곧 스피치 커뮤니케이션의 기초 공사라 할 수 있다.

핵심 메시지를 설계할 때는 구조화가 중요하다. 서양 연사들이 자주 활용하는 쓰리 포인트(Three-point) 방식은 청중의 집중과 이해를 돕는다. "오늘 저는 세 가지를 말씀드리겠습니다"라는 단순한 구조는 청중이 내용을 따라가는 데 부담을 줄여 준다. 또 다른 방식인 과거-현재-미래 배열은 시간의 흐름을 따라 메시지를 배치하여 자연스럽고 설득력 있는 스토리텔링을 가능하게 한다. 과거에서 배운 교훈, 현재의 과제, 미래의 비전이 연결될 때 청중은 메시지를 하나의 이야기처럼 받아들이며, 화자의 논리에 동참하게 된다.

핵심 메시지는 반드시 간결·명료·구체적이어야 한다. 장황한 설명은 오히려 핵심을 흐리게 하고, 청중을 피로하게 만든다. 짧고 직관적인 문장은 기억의 힘을 가진다. "변화는 지금 시작됩니다.", "경청은 신뢰의 첫걸음입니다."와 같은 문장은 단순하지만 강력하다. 셰익스피어가 말했듯, "청중은 많은 것을 듣지만, 분명히 기억하는 것은 단 하나뿐"이다. 그 '단 하나'를 심어 주는 것이 바로 핵심 메시지의 역할이다.

결론은 단순한 요약이 아니다. 결론은 메시지를 단단히 묶어 주는 마무리이자, 청중의 마음속에 '그 다음'을 심어주는 비전 선언이다. 핵심 메시지를 다시 환기시키되, 그것을 "행동"과 "변화"로 연결해야 한다. "만약 우리가 ~한다면, ~이 될 것입니다."라는 식의 미래 지향적 언어는 청중에게 가능성을 열어주고, 스스로 움직이게 하는 힘을 발휘한다. 이는 단순히 "오늘은 이런 이야기를 나눴습니다"라는 정보적 결론과는 차원이 다르다. 결론은 곧 영감을 주는 촉매제여야 한다.

또한 좋은 결론은 반드시 시작과 맞닿아야 한다. 서두에서 던진 문제제기를 다시 회수함으로써 청중에게 완결된 메시지 경험을 제공해야 한다. 처음에 제시한 질문에 대한 답을 마지막에 함께 찾아내거나, 시작에 던진 에피소드를 다시 불러와 교훈으로 정리하는 방식이 효과적이다. 이렇게 순환적 구조를 가질 때, 청중은 "처음부터 끝까지 하나의 여정을 함께 했다"는 만족감을 느낀다.

결론은 풍선의 매듭과 같다. 아무리 아름답게 불어 올린 풍선이라도 매듭을 묶지 않으면 바람이 빠져버린다. 스피치 커뮤니케이션도 마찬가지다. 결론이 약하면 모든 메시지는 공허하게 흩어진다. 따라서 결론에서는 요약을 넘어서 청중의 미래를 비춰 주는 비전, 영감적 호소, 구체적 행동 촉구가 반드시 담겨야 한다. 훌륭한 결론은 청중이 "오늘의 메시지가 내 삶에 어떤 의미를 가지는가?"를 스스로 묻게 만든다. 그리고 그 질문에 대한 답을 찾아 행동하게 하는 순간, 메시지 디자인은 완성된다.

경청의 이해

경청은 단순히 상대방의 말을 이해하는 수준을 넘어, 관계의 질을 결정짓는 도덕적 행위이기도 하다. 사람의 말에는 그 사람의 삶과 경험이 담겨 있다. 따라서 경청은 단순한 기술이 아니라 한 인간의 존재와 목소리를 존중하는 윤리적 선택이다. 듣는 이를 존중하지 않는 경청은 기술적으로 아무리 뛰어나도 진정한 소통이라 할 수 없다. 윤리적 경청은 상대방을 한 인간으로 받아들이고, 그의 말 속에 담긴 존엄을 인정하는 태도에서 출발한다.

또한 경청은 권력 관계에서도 중요한 의미를 갖는다. 상사와 부하 직원, 교사와 학생, 부모와 자녀 등 힘의 불균형이 존재하는 관계에서 진정한 경청은 더욱 어렵다. 권력을 가진 자가 상대방의 말을 끝까지 듣는 순간, 불균형은 완화되고 관계는 수평적 소통으로 가까워진다. 따라서 윤리적 경청은 단순한 매너가 아니라 권력의 균형을 회복하는 정의로운 실천이다. 스피치 커뮤니케이션은 화자의 메시지를 전달하는 데 그치지 않고, 청자의 목소리를 존중하는 이중적 책임을 포함한다.

경청은 또한 집단적 소통에서도 강력한 힘을 발휘한다. 회의나 토론 자리에서 누군가의 의견이 무시되면, 집단 전체의 동력이 약화된다. 반대로 모두의 이야기가 존중받는 분위기에서는 새로운 아이디어가 자연스럽게 피어나고, 협력의 가능성이 커진다. 이는 민주주의 사회의 작동 원리와도 같다. 소수가 다수의 목소리를 듣고, 다수가 소수의 목소리에 귀 기울일 때 집단은 건강하게 발전할 수 있다. 경청은 개인적 미덕을 넘어 사회적 자본을 형성하는 핵심 조건이다.

윤리적 경청은 또한 자기 절제의 훈련이기도 하다. 사람은 본능적으로 말하고 싶어 한다. 하지만 경청은 그 본능을 잠시 멈추고, 자신의 말보다 타인의 말을 먼저 두는 행위이다. 이는 단순히 입을 다무는 것이 아니라, 마음의 공간을 열어주는 훈련이다. 침묵을 견디고, 상대의 언어가 끝날 때까지 기다리는 태도는 자기중심성을 내려놓는 윤리적 결단이다. 이런 자기 절제야말로 경청을 '듣기'에서 '소통'으로 끌어올리는 힘이다.

마지막으로, 경청은 치유의 힘을 가진다. 때로는 상대방이 원하는 것은 충고나 해결책이 아니라, 그저 들어주는 귀 한 쌍이다. 특히 상처받은 사람, 고립감을 느끼는 사람에게 경청은 회복의 출발점이 된다. "당신의 이야기를 듣고 있습니다"라는 메시지는 그 자체로 강력한 위로가 된다. 이런 점에서 경청은 단순히 의사소통의 기술을 넘어, 인간다운 삶을 지탱하는 윤리적 행위이자 치유의 언어라 할 수 있다.

따라서 경청은 단순한 대화 기술을 넘어, 인간 관계와 사회 전반을 지탱하는 근본적 토대라 할 수 있다. 잘 듣는다는 것은 곧 상대방의 삶을 존중하는 것이며, 나아가 사회를 더 공정하고 건강하게 만드는 출발점이다. 스피치 커뮤니케이션의 완성은 화려한 말솜씨가 아니라, 타인의 목소리에 진심으로 귀 기울이는 윤리적 경청에서 비롯된다. 결국 경청은 말보다 더 강력한 소통의 힘이며, 사람과 사람을 잇는 다리이자 공동체를 지탱하는 가장 따뜻한 언어이다.

경청의 유의사항

경청에는 분명한 함정이 존재한다. 듣는 듯 고개를 끄덕이며도 속으로 판단을 내리거나, 상대의 말이 끝나기도 전에 조언을 꺼내면, 대화는 순식간에 심문-변명-방어의 구도로 굳어진다. "네가 잘못했어"라는 평가는 상대에게 열등감과 방어심리를 유발하고, 과도한 해석과 질문 공세는 마음의 문을 닫게 만든다. 심지어 위로조차 과하면 상대를 의존적으로 만들거나, "내 감정을 빨리 처리해 달라"는 메시지로 비칠 수 있다. 진정한 경청은 상대의 말을 있는 그대로 존중하는 데서 시작한다.

첫째, 자기 점검 없이 하는 경청은 실패한다. 듣기 이전에 스스로의 상태를 확인해야 한다. 피곤, 분노, 초조, 선입견이 강한 상태에서는 상대의 말을 정확히 수용하기 어렵다. 경청 전에 심호흡을 세 번 하고, 오늘의 감정 상태를 한 단어로 이름 붙이는 행위는 효과적이다. "지금 나는 초조하다."라고 인식하는 순간, 그 초조함이 말 사이로 스며드는 것을 줄일 수 있다. 시간적 여유가 없다면, 경청을 약속하고 적절한 시점으로 재조정하는 것도 존중이다. 무성의한 즉석 경청은 차라리 미루는 것보다 못하다.

둘째, 평가-충고-해석-심문-과잉위로라는 다섯 가지 방해를 의식적으로 억제한다. 평가는 "옳다/그르다"의 잣대를 들이미는 것이고, 충고는 상대가 요청하지 않은 해결책을 앞세우는 것이다. 해석은 내 기준으로 상대를 재단하는 것이며, 심문은 질문을 빌미로 권력의 주도권을 쥐는 방식이다. 과잉위로는 상대 감정의 무게를 내 불편함 때문에 서둘러 덮어버리는 태도다. 이 다섯 가지가 올라올 때마다 3초 정지 규칙으로 반응을 지연하고, "지금 내 반응이 상대에게 어떤 영향을 줄까?"를 스스로 묻는다. 반응의 속도를 늦추는 것만으로도 대화의 질은 급격히 좋아진다.

셋째, 언어적 습관을 재설계한다. 반박을 예고하는 접속사("하지만", "그런데", "그러나")는 문장 맨 앞에서 지양한다. 대신 "들을수록 ○○가 느껴진다.", "내가 이해한 바는 ○○다."와 같이 관찰-이해-확인의 순서로 응답한다. '왜' 질문은 상대를 방어적으로 만들 가능성이 높으므로, 가능하면 '무엇/어떻게'로 전환한다. 예: "왜 그랬어?" 대신 "그때 무엇이 가장 어려웠는가?", "지금 어떻게 도울 수 있는가?"와 같이 묻는다. 한 번에 하나의 질문만 던지고, 질문-침묵-대답의 리듬을 유지한다. 침묵은 공백이 아니라 처리 시간이다.

넷째, 비언어적 신호를 정교하게 사용한다. 시선은 상대 얼굴의 삼각지대(양 눈-입) 주변에 머물고, 고개 끄덕임은 리듬감 있게 짧게 한다. 과도한 끄덕임은 성급한 동의를 암시한다. 상체는 약간 전방으로 기울여 물리적-심리적 접근성을 높이고, 손은 가급적 열린 형태로 두어 회피 신호를 차단한다. 상대가 감정을 이야기할 때는 표정의 미러링(거울반응)을 가볍게 적용하되, 감정의 강도를 복제하지는 않는다. 온라인 경청에서는 카메라 위치를 눈높이에 맞추고, 알림을 모두 끄며, 가끔 카메라 응시-화면 보기를 번갈아 상대가 "보고 있다"는 확신을 느끼게 한다.

다섯째, 메모의 윤리와 기술을 지킨다. 메모는 존중의 신호이지만, 고개를 숙이고 펜만 움직이면 관계의 단절로 느껴질 수 있다. 중요한 키워드만 한 줄-한 단어로, 상대가 말 끝을 맺은 뒤 짧게 적는다. 기록의 목적을 사전에 고지한다. "정확히 이해하고 싶어 몇 가지 키워드를 적겠다." 메모를 읽어 확인받는 행위("여기까지 이렇게 이해했다, 맞는가?")는 신뢰를 암묵적으로 강화한다.

여섯째, 반영-라벨링-요약-합의의 네 단계 기술을 습관화한다. 반영은 상대의 마지막 핵심 단어를 그대로 되비추는 기술이다. "억울했다."—"억울했다." 라벨링은 감정에 이름을 붙여 안전하게 꺼내도록 돕는다. "그 말에는 서운함이 묻어난다." 요약은 일정 구간의 내용과 감정을 묶어 공유된 현실을 만든다. "오늘 이야기의 요지는 A 상황에서 B를 겪었고, 그로 인해 C 감정을 느꼈다는 점이다." 마지막으로 합의는 다음 행동의 경계와 책임을 명확히 한다. "지금은 위로가 필요하다고 이해했다. 해결책 논의는 내일 오후에

이어가도 되겠는가?"

일곱째, 감정이 격해진 장면에서는 탈격화(de-escalation)를 우선한다. 목소리 톤과 속도를 상대보다 한 단계 낮게 맞춘다. "분노하지 마라"는 설득 대신, 감정을 사실로 인정한다. "지금 많이 분노한 상태라는 점이 느껴진다." 좌석 배치를 대립형(정면)에서 협력형(사선 혹은 나란히)으로 바꾸는 것만으로도 긴장은 완화된다. 논박은 금물이며, 시간 제한-물 한 모금-창문 열기 같은 작은 환경 개입이 의외로 큰 효과를 낸다.

여덟째, 다자(多者) 경청에는 구조가 필요하다. 회의나 토론에서 몇 사람이 말을 독점하면 집단의 지혜는 사라진다. 라운드 테이블 방식으로 발언 기회를 순환시키고, 발언 시간과 순서를 명시한다. "한 사람 1분, 시계 방향." 진행자는 요약-확인을 통해 소수 의견을 기록으로 가시화한다. "지금까지 A·B·C 제안이 나왔다. 맞는가?" 가시화된 요약은 침묵하는 이들에게 참여의 발판이 된다.

아홉째, 다문화·세대 간 차이를 전제로 듣는다. 끄덕임이 동의를 의미하지 않는 문화가 있고, 침묵이 거부가 아니라 존중인 문화가 있다. 세대별로도 표현 자원이 다르다. 젊은 세대의 "그냥…"은 회피가 아니라 감정 이름을 아직 찾지 못함일 수 있다. 경청자는 의미를 서둘러 확정하지 말고, 탐색적 질문으로 빈칸을 함께 채운다. "그 '그냥' 속에는 아마도 몇 가지 느낌이 섞여 있을 것이다. 가장 큰 하나를 꼽는다면 무엇인가?"

열째, 윤리적 경청의 경계를 분명히 한다. 비밀 유지와 동의는 기본이다. 민감한 정보를 들었다면 공유 범위와 목적을 즉시 명시한다. “이 내용은 인사팀과만 상의하겠다. 괜찮겠는가?” 권력 차가 큰 관계에서의 경청은 권한 남용의 오해를 방지하기 위해 기록·결정·후속 조치의 절차를 투명하게 한다. 해결 불가능하거나 전문적 개입이 필요한 주제(트라우마, 자해 위험 등)는 연결의 윤리를 적용한다. “나는 들어줄 수 있으나, 지금은 전문가의 도움이 더 적절하다. 연결을 도와도 되겠는가?”

마지막으로, 침묵과 짧은 맞장구는 최고의 도구다. 침묵은 상대 사고의 공간을 확보하고, 맞장구는 감정의 다리를 놓는다. “음, 그렇구나.”, “계속해도 좋다.” 같은 짧은 신호는 상대가 안전하다고 느끼게 만든다. 무엇보다 상대의 경험과 감정을 부정하거나 깎아내리지 않는 태도가 핵심이다. 그가 경험한 현실은 그 사람에게는 ‘진실’이다. 경청의 본질은 결국, 상대가 “나는 존중받고 있다.”라고 몸으로 느끼게 하는 데 있다. 이 감각이 형성되는 순간, 스피치 커뮤니케이션은 비로소 말의 기술을 넘어 관계의 예술이 된다.

마음을 움직이는 경청법

경청은 타고난 기질이 아니라 훈련으로 길러지는 행동 습관이다. 작은 기술 하나, 한 문장, 한 호흡이 관계의 결을 바꾼다. 마음을 움직이는 경청법은 단순한 요령이 아니라, 사람의 마음을 열고 관계를 단단히 만드는 실천 규약이다.

상대의 이야기를 끝까지 듣는 것은 가장 기본적인 태도다. 말을 가로막지 않는 것만으로도 신뢰는 쌓인다. 사람은 자신의 문장이 무사히 끝날 권리가 있을 때 마음을 연다. 회의 자리에서 팀원이 스스로 실패를 털어놓을 때, 중간에 끼어들어 평가하기보다 끝까지 들어주면 이미 관계 속에서 배움과 회복이 시작된다. 가정에서도 마찬가지다. 아이가 학교에서 있었던 일을 쏟아낼 때, 부모가 "그래서 어떻게 됐어?"라고 말하며 이야기를 이어가도록 신호를 주면 아이는 "내 이야기는 안전하다"는 확신을 얻게 된다. 이런 경험은 아이에게 평생의 자신감을 심어주는 씨앗이 된다.

집중은 곧 존중이다. 상대의 이야기에 온전히 주의를 기울이는 순간, 관계는 달라진다. 휴대폰을 치워두고, 눈빛과 고개 끄덕임으로 "당신의 말이 지금 내 우선순위"라는 메시지를 전할 때, 듣는 사람은 존중받고 있다고 느낀다. 병원 진료실에서 의사가 환자의 두려운 말을 잠시 멈추고 눈을 맞추며 "지금 가장 걱정되는 게 무엇입니까?"라고 묻는다면, 그 짧은 집중만으로도 환자는 이미 치유의 절반을 경험한다. 마찬가지로 교실에서 선생님이 학생의 작은 의견에 집중하며 "네 생각은 그런 거구나. 흥미롭다"라고 반응해 준다면, 학생은 자신이 가치 있는 존재라는 메시지를 받고 학습 동기가 배가된다.

메모는 "당신의 말은 기록할 가치가 있다"는 강력한 신호다. 대화 중 중요한 단어를 간단히 적어두고, 대화가 끝날 때 "정리하면 이런 점들이 핵심이지요?"라고 확인하는 순간, 상대는 자신의 말이 존중받고 있다는 확신을 갖는다. 회의에서 누군가의 아이디어를 화이트보드에 적으며 이름을 함께 남겨주면, 한 사람의 작은 용기가 집단 전체의 자산으로 전환된다. 부모가 아이의 말을 들으며 달력에 생일이나 약속을 표시해 주는 것 또한 아이에게는 세상에서 가장 큰 존중으로 다가온다. "내가 말한 것이 실제로 기록되고 기억되는구나"라는 경험은 아이의 자존감을 크게 높인다.

맞장구는 단순한 동의가 아니라 감정을 지지하는 다리다. "그랬구나, 서운했겠다." 같은 말은 상대의 경험을 정리하게 하고, 혼자가 아니라는 안정감을 준다. 배우자가 회의 자리에서 소외감을 느꼈다고 말할 때, "다음엔 더 세게 말해"라는 조언보다 "아무도 들어주지 않았다는 게 제일 서운했구나"라고 감정을 짚어 주는 것이 훨씬 깊은 위로가 된다. 직장에서 동료가 고객의 불합리한 항의로 힘들었다고 털어놓을 때, "그런 고객은 어디든 있어"라고 무심하게 말하기보다 "그 상황에서 정말 답답했겠다. 그래도 끝까지 응대한 게 대단하다"라고 말해주는 것이 훨씬 큰 힘이 된다. 맞장구는 짧고 진정성 있게, 그러나 명료하게 건네야 한다. 과도한 반응은 오히려 가볍게 느껴질 수 있기 때문이다.

무엇보다 중요한 것은 부정하거나 비난하지 않는 것이다. 상대의 경험은 그 사람에게는 곧 진실이다. "그건 별일 아니야"라는 말은 경험을 부정하는 것과 같다. 학생이 단체 대화방에서 배제된 이야기를 털어놓을 때, "요즘 애들은 원래 그래"라고 말하면 고립감은 더 깊어진다. 반대로 "그 순간 얼마나 가슴이 철렁했을지 느껴진다. 그때부터 오늘까지 어떻게 버텼는지 들려달라."라고 말한다면, 아이는 자신의 서사를 회복하고 다시 목소리를 낼 용기를 얻게 된다. 상담 장면에서도 마찬가지다. 내담자의 말을 비난 없이 그대로 받아주고 "그런 감정을 느끼는 건 너무나 자연스러운 일이에요"라고 수용해줄 때, 내담자는 이미 회복의 길로 들어서게 된다.

경청은 말보다 강하다. 끝까지 들어주는 침묵, 집중이 주는 존중, 기록이 주는 신뢰, 맞장구가 놓는 감정의 다리, 그리고 부정을 멈추고 인정하는 태도는 한 사람의 하루를 바꾸는 힘을 가진다. 더 나아가, 그 작은 행동들이 쌓여 삶과 관계, 공동체를 변화시키는 씨앗이 된다. 스피치 커뮤니케이션의 목적이 사람을 움직이는 것이라면, 그 출발점은 언제나 귀를 여는 데서 시작된다. 경청은 말보다 더 큰 울림을 주며, 진정한 소통의 완성은 결국 “듣는 용기”에서 비롯된다.

경청은 거창한 지식이나 화려한 언변보다 더 오래 기억된다. 사람들은 누군가 자신을 끝까지 들어준 순간을 평생 잊지 않는다. 말은 잊히지만, “내가 존중받았다”는 기억은 마음 깊이 각인된다. 그렇기에 경청은 상대의 인생에 남는 가장 값진 선물이며, 스피치 커뮤니케이션을 빛나게 만드는 숨은 힘이다.

지금 이 순간, 누군가의 말에 귀 기울이는 선택이 결국 내 인간관계와 세상을 바꾼다. 마음을 움직이는 경청은 단순한 기술이 아니라, 사람의 마음에 다리를 놓는 예술이다. 그 다리를 건너는 순간 우리는 서로의 세상과 더 깊이 연결되고, 그 속에서 진정한 소통의 기적을 경험하게 된다.

“사람들은 당신이 무슨 말을 했는지는 잊는다.
그러나 당신이 그들의 이야기를 들어주었는지는
절대 잊지 않는다.”

- 칼 메닝거 -

3장
전략 디자인

실행과 청중 분석

준비에 실패하는 것은 실패를 준비하는 것이다_벤저민 프랭클린

스피치 커뮤니케이션의 기본 원칙

스피치 커뮤니케이션은 단순히 입에서 흘러나오는 말이 아니다. 그것은 한 사람의 내면과 가치관, 그리고 살아온 이야기가 청중과 연결되는 순간이다. 우리는 모두 말할 수 있지만, 모두가 소통할 수 있는 것은 아니다. 말은 쉽지만, 마음을 움직이는 말은 어렵다. 그렇다면 어떻게 해야 진짜 '통하는 말'을 할 수 있을까? 그 출발점은 아주 단순해 보이지만, 사실은 가장 지키기 어려운 기본 원칙에 있다. 그것은 바로 천천히, 크게, 또박또박, 자연스럽게 말하는 것이다.

천천히 — 여유는 곧 힘이다

빠른 말은 긴장을 감추려는 방패처럼 들린다. 실제로 초보 연사들의 가장 큰 특징은 '말이 너무 빠르다'는 것이다. 청중은 잠깐은 집중하지만, 곧 지치고 놓쳐버린다. 반면 천천히, 여유 있게 말하는 사람 앞에서 청중은 안도감을 느낀다. 마치 넓은 강물이 흘러가듯, 한 마디 한 마디가 마음에 닿는다.

천천히 말한다는 것은 단순히 속도를 늦추는 것이 아니다. “나는 내 말에 확신이 있다. 당신들이 이해할 때까지 기다릴 수 있다.”는 무언의 선언이다. 이 여유는 하루아침에 생기지 않는다. 수많은 연습과 무대 경험 속에서 다져진 자신감에서 나온다. 그러므로 여유 있는 말은 결국 훈련된 자신감의 다른 이름이다.

크게 — 목소리는 곧 태도다

오늘날 마이크는 소리를 충분히 증폭해 준다. 하지만 그럼에도 불구하고 크고 분명한 목소리는 여전히 설득의 무기다. 왜냐하면 목소리는 단순한 음향이 아니라 화자의 태도와 내면을 드러내는 창이기 때문이다. 작고 위축된 목소리는 “내 말에 힘이 없다”는 신호로 작용한다. 반면 또렷하고 힘 있는 목소리는 청중에게 신뢰와 몰입을 선사한다.

아이를 혼내면서도 진심이 담긴 부모의 목소리는 아이의 마음에 남는다. 회사 회의에서 팀장이 목소리를 높이지 않고도 단호히 말할 때, 팀원들은 그 안에서 진정성을 느낀다. 목소리는 화자의 마음을 드러내는 가장 솔직한 언어다. 그러므로 평소 큰 소리로 책을 읽는 습관은 단순한 발성 훈련이 아니라, 자신감 있는 태도를 길러내는 가장 좋은 연습이다.

또박또박 — 명확함은 곧 신뢰다

말은 아무리 길게 이어져도 결국 청중의 귀에 꽂히는 것은 몇 마디에 불과하다. 그 몇 마디가 흐릿하면 모든 메시지가 사라진다.

그래서 앵커, 배우, 성우들은 끊임없이 발음을 다듬고 또 다듬는다. 정확한 발음은 단순히 귀에 잘 들리게 하는 차원을 넘어, 청중에게 "이 사람은 성실하다, 믿을 수 있다"라는 인상을 심는다.

어떤 학생은 발표할 때 목소리는 크지만, 발음이 흐릿해 청중이 금세 집중을 잃는다. 그러나 또박또박 말하는 순간, 같은 내용이 훨씬 더 설득력 있게 다가온다. 명확한 발음은 곧 화자의 태도이자 신뢰다.

자연스럽게 — 진정성은 꾸밈을 이긴다

청중이 가장 싫어하는 것은 '꾸며낸 말'이다. 과장되거나 지나치게 연출된 말은 오히려 의심을 불러온다. 반대로 다소 부족하더라도 솔직하고 담백하게 전하는 말은 사람들의 마음을 움직인다.

자연스러운 화법은 연습 없이 생기지 않는다. 수많은 리허설과 실패를 통해, 자신의 언어로 메시지를 다듬을 때 비로소 나온다. 중요한 것은 청중에게 "나는 당신을 속이지 않는다"는 인상을 주는 것이다. 자연스럽게 말한다는 것은 꾸밈이 없는 동시에, 자기 자신과 메시지가 일치하는 순간이다.

스피치 커뮤니케이션의 3대 원칙 — 누구에게, 무엇을, 어떻게

네 가지 기본 원칙이 '말하기 방식'을 다룬다면, 스피치 커뮤니케이션의 3대 원칙은 '전략적 소통'을 설계하는 것이다. 그것은 "누구에게 말하는가, 무엇을 말하는가, 어떻게 말하는가"라는 세 가지 질문이다.

누구에게 말하는가(청중 분석): 청중이 어떤 사람들인지, 어떤 기대와 두려움을 갖고 있는지를 알아야 한다. 학생에게는 희망의 언어가, 직장인에게는 해결의 언어가, 전문가에게는 논리와 통찰의 언어가 필요하다. 청중 분석은 단순한 준비가 아니라, 존중의 시작이다.

무엇을 말하는가(메시지 설정): 메시지가 명확하지 않으면 청중은 길을 잃는다. 핵심은 단순하고, 간결하며, 기억하기 쉬워야 한다. “변화는 지금 시작된다.”, “경청은 신뢰의 첫걸음이다.” 같은 짧은 메시지는 청중의 마음에 오래 남는다.

어떻게 말하는가(실행과 전달): 청중은 화자의 손짓, 눈빛, 자세, 표정까지 함께 읽는다. 말과 태도가 일치할 때 메시지는 살아난다. 불성실한 태도 속의 훌륭한 말은 곧 잊히지만, 진정성 있는 태도는 청중의 기억에 오래 남는다.

말은 기술이 아니라 사람이다

스피치 커뮤니케이션의 기본 원칙은 단순히 말하기 요령을 넘어선다. 그것은 곧 사람을 존중하는 태도이고, 관계를 설계하는 기술이며, 사회를 바꾸는 힘이다. 천천히, 크게, 또박또박, 자연스럽게 말하는 습관 위에, 청중·메시지·전달의 3대 원칙을 더할 때, 한 사람의 말은 단순한 발화를 넘어선다. 그 말은 사람을 움직이고, 관계를 변화시키며, 세상을 더 나은 방향으로 이끄는 에너지가 된다.

실행을 위한 스피치 커뮤니케이션 전략

스피치 커뮤니케이션의 실행은 청중을 상대로 한 단순한 '발표'가 아니다. 그것은 눈앞의 청중과 호흡하며, 서로의 반응 속에서 메시지를 살아 움직이게 만드는 과정이다. 다시 말해, 스피치 커뮤니케이션의 실행이란 관계의 현장에서 설계된 전략을 실제로 구현하는 예술이다.

1. 대화처럼 자연스러운 흐름을 창조하라

스피치가 설득력을 잃는 가장 큰 이유는 '인위적인 말투'다. 웅변조로 소리 지르거나, 설교조로 끊어 말하거나, 낭독하듯 리듬을 타면 청중은 금세 거리를 둔다. 청중이 원하는 것은 꾸며낸 언어가 아니라 '내 앞에 있는 사람이 나와 대화하고 있다'는 느낌이다. 따라서 스피치는 연극적 과장이 아니라 대화적 진정성으로 흘러가야 한다.

여기서 중요한 점은 '자연스러움은 곧 설득력'이라는 사실이다. 자연스러운 억양, 적절한 호흡, 단어 전체를 힘 있게 강조하는 방식은 청중에게 "이 말은 살아 있는 말"이라는 확신을 준다. 그래서 청중은 머리가 아닌 가슴으로 그 메시지를 받아들인다.

2. 청중과의 상호작용 속에서 전략을 완성하라

실행의 순간, 스피커는 혼자가 아니다. 청중은 수동적인 관객이 아니라 적극적인 파트너다. 따라서 연사는 늘 청중을 대화의 상대자로 놓고 말해야 한다.

청중이 웃으면 함께 웃고, 고개를 갸웃하면 다시 설명하며, 표정이 굳으면 다른 사례를 들어 풀어내야 한다. 스피커가 개요서만 붙잡고 청중을 외면하면, 청중도 곧 스피커를 외면한다. 그러나 청중의 반응을 포착하고 즉흥적으로 대응하는 순간, 그 자리는 강연장이 아니라 살아 있는 대화의 장이 된다.

이때 중요한 것은 피드백을 두려워하지 않는 태도다. 웃음, 박수, 심지어는 불편한 표정까지도 소중한 대화의 신호다. 스피커가 이를 무시하지 않고 적극적으로 받아들일 때, 청중은 자신이 존중받고 있다는 확신을 갖는다.

3. 입말과 몸말, 언어와 비언어를 조율하라

사람은 화자의 언어보다 태도를 먼저 읽는다. 청중의 뇌는 단어보다 목소리 톤, 눈빛, 손동작, 미소에 더 빠르게 반응한다. 그래서 스피치 커뮤니케이션은 반드시 입말과 몸말이 함께 어우러지는 소통이어야 한다.

짧은 멈춤 후 강조하는 단어, 따뜻한 시선과 고개 끄덕임, 손을 활짝 펴며 건네는 초대의 제스처는 메시지의 힘을 배가시킨다. 예컨대 “여러분, 우리에게 필요한 것은… [멈춤] …신뢰입니다”라는 말은 그 자체로 극적인 울림을 만들어낸다. 말과 몸짓이 따로 노는 순간 신뢰는 깨지지만, 두 요소가 조화롭게 흐르는 순간, 청중은 하나의 음악을 듣는 듯 몰입한다.

4. 공백과 실수를 전략으로 바꿔라

많은 연사들이 가장 두려워하는 순간은 ‘말이 막히는 순간’이다. 그러나 청중은 그 자체를 문제 삼지 않는다. 오히려 짧은 침묵은 메시지를 더 강렬하게 각인시키는 도구다. 명연사일수록 침묵을 두려워하지 않고, 오히려 의도적으로 활용한다.

실수 또한 약점이 아니다. 단어를 잘못 말했다면 “제가 흥분한 나머지, 단어가 제 앞에서 춤을 췄네요”라고 유머로 넘길 수 있다. 그 순간 청중은 연사의 인간적인 면모에 웃음을 터뜨리고 더 깊이 연결된다. 완벽한 연사보다 인간적인 연사가 더 큰 신뢰를 얻는다.

5. 잡소리를 버려라 — 침묵은 메시지를 살린다

‘음…’, ‘그…’, ‘뭐…’ 같은 공백 메우기는 청중을 산만하게 하고 메시지를 흐린다. 그러나 침묵은 결코 결핍이 아니다. 침묵은 청중이 메시지를 소화할 시간을 주는 지혜로운 여백이다. 특히 결론 직전의 침묵은 청중의 몰입을 최고조로 끌어올린다.

“우리가 오늘 반드시 기억해야 할 것은… [잠시 멈춤] …희망입니다.”

이 짧은 여백이 바로 청중의 심장을 울린다.

6. 실행은 태도이자 윤리다

마지막으로, 스피치 커뮤니케이션의 실행은 단순한 기술이 아니라 인격적 태도이자 윤리적 선택이다. 거짓된 과장은 일시적으로는 청중을 현혹할 수 있지만, 결국 신뢰를 무너뜨린다. 반대로 진솔한 표현과 겸손한 태도는 시간이 지나도 변치 않는 설득력을 낳는다. 스피치 커뮤니케이션의 실행은 결국, 청중 앞에서 내가 어떤 사람으로 존재하느냐의 문제다.

실행을 위한 스피치 커뮤니케이션 전략은 화려한 기법이 아니다. 자연스러움, 상호작용, 비언어적 조율, 침묵의 활용, 윤리적 태도라는 다섯 가지 축이 모일 때, 말은 단순한 소리가 아니라 사람의 마음을 움직이는 힘으로 변한다.

결국 스피치 커뮤니케이션의 실행이란 말을 넘어 관계를 디자인하는 일이다. 그 순간, 연사는 더 이상 무대 위의 화자가 아니라, 청중과 세상을 잇는 다리, 그리고 변화를 만드는 촉매제가 된다.

효과적인 스피치 커뮤니케이션의 요령

스피치 커뮤니케이션은 단순히 입술에서 나오는 언어가 아니다. 그것은 눈빛과 목소리, 손끝의 작은 움직임까지 함께 얽혀 사람의 마음을 건드리는 예술이다. 잘 준비된 한 문장은 누군가의 인생을 뒤흔들고, 즉석에서 던진 한마디는 관계를 무너뜨리기도 한다. 그래서 "어떻게 말할 것인가"라는 문제는 단순히 말솜씨의 문제가 아니라, 인생을 살아가는 방식의 문제와도 맞닿아 있다. 이 장에서는 효과적인 스피치 커뮤니케이션을 위해 꼭 알아야 할 요령들을 풀어내고자 한다. 단순한 비법 나열이 아니라, 왜 그것이 중요한지, 실제 상황에서는 어떻게 활용할 수 있는지를 이야기처럼 펼쳐가겠다.

말을 통해 그림을 그리다

말은 보이지 않는다. 그러나 좋은 스피커의 말은 청중의 머릿속에 그림을 남긴다. 한 정치인이 연단에서 "저는 가난했습니다"라고 말할 때, 청중은 고개를 끄덕일 수도 있다. 그러나 그가 이렇게 말한다면 어떨까.

"겨울날 창문 틈새로 들어오는 바람 때문에 이불을 머리끝까지 뒤집어쓰고 떨던 시절이 있었습니다. 손이 시려워 책장을 넘기기도 어려웠지만, 저는 그 속에서 꿈을 키웠습니다."

이 말은 청중의 뇌리에 장면을 남기고, 그 장면은 곧 공감을 불러온다. 스피치는 바로 이런 식으로 그림을 그리는 작업이다.

하지만 그림을 그리기 위해서는 반드시 요점을 잡아야 한다. 이야기의 뼈대가 없는 채색은 금세 흐려진다. 핵심이 분명해야 청중은 메시지를 따라올 수 있다. 그리고 반드시 이유가 필요하다. 사람들은 "왜 들어야 하는가"가 해결될 때 마음을 연다. "이 이야기를 통해 여러분이 얻게 될 것은 무엇이다"라는 단 한 줄이, 청중의 귀를 활짝 열어준다.

학습의 원리, 발견·깨달음·행동

스피치는 단순한 정보 전달이 아니다. 진정한 스피치는 청중이 스스로 발견하게 하고, 깨닫게 하고, 행동하게 만드는 과정이다.

한 강사가 환경 보호에 대해 강연을 한다고 상상해 보자. 그는 이렇게 말할 수 있다.

"여러분, 환경은 중요합니다. 지구를 지킵시다."

이 말은 옳지만, 청중의 가슴을 움직이지 못한다. 그러나 이렇게 말한다면 어떨까.

"오늘 여러분이 종이컵 대신 텀블러를 쓰기로 결심한다면, 지구는 내일 조금 더 숨을 쉴 수 있을 것입니다."

청중은 단순히 '환경이 중요하다'는 사실을 아는 데서 멈추지 않고, 지금 당장 행동할 이유를 얻게 된다. 이것이 바로 성인학습의 원리가 스피치 커뮤니케이션에 적용되는 순간이다.

사람들은 듣는 순간에 이미 배우고 싶어 한다. 그러나 진짜 배움은 "아, 그렇구나"라는 깨달음의 순간에서 시작된다. 그리고 그 깨달음이 행동으로 이어질 때 비로소 완성된다. 스피치 커뮤니케이션은 이 세 가지 단계를 설계하고 이끌어야 하는 창조적 작업이다.

피해야 할 이야기, 반드시 버려야 할 습관

좋은 스피커가 되기 위해서는 무엇을 말해야 하는가 못지않게, 무엇을 말하지 말아야 하는가가 중요하다. 많은 연사들이 무심코 저지르는 실수는 스스로를 깎아내리는 말로 시작하는 것이다.

"제가 워낙 서툴러서요…"

"사실 이 주제를 선택한 이유는 말이죠…"

"오늘 준비를 제대로 못했습니다."

이런 말들은 겸손처럼 보이지만, 사실은 청중에게 신뢰를 잃게 만드는 독이다. 청중은 스피커의 부족함을 알기 위해 모인 것이 아니다. 그들이 원하는 것은 메시지이고, 에너지이며, 통찰이다. 준비가 부족하다고 고백하는 순간 청중은 "그렇다면 왜 우리의 시간을 빼앗는가"라고 생각하게 된다.

또 하나의 흔한 함정은 설교조의 화법이다. 청중은 설교를 들으러 온 것이 아니다. 일방적인 선언은 듣는 이를 지치게 하고, 오히려 반감을 불러온다. 따라서 효과적인 스피치 커뮤니케이션은 불필요한 자기고백이나 장황한 배경설명을 과감히 덜어내고, 곧장 핵심으로 들어가야 한다.

마음을 사로잡는 다섯 가지 힘

사람의 마음을 움직이는 데는 다섯 가지 힘이 필요하다.

첫째, 인격의 힘이다. 말의 기술이 아무리 뛰어나도, 화자의 품격이 의심된다면 그 말은 오래 남지 않는다. 청중은 언제나 "이 사람이 어떤 사람인가"를 먼저 본다.

둘째, 긍정적 반응을 이끌어내는 힘이다. 청중의 고개 끄덕임, 미소, 웃음은 단순한 반응이 아니다. 그것은 화자와 청중이 마음을 교환하는 증거다.

셋째, 열정의 힘이다. 에너지 없는 말은 살아 있지 않다. 열정은 전염된다. 화자의 눈빛에 불이 살아 있으면 청중도 불을 붙는다.

넷째, 존중과 애정의 힘이다. "여러분을 존중합니다"라는 태도는 단어로 표현되지 않아도 전달된다. 청중을 파트너로 대우할 때만 소통은 수평적으로 이루어진다.

다섯째, 시작의 힘이다. 스피치의 첫 문장은 청중의 마음의 문을 여는 열쇠다. 시작부터 따뜻하고 우호적으로 나아가야 한다.

즉석 스피치, 두려움 대신 기회로

많은 사람들이 가장 두려워하는 순간 중 하나가 즉석에서 발언을 요구받는 순간이다. 그러나 즉석 스피치는 위기가 아니라 오히려 청중과 진짜로 연결될 수 있는 기회다. 준비된 원고보다 더 진솔하고, 더 인간적인 매력을 보여줄 수 있기 때문이다.

예를 들어, 결혼식에서 갑작스럽게 축사를 부탁받았다고 해 보자. 당황하며 거절하는 대신, 이렇게 말할 수 있다.

"사실 저도 깜짝 놀랐습니다. 그런데 신랑과 함께 군대에서 고생하던 시절, 그가 동료들을 위해 자장면을 몰래 사주던 일이 생각납니다. 그 따뜻한 마음을 가진 사람이 이제 가정을 이루니, 얼마나 멋지겠습니까?"

짧은 일화 하나로도 신랑·신부의 결혼식장은 감동과 웃음으로 물든다. 이것이 바로 즉석 스피치의 힘이다.

즉석 스피치를 잘하기 위해서는 평소에 사례와 경험을 수집하는 습관이 필요하다. 매일 일상에서 작은 장면들을 기록하고, 그것을 말로 풀어내는 훈련을 반복하면, 어느 순간 갑작스러운 요청에도 막힘없이 대응할 수 있다.

스피치 커뮤니케이션과 리더십

스피치 커뮤니케이션은 곧 리더십이다. 리더는 말로 사람을 움직인다. 역사 속 위대한 리더들은 모두 뛰어난 연설가이자 경청자였다. 링컨은 짧은 게티즈버그 연설로 전쟁에 지친 국민들에게 희망을 주었고, 스티브 잡스는 단 세 마디 "Stay hungry, stay foolish"로 수많은 젊은이들의 삶을 뒤흔들었다.

리더의 스피치 커뮤니케이션에는 몇 가지 공통점이 있다. 그들은 자연스럽게 말한다. 억지스러운 웅변조가 아니라, 대화처럼 담백하게 전한다. 그들은 개성을 숨기지 않는다. 타인의 흉내를 내지 않고 자기만의 언어와 억양으로 말한다.

그들은 진실을 담아 뜨겁게 말한다. 청중은 말의 기술보다 진실성에 더 크게 반응한다. 그리고 무엇보다 그들은 경청한다. 청중의 눈빛, 표정, 반응을 읽으며 말의 속도를 조절하고 메시지를 수정한다. 스피치 커뮤니케이션을 잘한다는 것은 곧, 사람과 함께 걸어가는 리더가 되는 것이다.

파워스피치의 열 가지 원칙

효과적인 스피치 커뮤니케이션을 위해 반드시 지켜야 할 원칙이 있다. 그것은 단순한 요령이 아니라, 수많은 연사들의 경험에서 추출된 지혜다.

스피치는 준비에서 시작된다. 준비 없는 말은 설득력이 없다. 또한 목적과 주제를 명확히 해야 한다. 스피치는 언제나 왜 이 말을 하는가라는 질문으로부터 출발해야 한다.

자신감과 열정, 그리고 확신은 목소리를 타고 전달된다. 밝은 마음과 밝은 표정은 청중에게 신뢰를 심어준다. 눈을 마주치고, 태도를 바르게 하고, 제스처를 힘 있게 사용하면, 청중은 무대 위 화자와 하나가 된다.

그리고 유머는 최고의 윤활유다. 적절한 웃음은 청중의 마음을 열고, 메시지를 가볍게 스며들게 만든다.

스피치는 곧 삶이다

결국 효과적인 스피치 커뮤니케이션이란, 단순히 말 잘하는 기술을 넘어선다. 그것은 상대의 마음을 존중하는 태도이고, 삶을 나누는 방식이며, 세상을 바꾸는 도구다. 스피치를 통해 우리는 그림을 그리고, 사람들을 깨닫게 하고, 행동하게 만들며, 결국 함께 더 나은 미래를 만들어 간다.

말은 공기 중에 흩어지지만, 그 울림은 마음속에 남아 세상을 움직인다. 그렇기에 스피치 커뮤니케이션을 배운다는 것은 단지 말을 잘하는 법을 배우는 것이 아니라, 더 나은 사람, 더 나은 관계, 더 나은 세상을 만들어 가는 힘을 익히는 일이다.

스피치 커뮤니케이션은 또한 자기 자신을 발견하는 과정이다. 우리는 말을 준비하면서 내가 어떤 사람인지, 무엇을 믿고 있는지, 어떤 가치를 지향하는지를 되돌아보게 된다. 따라서 좋은 스피치를 만든다는 것은 곧 자기 삶을 성찰하고 재정비하는 과정과 같다. 결국 청중에게 전하는 말은 단순히 외부로 던지는 메시지가 아니라, 자기 내면의 진실을 꺼내는 용기이기도 하다.

그리고 진정한 스피치 커뮤니케이션은 한 사람의 울림에서 시작해 사회 전체로 퍼져나가는 파급력을 가진다. 한 교사의 짧은 격려가 학생의 인생을 바꾸고, 한 리더의 진심 어린 말이 조직을 살리며, 한 부모의 다정한 목소리가 가정의 분위기를 따뜻하게 바꾼다. 말은 그렇게 개인을 넘어서 공동체를 변화시키는 씨앗이 된다. 그렇기에 스피치 커뮤니케이션은 개인의 능력을 넘어 사회적 책임이자, 인류가 함께 지켜야 할 가장 아름다운 자산이라 할 수 있다.

프로세스의 전략적 디자인

스피치를 잘 하기 위해서는 무엇이 필요한가?

스피치 커뮤니케이션의 성패는 단순히 원고의 완성도나 발성의 기술에 달려 있지 않다. 그것은 결국 화자의 자신감에서 비롯된다. 무대 위에서 어떤 사람이 자신감 있는 목소리로 단호하게 말을 시작하면, 청중은 일단 그 말에 귀를 기울인다. 반대로 아무리 정교한 원고를 들고 나와도 목소리가 떨리고 눈빛이 흔들리면, 그 메시지는 전달되기도 전에 신뢰를 잃는다.

특히 설득 스피치의 경우, 목적은 단순히 정보를 주는 것이 아니다. 그것은 청중이 화자를 신뢰하도록 만드는 것이다. 결국 설득은 논리의 싸움이 아니라 신뢰의 싸움이며, 신뢰는 자신감에서 비롯된다.

심리학자 매슬로우는 인간이 특별한 노력을 하지 않으면 사고의 80% 이상을 부정적으로 한다고 말했다. 인간은 본능적으로 안정과 안정을 추구하는 존재이기 때문에, 새로운 도전 앞에서는 불안과 두려움을 쉽게 느낀다. 실패를 피하려는 본능은 도전 자체를 주저하게 만들고, 이때 화자의 자신감은 곧 메시지의 생명줄이 된다.

자신감을 가진 연사와 그렇지 못한 연사의 차이는 극명하다. 자신감 있는 연사는 실패나 좌절을 경험해도 그것을 긍정적으로 재해석하고 청중에게 공유한다. 반면 자신감이 부족한 연사는 작은 실수에도 무너지고, 결국 부정적인 자기 언급으로 스피치를 시작해 청중의 신뢰를 스스로 깎아내린다. "사실 준비가 부족해서…", "제가 잘할 수 있을지 모르겠습니다…"와 같은 말은 동정심은 얻을 수 있지만, 신뢰는 얻을 수 없다.

따라서 스피치를 잘하기 위해서는 단순히 기술을 익히는 것을 넘어, 긍정적인 자기 이미지 훈련이 필요하다. 거울 앞에서 당당하게 첫 문장을 말해 보는 연습, 무대에 서기 전 자신에게 긍정적인 암시를 주는 루틴, 청중과 눈을 맞추며 미소로 시작하는 습관 등이 자신감을 체화시키는 방법이다.

프로세스의 힘 : 준비 없는 스피치는 없다

많은 사람들이 스피치는 순간적인 '순발력'에서 나온다고 착각한다. 그러나 진정한 순발력은 준비에서 나온다. 철저하게 준비한 사람만이 청중의 반응에 맞춰 자유롭게 표현을 조정할 수 있다. 준비 없는 즉흥은 그저 말장난일 뿐이지만, 준비된 즉흥은 예술이 된다.

스피치 커뮤니케이션에서 프로세스는 단순한 절차가 아니다. 그것은 청중과의 신뢰 계약이며, 화자의 자신감을 만드는 토대이다. 준비를 소홀히 하는 것은 청중과의 약속을 저버리는 것이며, 준비를 철저히 하는 것은 청중을 존중하는 가장 직접적인 방법이다.

스피치 준비의 8단계

① 방향 설정

스피치의 출발점은 '이번 스피치가 어디로 향할 것인가'를 명확히 정하는 것이다. 단순히 주제를 정하는 것을 넘어, 이 스피치를 통해 청중과 어떤 관계를 맺을 것인지, 어떤 변화를 만들어낼 것인지를 정의해야 한다. 방향이 모호하면 메시지는 흩어지고, 준비의 초점도 흐려진다.

② 주제와 목적 설정

주제는 나침반이고, 목적은 목적지다. 주제가 '경청의 힘'이라면, 목적은 '청중이 경청의 가치를 깨닫고 실천하도록 만드는 것'이다. 이때 핵심 명제(주제문)를 하나의 문장으로 압축하는 것이 중요하다. "경청은 신뢰의 첫걸음이다." 같은 문장은 스피치 전체를 지탱하는 기둥이 된다.

③ 주요 아이디어 개발

핵심 명제를 뒷받침할 3~5개의 주요 아이디어를 뽑아야 한다. 예를 들어 '경청의 힘'이라는 명제라면, 신뢰 형성, 관계 회복, 집단적 협력이라는 세 가지 아이디어로 확장할 수 있다.

④ 세부 내용 구체화

주요 아이디어가 정해졌다면 이를 뒷받침할 구체적 사례와 데이터, 스토리를 준비한다. 스토리는 감정을 자극하고, 데이터는 논리적 설득력을 높인다. TED 강연자들이 흔히 쓰는 방식이 바로 '스토리 + 데이터'의 결합이다.

⑤ 내용 조직화

아이디어와 사례가 아무리 많아도, 구조가 없으면 스피치는 무너진다. 시간적 배열(과거-현재-미래), 문제 해결식 배열(문제-해결-비전), 인과적 배열(원인-결과) 등 다양한 조직법을 활용할 수 있다.

⑥ 서론과 결론 개발

서론은 청중의 마음을 여는 문이다. 질문, 충격적인 사실, 짧은 이야기, 유머 등으로 시작해 청중의 시선을 집중시켜야 한다. 결론은 메시지를 마무리하는 동시에 청중의 행동을 촉구하는 선언이다. 단순 요약이 아니라, 미래를 그려 보이며 영감을 주는 '비전의 언어'여야 한다.

⑦ 개요서 작성

완성된 원고보다 개요서를 작성하는 것이 훨씬 효과적이다. 개요서는 청중과 눈을 맞추게 하고, 대화하듯 말할 수 있게 한다. 핵심 키워드와 흐름만을 적어두고, 현장에서는 청중의 반응에 따라 내용을 유연하게 조정해야 한다.

⑧ 리허설과 표현 기법 연습

마지막은 연습이다. 거울 앞에서 말하기, 녹음해서 자기 목소리 확인하기, 영상을 찍어 표정과 몸짓 점검하기 등은 필수다. 연습은 단순한 반복이 아니라, 자신을 스피치의 도구로 단련하는 과정이다.

고전에서 배우는 스피치 프로세스

고대 로마의 웅변가 키케로는 스피치 과정을 다섯 단계로 정리했다. 착상(Invention), 배열(Arrangement), 표현(Style), 암기(Memory), 전달(Delivery).

이 5단계는 2000년이 지난 지금도 모든 스피치 교육의 기본 구조다. 오늘날 TED 강연자들이 무대 위에서 보여주는 탁월한 연설도, 결국 이 고전적 구조를 철저히 밟아온 결과다.

표현의 힘 : 언어와 비언어

스피치 커뮤니케이션의 본질은 표현의 차이에서 갈린다. 같은 아이디어라도 어떻게 말하느냐에 따라 감동이 될 수도 있고, 지루한 정보 나열이 될 수도 있다.

정확성 : 어법에 맞고 오해가 없는 표현.
적절성 : 청중의 눈높이에 맞는 표현.
명료성 : 쉬운 단어, 짧은 문장.
선명성 : 비유와 리듬으로 영상처럼 각인되는 표현.

또한 비언어적 표현은 언어 이상으로 강력하다. 표정, 시선, 손동작, 자세는 청중이 화자의 진심을 판단하는 기준이 된다. 말과 몸짓이 불일치하면 청중은 본능적으로 불신을 느끼고, 말과 몸짓이 조화를 이루면 청중은 무의식적으로 신뢰를 보낸다.

암기와 즉흥성의 균형

많은 초보 연사들이 빠지는 함정은 '달달 외워야 한다'는 생각이다. 그러나 완벽히 암기된 스피치는 기계적이고 차갑다. 중요한 것은 내용을 충분히 숙지하되, 현장에서는 청중과 호흡하며 즉흥적으로 조율하는 것이다. TED 연사들이 자연스럽게 보이는 이유도 사실은 철저한 준비와 리허설, 그리고 현장에서의 즉흥적 조정 때문이다.

효율적인 스피치를 위한 4가지 법칙

공감력 : 청중의 마음을 읽고 감정을 존중하는 힘.

지식력 : 깊이 있는 콘텐츠와 다양한 사례로 신뢰를 쌓는 힘.

표현력 : 단어에 표정을 입히고, 감정을 담아 호소하는 힘.

언어구사력 : 알고 있는 내용을 누구나 이해할 수 있도록 풀어내는 기술.

스피커들이 전하는 10계명

원고를 그대로 읽지 말라.

청중의 시선을 피하지 말라.

준비되지 않은 차림으로 무대에 서지 말라.

안절부절 못하는 태도를 보이지 말라.
연습 없는 스피치를 하지 말라.
경직된 자세를 피하라.
시각 자료를 그대로 읽지 말라.
장황하게 말하지 말라.
청중의 흥미를 끌어라.
마무리를 명확히 하라.

디지털 시대의 전략적 디자인

오늘날 스피치 커뮤니케이션은 무대만이 아니라, 온라인과 디지털 플랫폼으로 확장되었다. 줌, 유튜브, 메타버스 공간은 새로운 무대가 되었고, 연사의 목소리와 표정은 카메라와 스크린을 통해 전 세계로 퍼져나간다.

디지털 시대의 연사는 단순히 기술을 배우는 것을 넘어, 인간적 울림을 잃지 않는 것이 중요하다. 카메라 앞에서도 시선을 피하지 않고, 화면 너머의 청중을 향해 눈을 맞추듯 말해야 한다. 슬라이드에 의존하기보다, 이야기를 중심으로 메시지를 전달해야 한다. 댓글과 질문을 적극 반영하며 쌍방향성을 살릴 때, 온라인 스피치도 생명력을 얻는다.

프로세스는 자신감이다

스피치 커뮤니케이션의 준비와 실행 과정은 곧 자신감을 디자인하는 과정이다. 철저한 준비는 무대 위에서의 자신감으로 이어지고, 자신감은 다시 청중의 신뢰로 돌아온다. 청중은 결국 화자의 말을 듣는 것이 아니라, 화자의 확신을 듣는다.

스피치는 단발적인 퍼포먼스가 아니라, 준비-실행-피드백으로 이어지는 긴 여정이다. 그 여정을 성실히 걸어낸 사람만이 청중 앞에서 당당히 설 수 있다. 그리고 그 순간, 말은 단순한 소리가 아니라 세상을 움직이는 에너지로 변한다.

준비된 말 한마디는 단순한 발화가 아니라 누군가의 인생을 바꾸는 계기가 될 수 있으며, 청중의 마음속에 깊이 새겨져 오랜 시간 울림을 남긴다. 결국 스피치 커뮤니케이션은 '어떻게 더 잘 말할 것인가'의 기술을 넘어, '어떻게 더 잘 살아갈 것인가'의 철학으로 확장된다. 준비와 실행의 과정을 통해 다듬어진 한 사람의 메시지는 그 사람의 인격과 태도, 가치관까지 담아내며 청중과 만나는 순간 힘을 발휘한다.

따라서 프로세스는 곧 삶을 설계하는 방식이기도 하다. 무대에 오르기 전 수없이 반복한 리허설과 치열한 고민, 그리고 청중을 향한 진심 어린 시선은 결국 화자의 존재 자체를 성장시킨다. 그 과정을 성실히 거쳐낸 연사는 말의 무게와 생명력을 온전히 체화한 존재로 거듭난다. 스피치 커뮤니케이션의 프로세스를 꾸준히 실천하는 사람은 자신감을 넘어 타인의 삶을 변화시키는 힘을 얻게 된다. 그것이 바로 전략적 소통 디자인이 우리에게 주는 가장 큰 선물이다.

청중 분석과 공감대 형성

스피치 커뮤니케이션에서 가장 중요한 것은 "말하는 사람"이 아니라 "듣는 사람"이다. 아무리 뛰어난 메시지를 준비했다고 하더라도, 그것이 청중에게 맞지 않으면 소통은 단절된다. 따라서 효과적인 스피치 커뮤니케이션의 출발점은 철저한 청중 분석이며, 그 목적지는 청중과의 공감대 형성이다. 화자가 일방적으로 전하는 말은 바람에 흩날리는 먼지와 같다. 반면, 청중의 상황과 욕구를 정확히 이해한 메시지는 그들의 마음에 스며들어 오래도록 남는다.

무엇을 말할 것인가 - 메시지의 본질

모든 스피치 커뮤니케이션에는 분명한 이유와 목적이 있어야 한다. 자기소개, 발표, 강의, 협상 등 상황은 다양할지라도 그 안에는 "왜 이 말을 하는가"라는 명확한 답이 존재해야 한다. 예컨대 자기소개라면 단순히 이름을 밝히는 차원이 아니라, "나라는 사람이 이 자리에 서야 하는 이유"를 드러내야 한다. 회사 보고라면 단순히 자료를 나열하는 것이 아니라 “이 제안이 조직에 어떤 변화를 가져올 것인가”를 설득해야 한다. 청중은 언제나 메시지의 의미를 묻는다. 따라서 화자는 청중의 시선에서 질문을 던지고, 그 질문에 답하는 방식으로 메시지를 설계해야 한다.

기술요소 - 말 너머의 언어

메시지를 어떻게 표현하느냐는 무엇을 말하느냐만큼 중요하다. 언어적 요소와 비언어적 요소는 함께 작동하며, 종종 비언어적 메시지가 더 큰 힘을 발휘한다. 태도, 표정, 시선, 옷차림, 헤어스타일은 화자의 신뢰도를 즉각적으로 판단하게 하는 첫 단서다. 예컨대 강단에서 눈빛을 피하거나 몸을 움츠리고 있다면, 아무리 훌륭한 내용을 전달해도 청중은 자신감 없다고 느낀다. 반대로 단정한 복장과 밝은 표정, 안정된 목소리는 청중에게 안정과 신뢰를 준다. 목소리의 톤, 크기, 빠르기, 발음 역시 메시지의 신뢰도를 결정짓는다. 빠른 속도는 불안과 긴장을, 일정한 톤은 지루함을 주며, 명료한 발음과 리듬 있는 말하기는 메시지를 생생하게 만든다.

청중과 상황의 분석 - 무대 뒤의 전략

스피치 커뮤니케이션은 항상 특정한 맥락 속에서 일어난다. 언제, 어디서, 얼마나 오래, 어떤 환경에서 이루어지는가에 따라 전략은 달라져야 한다. 아침 시간대라면 집중력이 높아 간결하고 핵심적인 전달이 효과적이고, 점심 이후라면 졸음을 고려해 유머와 활력을 불어넣는 장치가 필요하다. 강당인지 소규모 회의실인지에 따라 목소리와 제스처의 크기가 달라져야 하며, 마이크, 영상 장치, 파워포인트 등의 시설 여부에 따라서도 메시지의 구조가 달라진다. 심지어 자신이 몇 번째 순서로 무대에 서는지도 중요하다. 앞선 연사가 지나치게 길거나 지루한 내용을 다뤘다면, 화자는 청중의 분위기를 환기하는 전략을 세워야 한다. 결국 상황 분석이란 무대 뒤에서 벌어지는 가장 전략적인 준비 과정이다.

청중은 좌뇌보다 우뇌로 반응한다

청중은 논리적 정보만을 받아들이지 않는다. 인간의 뇌는 좌뇌와 우뇌로 나뉘며, 좌뇌가 언어적·논리적 기능을 담당한다면 우뇌는 이미지, 감각, 직관을 다룬다. 좌뇌가 '분석'이라면, 우뇌는 '몰입'이다. 사람들은 강의에서 들은 숫자나 통계보다, 이야기와 이미지, 감각적 자극을 더 오래 기억한다. 아기가 부모의 얼굴을 구분하는 것은 언어가 아니라 패턴과 이미지 때문이다. 청중도 마찬가지다. 따라서 성공적인 스피치 커뮤니케이션은 좌뇌를 설득하는 논리적 구조와 동시에 우뇌를 자극하는 감성적 장치를 병행해야 한다. 데이터와 스토리, 정보와 은유, 통계와 사례는 항상 균형을 이뤄야 한다.

공감대 형성 - 마음의 문을 여는 열쇠

청중과의 공감대는 단순히 관심을 끄는 차원을 넘어 화자와 청중을 하나로 묶는 힘이다. 공감대 없는 메시지는 설득력을 잃고, 공감대가 형성된 순간 메시지는 배가된다. 학생들에게는 학교생활의 경험을, 군인들에게는 군 복무 시절의 기억을, 노년층에게는 삶의 지혜와 건강 이야기를 건네는 것이 효과적인 이유다. 공감은 청중이 "이 사람은 나를 이해한다"라고 느끼는 순간 싹트며, 그때부터 청중은 방어를 내려놓고 메시지를 받아들인다.

공감을 위한 기술적 접근도 필요하다. 눈빛과 표정으로 상대의 감정을 비추고, 추임새와 요약으로 "당신의 말을 듣고 있다"는 피드백을 주는 것이다. "정말요?", "그랬군요" 같은 짧은 반응만으로도 청중은 자신이 존중받고 있다는 감각을 얻는다. 경청은 곧 공감의 시작이다.

청중 분석의 세부 요소

연령, 성별, 교육 수준, 지역적 특성은 청중 분석의 기본이다. 청년층에게는 미래의 비전과 기회를 강조하는 메시지가 힘을 발휘하고, 중장년층에게는 경험과 안정, 실질적 유익이 더 효과적이다. 성별에 따라 관심사가 다르고, 교육 수준에 따라 전문 용어의 활용 정도가 달라져야 한다. 지역적 특성을 고려해 그 지역의 자부심을 자극하는 것도 강력한 전략이다. 예컨대 지방 도시에서 강연할 때 "이 지역에서 시작된 변화가 전국으로 확산될 수 있습니다"라는 언급은 즉각적인 호응을 이끌어낸다.

청중의 집중을 높이는 법

청중의 집중은 '정보의 가치'를 어떻게 전달하느냐에 달려 있다. 시험에 나온다는 정보를 들으면 학생이 긴장을 하듯, "이 정보는 곧바로 여러분의 삶에 적용할 수 있습니다"라는 언급은 집중을 극대화한다. 희소성 역시 강력한 무기다. "이건 제가 20년간의 경험을 통해 정리한 단 하나의 원칙입니다"라는 말은 청중으로 하여금 귀를 기울이게 만든다. 정보는 단순히 유용해야 할 뿐 아니라, 당장 활용 가능한 현실성과 배경 맥락을 갖춰야 한다. 역사적 배경을 알려주면 영화가 더 재미있듯, 스피치에서도 맥락은 몰입을 돕는다.

청중의 집중을 방해하는 요소

전문 용어 남발, 교감 없는 전달, 단조로운 톤, 시간 초과는 집중을 무너뜨린다. 특히 청중이 이해하지 못하는 용어는 지적 우월감을 드러내는 듯한 인상을 주며 공감을 단절시킨다. 전달자가 자신만의 대본에 몰입해 청중과 시선을 맞추지 않는 것도 위험하다. 결국 집중을 방해하는 가장 큰 요인은 '청중을 잊는 것'이다.

질문을 통한 참여와 교감

질문은 청중을 단순한 청자가 아니라 참여자로 바꾼다. 상황 질문은 그들의 경험을 떠올리게 하고, 도발적 질문은 생각의 깊이를 자극한다. 수사적 질문은 잠시 멈추고 숙고하게 하며, 사전 질문은 청중의 기대와 두려움을 확인하게 한다. 중요한 것은 질문이 청중의 경험과 연결될 때, 청중은 발표자의 메시지를 자기 이야기처럼 받아들인다는 점이다.

청중과 교감하는 세련된 방법

청중과의 교감은 단순히 발표자가 준비한 내용을 전달하는 단계를 넘어선다. 그것은 청중을 '듣는 사람'에서 '함께 만드는 사람'

으로 끌어들이는 예술이다. 교감은 청중의 눈빛과 마음속에서 시작된다. 관심사에 맞는 주제를 다루는 것은 기본이며, 여기에 사례와 스토리를 곁들이면 메시지는 더 살아난다. 한 기업 CEO가 회의 자리에서 "저도 20대 시절, 첫 발표에서 손이 떨려 종이를 놓친 적이 있습니다"라고 말했을 때, 청중은 단순한 정보가 아니라 진짜 사람의 이야기에 연결되었다. 이런 경험담은 청중에게 '나만 그런 것이 아니구나'라는 안도감을 주고, 발표자와의 거리를 좁힌다.

시선은 또 다른 강력한 교감의 도구다. 특정인만 바라보는 것이 아니라 청중 전체를 두루 훑으며, 때로는 한 사람의 눈을 바라보며 미소 지을 때, 청중은 자신이 이 대화의 일부라고 느낀다. 이름을 불러주는 것도 마찬가지다. "앞줄에 앉으신 김 선생님 말씀처럼…"이라고 언급하는 순간, 그 사람만이 아니라 공간 전체의 긴장이 풀리며 친밀함이 형성된다. 유머 역시 강력한 교감 장치다. 무거운 공기를 한순간에 밝게 바꾸고, 청중이 긴장을 풀며 메시지에 몰입할 수 있도록 돕는다. 다만 웃음은 억지로 끌어내는 것이 아니라, 상황에 자연스럽게 스며드는 이야기를 통해 만들어내야 한다.

참여 유도는 교감의 또 다른 핵심이다. 질문을 던지거나, 손을 들어보게 하거나, 간단한 의견을 공유하게 하는 것만으로도 청중은 '수동적 청자'에서 '능동적 참여자'로 전환된다. 예를 들어 "오늘 강연에서 하나만 가져간다면, 어떤 것이 여러분의 마음에 가장 와닿나요?"라는 질문은 청중 스스로 메시지를 정리하게 하고, 발표자와의 연결을 강화한다. 발표자가 청중의 반응을 화이트보드에 적거나, 그들의 말에 맞장구를 치며 되짚어 주는 것은 단순한 제스처가 아니라 존중의 선언이다. 그 순간 청중은 자신의 목소리가 무대 위의 메시지와 동등하게 존중받고 있음을 느낀다.

청중의 바디랭귀지를 읽는 것도 빼놓을 수 없다. 눈을 반짝이며 기록하거나 고개를 끄덕이는 사람은 몰입한 것이고, 턱을 괴거나 시선을 회피하는 사람은 집중이 흐트러진 상태다. 이런 신호를 민감하게 감지하고 즉시 톤을 바꾸거나 질문을 던지는 것은 숙련된 발표자만이 할 수 있는 세련된 기술이다. 교감은 준비된 메시지로만 만들어지는 것이 아니라, 현장에서 청중의 리듬을 읽고 그에 맞게 유연하게 반응하는 능력에서 완성된다.

청중을 이해하는 것이 곧 소통이다

스피치 커뮤니케이션의 본질은 단순히 "말하는 기술"에 있지 않다. 그것은 청중을 이해하는 태도에 있다. 청중이 어떤 상황에 있는지, 무엇을 두려워하고 무엇을 기대하는지, 그들의 마음속 질문은 무엇인지 읽어내야 한다. 이 질문에 충실하게 답할 때 공감은 저절로 형성된다. 완벽한 논리나 화려한 언변을 기억하는 사람은 많지 않다. 그러나 "저 사람은 나를 이해해 주었다"는 감각은 청중의 마음속에 깊이 각인된다. 결국 스피치 커뮤니케이션은 단발적인 퍼포먼스가 아니라, 상대방의 삶에 스며드는 경험을 제공하는 일이다.

따라서 청중 분석과 공감대 형성은 기술적 테크닉의 문제가 아니라 인간을 대하는 태도의 문제다. 상대를 존중하고, 청중의 자리에서 세상을 바라보려는 겸손함, 그 마음이 스피치의 진짜 설득력을 만든다. 화자는 세상을 바꾸는 언어를 가진 사람이 아니라, 먼저 귀로 세상을 품는 사람이다. 말은 입에서 나오지만, 진짜 울림은 청중의 가슴 속에서 완성된다. 진정한 교감의 순간, 스피치 커뮤니케이션은 정보 전달을 넘어 감동과 변화를 만들어내는 힘으로 거듭난다.

4장
보이스 디자인

목소리로 신뢰를 짓다

신뢰는 단어보다 목소리에서 먼저 피어난다_랄프 왈도 에머슨

복식호흡의 필요성

스피치 커뮤니케이션에서 복식호흡은 단순한 호흡 기술을 넘어, 말하는 사람의 신뢰와 에너지를 뒷받침하는 '숨은 기초 체력'이다. 많은 사람들이 무대에 서면 목소리가 떨리거나 말이 빨라지는 이유가 바로 호흡이 가슴 위쪽(흉식호흡)에 머물러 있기 때문이다. 가쁜 호흡은 몸과 마음을 동시에 긴장시키며, 목소리를 얇고 불안정하게 만든다. 반면 복식호흡은 횡격막을 충분히 활용해 폐 전체를 확장시킴으로써 호흡을 깊고 안정적으로 만들어 준다. 깊은 호흡은 심리적 안정을 주고, 차분한 태도를 유지하게 하며, 청중에게도 신뢰와 여유를 전달한다.

흥미로운 점은, 우리가 가장 평화롭고 행복할 때 이미 복식호흡을 하고 있다는 사실이다. 푸른 숲 속에서 깊이 들이마시는 공기, 좋은 음악을 듣다가 무의식적으로 내뱉는 한숨, 혹은 크게 웃을 때 자동으로 배가 들썩이는 움직임 모두 복식호흡이다. 반대로 불안과 긴장 속에 있는 사람은 호흡이 얕아지고 가빠지며, 몸은 늘 긴장 상태에 놓이게 된다. 결국 복식호흡은 단순히 '숨 쉬는 방법'이 아니라 몸과 마음의 균형을 바로 세우는 회복의 기술이다.

스피치와 목소리의 차원에서도 복식호흡은 결정적이다. 발성은 공기의 흐름 위에 세워진다. 들이마신 공기가 성대를 진동시키고, 입술과 혀를 거쳐 말소리로 변한다. 이때 호흡이 얕으면 목소리는 금세 지치고 힘이 없다. 그러나 복식호흡으로 호흡을 안정적으로 유지하면, 목소리는 한층 깊고 울림 있게 퍼져나간다. 배우들이 대극장에서 마이크 없이도 수백 명의 관객을 사로잡는 이유, 성악가가 오케스트라 위로 목소리를 뚫고 나올 수 있는 이유가 바로 여기에 있다.

또한 복식호흡은 단순히 목소리의 기술을 넘어, 현대인의 스트레스 해소와 웰니스(wellness)와도 연결된다. 요가, 명상, 마인드풀니스 훈련 등 오늘날 많은 트렌드에서 강조되는 것이 바로 '호흡 회복'이다. 얕은 흉식호흡에 길든 몸을 복식호흡으로 되돌리면, 뇌는 더 많은 산소를 공급받아 집중력이 향상되고, 긴장된 근육은 풀리며, 심리적 안정감이 커진다. 스피치를 잘하기 위한 연습이 동시에 '삶을 건강하게 만드는 연습'이 되는 셈이다.

복식호흡을 이해할 때 중요한 비유는 '풍선'이다. 공기가 들어올 때 풍선이 자연스럽게 팽창하듯, 숨을 들이마시면 배가 부풀어 오른다. 숨을 내쉴 때 풍선이 줄어들듯, 배가 안으로 들어간다. 이 단순한 원리를 몸으로 체득하는 순간, 호흡은 더 이상 의식적인 기술이 아니라 생활의 습관으로 자리 잡는다. 사실 모든 아기는 태어나자마자 자연스럽게 복식호흡을 한다. 우리가 성장하며 잊어버린 것은 '새로운 기술'이 아니라, 원래부터 가지고 있던 가장 자연스러운 호흡법이다.

따라서 복식호흡은 단지 스피치를 위한 도구가 아니다. 그것은 화자의 에너지와 존재감을 높이고, 청중의 마음을 사로잡으며, 동시에 자신을 회복하는 웰빙의 기술이다. 스피치를 잘하고 싶다면, 먼저 호흡을 바꿔라. 호흡이 바뀌면 목소리가 바뀌고, 목소리가 바뀌면 태도가 바뀌며, 태도가 바뀌면 결국 당신의 메시지와 삶 전체가 달라진다.

정리하자면, 복식호흡은 자신감을 디자인하는 첫 출발점이자, 목소리를 통해 신뢰를 짓는 핵심 기초 체력이다. 연단 위에서든 일상에서든, 차분하고 힘 있는 목소리로 상대를 설득하고 싶다면, 오늘부터 가장 먼저 연습해야 할 것은 바로 배로 하는 호흡이다.

보이스 트레이닝과 호흡

스피치 커뮤니케이션에서 목소리는 단순한 음성이 아니라 화자의 존재감, 태도, 신뢰를 결정짓는 강력한 도구다. 청중은 내용만 듣는 것이 아니라, 목소리를 통해 화자의 자신감, 감정, 진정성을 읽어낸다. 그래서 "무엇을 말했는가"만큼이나 "어떻게 말했는가"가 중요하다. 보이스 트레이닝은 바로 이 '어떻게'를 훈련하는 과정이다. 목소리를 단단히 세우고, 전달력을 높이며, 감정까지 담아내는 기술과 습관을 만들어 주는 것이다.

보이스 트레이닝이란 무엇인가?

보이스 트레이닝(Voice Training)이란 단순히 노래를 잘 부르기 위한 훈련이 아니다. 음치 교정이나 갈라지는 목소리를 안정시키는 단계부터 시작하여, 복식호흡을 바탕으로 음의 높낮이를 자유롭게 조절하고, 순간적으로 소리를 세우는 어택(attack), 그리고 화자의 감정까지 담아내는 훈련을 포괄한다. 쉽게 말해 보이스 트레이닝은 목소리를 단순한 '소리'에서 설득력과 감동을 전하는 '메시지의 매개체'로 성장시키는 과정이다.

강사, 아나운서, 성우, 배우, 가수처럼 목소리를 전문적으로 사용하는 사람들은 모두 철저히 훈련된 호흡과 발성을 갖추고 있다. 이들의 공통점은 복식호흡을 바탕으로 성대를 안정적으로 사용한다는 점이다. 흉식호흡만으로는 긴 호흡을 유지하기 어렵고, 목소리가 쉽게 지치며, 전달력이 약해진다. 반면 복식호흡을 익힌 사람은 작은 소리로도 울림을 만들고, 큰 소리로도 힘들이지 않고 발성할 수 있다.

목소리의 출발점을 이해하라

목소리는 단순히 목에서만 나오는 것이 아니다. 배에서 시작된 호흡이 횡격막을 거쳐 올라와 목소리를 울리고, 입에서 공명하며 세상으로 전달된다. 그래서 좋은 목소리는 배→목→입의 순환 구조 속에서 만들어진다. 스피치 전 가볍게 입술을 떨거나, 잇몸을 진동시키는 워밍업을 통해 울림 있는 목소리를 준비하면, 단순히 말소리를 내는 것보다 훨씬 안정적이고 신뢰감 있는 톤이 나온다.

예를 들어, 유명 아나운서들은 방송 시작 전 항상 입술을 떨고, '브르르' 소리를 내거나, 모음을 길게 발성하며 성대를 풀어준다. 이는 단순한 습관이 아니라 목소리의 출발점을 몸 전체로 확장하기 위한 훈련이다.

발음과 억양을 교정하는 훈련

스피치에서 가장 치명적인 단점은 불분명한 발음이다. 발음이 정확하지 않으면 메시지의 신뢰도는 급격히 떨어진다. 예를 들어 "스" 발음을 잘 못하는 사람은 의식적으로 그 글자가 들어간 문장을 반복 연습해야 한다. "나는 스타가 되고 싶다" 같은 문장을 크게, 분명하게 연습하는 것이다.

또한 억양 교정도 중요하다. 사투리나 부자연스러운 억양은 청중의 집중을 방해한다. 이를 교정하기 위해 아나운서의 발음을 흉내 내는 연습, 말끝을 올리거나 내리는 연습, 로봇처럼 일정한 톤으로 읽어내는 연습 등이 필요하다. 꾸준히 1분 스피치를 반복하면서 교정된 억양을 실전에 적용해야, 긴장된 상황에서도 자연스럽게 표준 발음을 유지할 수 있다.

보이스 트레이닝의 핵심 — 호흡

목소리는 결국 호흡 위에 세워진다. 호흡이 부족하면 문장을 끝까지 이어갈 수 없고, 메시지의 흐름이 끊긴다. 예를 들어 중요한 프레젠테이션 중간에 호흡이 가빠 말을 멈춘다면, 청중의 몰입도는 바로 떨어진다. 반대로 충분한 복식호흡을 기반으로 말하면 긴 문장도 여유롭게 이어갈 수 있고, 감정과 억양을 풍부하게 살릴 수 있다.

복식호흡은 흉식호흡과 달리 가슴과 어깨가 들썩이지 않고, 배와 허리둘레가 자연스럽게 움직이는 호흡이다. 폐 전체에 공기를 가득 채워 안정적으로 내보내기 때문에 목소리가 흔들리지 않고, 길고 힘 있는 발성을 가능하게 한다. 이는 곧 스피치 커뮤니케이션의 신뢰도를 높이는 가장 기본적인 훈련이다.

복식호흡 훈련법 — 실전 가이드

1. 기본 훈련

한 손은 가슴에, 다른 한 손은 배에 올려놓고 호흡한다. 숨을 들이마실 때 배만 부풀어야 하며, 가슴과 어깨는 그대로 유지된다. 내쉴 때는 배가 서서히 들어간다.

2. 리듬 훈련

4초 동안 들이마시고, 4초간 멈춘 뒤, 8초 동안 내쉰다. 이 과정을 반복하면 호흡이 길어지고 안정된다.

3. 발성과 연결하기

숨을 내쉴 때 '가'나 '하' 같은 단음을 발음한다. 소리가 흔들리지 않고 길게 이어지는지 확인하면서 훈련한다.

4. 응용 훈련

시나 글을 소리 내어 읽을 때 한 호흡으로 한 문장을 끝까지 말하는 연습을 한다. 이때 억지로 힘을 주지 말고, 호흡의 흐름에 따라 자연스럽게 이어간다.

5. 일상 적용

책을 읽거나, 산책을 하거나, 심지어 TV를 볼 때도 배로 호흡하는 습관을 유지한다. 하루 10분씩이라도 꾸준히 하면 몸이 자동으로 복식호흡에 익숙해진다.

보이스 트레이닝의 효과

꾸준한 보이스 트레이닝은 단순히 스피치를 잘하게 만드는 데 그치지 않는다.

-심리적 안정감 : 호흡이 깊어지면 긴장이 풀리고 무대 공포증이

완화된다.

-자신감 향상 : 큰 목소리, 안정된 톤은 화자 자신에게도 긍정적인 암시를 준다.

-신뢰 형성 : 안정적인 목소리는 청중에게 신뢰와 여유를 전달한다.

-설득력 강화 : 억양과 호흡을 활용해 감정을 담아내면 메시지의 설득력이 배가된다.

-건강 효과 : 복식호흡은 혈액순환을 촉진하고, 스트레스를 줄이며, 집중력을 높인다.

목소리는 '보이는 힘'이다

보이스 트레이닝은 단순한 발성 교정이 아니라, 화자의 정체성과 메시지를 담아내는 예술이다. 좋은 목소리는 단순히 듣기 좋은 음색이 아니라, 숨과 호흡이 안정된 사람만이 낼 수 있는 신뢰의 울림이다. 청중은 화자의 목소리 속에서 진심을 듣고, 태도를 느끼며, 존재를 받아들인다.

결국 보이스 트레이닝은 스피치 커뮤니케이션의 필수 과정이자, 더 나은 화자로 성장하기 위한 자기 관리다. 목소리를 디자인하라. 그 순간, 당신의 말은 단순한 소리가 아니라 사람을 움직이는 힘으로 변할 것이다.과 연결되는 순간이다.

발음 디자인

스피치 커뮤니케이션에서 발음은 단순한 기술이 아니다. 발음은 화자의 인격을 담아내는 창(窓)이며, 청중이 메시지를 받아들이는 첫 번째 관문이다. 아무리 훌륭한 내용을 준비했어도 발음이 불명확하다면, 메시지는 흐려지고 청중은 집중력을 잃는다. 반대로 또렷하고 정확한 발음은 청중의 귀를 사로잡아, 말의 울림을 오래도록 마음에 남긴다. 그래서 발음은 화술의 뼈대이자, 스피치 커뮤니케이션의 신뢰를 세우는 기초라 할 수 있다.

발음은 훈련이다

많은 사람들은 발음이 타고나는 것이라 생각하지만, 사실 발음은 꾸준한 훈련으로 누구나 개선할 수 있다. 표준어 발음을 습관화하고, 조음 기관(혀, 치아, 입술, 성대 등)을 올바르게 활용하는 것만으로도 전달력은 크게 달라진다. 명료한 발음을 위해서는 평소 발성 연습, 문장 낭독, 모음·자음 훈련 등을 반복해야 한다. 배우나 아나운서, 성우가 매일 수십 분씩 발음 훈련을 하는 이유도 단순하다. "좋은 발음은 메시지를 살리고, 잘못된 발음은 메시지를 죽인다."

발음을 훈련하는 첫 단계는 호흡이다. 복식호흡으로 충분한 공기를 들이마신 후 발음을 시작하면, 음절 하나하나가 힘 있고 또렷하게 전달된다. 이어서 입술과 혀의 움직임을 의도적으로 크게 만들어 보는 것도 좋은 방법이다. 문장을 낭독할 때 입술을 좌우로, 위아래로 과장되게 움직이면, 평소에는 잘 쓰지 않던 근육들이 활성화되며 발음이 뚜렷해진다. 나무젓가락을 윗니와 아랫니 사이에 물고 문장을 읽는 훈련도 대표적이다. 발음을 방해하는 요소를 극복하면서 정확한 조음 습관을 만드는 데 큰 도움이 된다.

스피치와 발음 — 왜 중요한가?

스피치 커뮤니케이션에서 발음은 단순히 소리를 내는 행위가 아니다. 그것은 청중에게 메시지를 정확히 전달하고, 화자에 대한 신뢰를 형성하며, 나아가 감동과 울림을 만드는 핵심 도구다. 많은 사람들이 스피치를 잘하려면 목소리만 크면 된다고 생각한다. 그러나 소리를 아무리 크게 낸다 해도 발음이 불분명하면 메시지는 희미해지고, 청중은 집중력을 잃는다. 결국 말은 울렸지만 의미는 남지 않는, '겉도는 소통'에 불과해진다.

예를 들어, 강연장에서 한 연사가 큰 목소리로 열정적인 메시지를 전달했지만, 발음이 뭉개져 청중이 내용을 따라가지 못했다면 어떨까? 처음 몇 분은 열정에 끌려 집중하지만 시간이 지날수록 청중은 "무슨 말을 하고 있지?"라는 의문에 빠진다. 결국 메시지의 본질은 사라지고, 청중은 연사보다 스마트폰에 더 집중하게 된다. 반대로 작은 목소리라도 발음이 또렷하고 명확하다면, 청중은 귀를 기울이며 집중한다. 발음은 단순한 기술이 아니라 신뢰와 몰입을 이끄는 문이다.

특히 한국어의 특성은 발음의 중요성을 더욱 부각시킨다. 한국어는 19개의 자음과 21개의 모음이 조합되어 수많은 단어를 만든다. 단어 하나하나가 가진 리듬과 장단, 고저가 발음에 따라 달라지기 때문에, 정확한 발음은 곧 의미 전달의 완성이다. 예를 들어 "감사합니다"라는 표현도, 발음을 흐리게 하면 의례적인 인사처럼 들리지만, 음절마다 분명히 발음하면 따뜻한 진심이 담긴 인사로 전해진다.

배우 한석규가 대사 전달의 귀재로 불리는 이유도 여기에 있다. 그는 성우 출신답게 대사의 한 글자, 한 호흡까지 또렷하게 전달한다. 그가 출연한 영화 8월의 크리스마스를 떠올려 보자. 그의 담담한 목소리는 단순히 '연기'가 아니라, 정확한 발음을 통해 감정을 실어 나른 것이었다. 관객은 그 발음을 통해 주인공의 감정선을 따라가고, 결국 영화 전체에 몰입하게 된다. 발음이 곧 감정이고, 발음이 곧 설득인 것이다.

스피치에서 발음은 신체 여러 기관의 협업으로 만들어진다. 호흡이 폐에서 출발해 성대를 진동시키고, 입술과 혀, 치아, 인두와 비강을 거치며 단어와 문장으로 형성된다. 이 복잡한 과정 속에서 단 하나라도 조율이 어긋나면 소리는 왜곡된다. 예를 들어, 혀끝이 충분히 움직이지 않으면 'ㄹ' 발음이 새고, 입술이 분명히 벌어지지 않으면 모음이 뭉개져 전달력이 떨이진다. 결국 발음이란, 호흡·발성·조음이 만들어낸 완벽한 오케스트라의 연주와 같다.

실제 사례는 발음의 중요성을 더욱 분명히 보여준다. 한 대학 강의에서 교수는 아무리 좋은 내용을 전달해도 발음이 부정확해 학생들이 필기를 포기하는 경우가 있었다. 반면 다른 교수는 목소리가 크지 않아도 발음이 명료해 학생들이 그의 강의를 '귀에 쏙쏙 들어온다'고 평했다. 학생들은 발음이 좋은 교수의 강의는 복습할 필요가 없다고 말할 정도였다. 청중은 결국 '발음을 통해 메시지를 소비'한다는 사실을 잘 보여주는 장면이다.

또 다른 예로, 한 정치인의 연설을 떠올려 보자. 내용은 훌륭했으나 발음을 자주 흘리면서 "~합니더", "~하겠습다"와 같은 말투가 반복되었다. 청중은 그의 정책적 메시지보다 사투리 억양과 흐릿한 발음에 집중했고, 결국 연설의 설득력은 크게 약화되었다. 반대로 발음을 교정하고 나서 그는 같은 메시지를 전했지만, 이번에는 "전달력이 갑자기 좋아졌다"는 평가를 받았다. 메시지는 동일했지만, 발음이 메시지의 운명을 바꾼 것이다.

결국 발음은 단순한 언어의 장식이 아니라 스피치 커뮤니케이션의 본질이다. 발음이 명확할 때 화자의 의도는 왜곡 없이 전달되고, 청중은 의미와 감정을 온전히 받아들인다. 발음이 흐릿하다면 말은 흩어지고, 발음이 분명하다면 말은 힘을 가진다. 그래서 스피치를 준비하는 모든 이들은 '발음을 디자인한다'는 각오로 연습해야 한다.

말은 공기 중에 사라지지만, 발음은 청중의 마음속에 남는다. 명료한 발음은 단순한 소리가 아니라, 사람의 마음을 움직이고 관계를 바꾸는 힘이다. 이것이 바로 발음이 스피치 커뮤니케이션에서 가장 중요한 이유다.

발음을 방해하는 문제들

많은 사람들이 스피치를 할 때 공통적으로 겪는 문제가 있다.

-입술을 제대로 벌리지 않아 발음이 뭉개지는 경우
-치아 배열이 좋지 않아 발음이 새는 경우
-혀의 움직임이 둔해 짧은 발음이나 말림 발음이 나오는 경우

이런 문제들은 단순한 습관이나 신체 구조에서 비롯되지만, 훈련을 통해 충분히 교정할 수 있다. 예컨대 혀가 둔한 사람은 혀 체조(혀를 입 안에서 좌우로 돌리기, 혀끝으로 윗니를 누르기 등)를 통해 조음 능력을 강화할 수 있다. 입술이 잘 안 벌어지는 사람은 거울 앞에서 모음 발음을 과장되게 연습하며 근육의 사용을 확장할 수 있다.

발음 훈련의 실제

1. 심호흡 후 발음하기

숨을 깊게 들이마시고 복식호흡으로 안정된 상태에서 발음을 시작한다. 이는 소리의 흔들림을 막아준다.

2. 말머리와 말끝의 균형

문장의 시작은 부드럽게, 끝은 분명하게 발음한다. 특히 발표에서 말끝을 흐리면 자신감 없는 인상을 준다.

3. 음절 단위 발음

하나의 음절을 또렷하게 발음하는 습관을 들인다. '안녕하세요'를 '안-녕-하-세-요'처럼 구분해 연습하다 보면, 실제 상황에서는 자연스럽고도 명확하게 소리가 난다.

4. 파열음 다루기

ㄱ, ㄷ, ㅂ, ㅍ 등의 파열음은 너무 강하게 터뜨리면 거칠게 들린다. 반대로 힘을 빼면 전달력이 떨어진다. 적절한 강약을 조절해 '부드럽지만 힘 있는' 파열음을 만들어야 한다.

5. 장모음 살리기

한국어의 장모음은 말의 리듬과 감정을 살리는 데 중요하다. 장모음을 짧게 처리하면 말이 건조해지고, 길게 살리면 생동감이 살아난다.

발음은 곧 태도다

발음은 단순히 입에서 나는 소리가 아니라, 화자의 태도와 성실성을 보여준다. 매일 15~20분만이라도 꾸준히 발음 연습을 하면, 청중은 "이 사람은 준비된 화자"라고 느낀다. 발표자가 미소를 지으며 명확히 발음하는 순간, 메시지의 신뢰도는 배가된다.

또한 발음은 감정 전달에도 직결된다. 같은 문장이라도 "고맙습니다"를 흐릿하게 말하면 형식적인 인사로 들리지만, 또렷하게 발음하면 진심이 담긴 인사로 전달된다. 결국 발음은 말의 기술이 아니라, 화자의 마음과 태도를 보여주는 창이다.

발음은 스피치 커뮤니케이션의 마지막 완성 단계다. 호흡과 발성 위에 세워진 발음은 화자의 진심을 청중에게 가장 명료하게 전달한다. 아나운서, 배우, 성우들이 하루도 빠짐없이 발음을 훈련하는 이유는 단순하다. 발음이야말로 메시지를 생생하게 살려내는 가장 강력한 도구이기 때문이다.

따라서 스피치를 준비하는 사람은 반드시 발음을 '디자인'해야 한다. 디자인된 발음은 단순히 말의 선명함을 넘어서, 청중과의 신뢰를 쌓고, 감동을 전하며, 화자의 삶과 태도까지 보여준다. 발음이 곧 신뢰이고, 발음이 곧 영향력이다.

목소리 디자인

미국의 심리학자 알버트 메라비언(Albert Mehrabian)은 유명한 실험을 통해 “같은 말이라도 음성에 따라 의사 전달 효과의 38%가 좌우된다”고 밝혔다. 즉, 같은 문장이라도 어떤 목소리 톤으로, 어떤 울림으로 전하느냐에 따라 사람들은 전혀 다르게 받아들인다. 또한 하버드 대학의 연구에 따르면 청중의 80% 이상이 연사의 목소리만 듣고도 그의 성격, 태도, 심지어 신체적 특성까지 추론할 수 있다고 한다. 결국 목소리는 단순한 소리가 아니라, 나를 드러내는 ‘보이지 않는 얼굴’이라 할 수 있다.

많은 사람들이 “목소리는 타고나는 것이라 어쩔 수 없다”고 말한다. 하지만 이는 절반만 맞는 말이다. 선천적으로 주어진 음색을 완전히 바꿀 수는 없지만, 꾸준한 훈련을 통해 20~30% 이상 개선하는 것은 충분히 가능하다. 실제로 성우, 아나운서, 성악가, 강사들은 모두 자신의 목소리를 후천적으로 디자인한 사람들이다.

한 대학 강단에 선 신임 교수의 사례를 보자. 첫 학기에는 목소리가 지나치게 얇고 약해 학생들이 집중하지 못했다. 그러나 그는 매일 30분씩 복식호흡과 고성 발성 훈련을 병행하며 자신의 목소리를 단련했다. 다음 학기부터 그의 강의는 "목소리만 들어도 힘이 난다"는 평을 받을 정도로 달라졌다. 목소리는 타고난 한계가 아니라, 디자인할 수 있는 자기 표현 도구다.

흥미로운 사실은 우리가 듣는 자신의 목소리와 다른 사람들이 듣는 우리의 목소리가 다르다는 점이다. 자신이 말할 때는 뼈를 통해 전달되는 소리(bone conduction)를 고막으로 직접 듣는다. 반면 타인은 공기의 진동(air conduction)을 통해 목소리를 듣는다. 그래서 녹음된 자신의 목소리를 들으면 낯설게 느끼는 것이다. 실제의 나는 그렇지 않은데, 상대방은 그렇게 듣고 있는 셈이다. 그러므로 스피치 커뮤니케이션을 준비하는 사람은 반드시 자신의 목소리를 녹음해 들어보고, 청자가 듣는 내 목소리의 실제 음색을 객관적으로 파악해야 한다.

목소리 교정 훈련의 가장 기본은 큰 소리로 말하는 연습이다. '고성 발성 훈련'이라고 불리는 이 방식은 목소리에 힘을 붙이고 음폭을 넓힌다. 음폭이 넓어지면 감정을 자유롭게 실어 나를 수 있다. 예컨대, "가-까-다-따-타-바-빠-파!"와 같은 파열음을 큰 소리로 반복하면 목소리가 힘차고 굵어진다. 배우들이 대사 연습을 할 때 공연장 뒷자리까지 울려 퍼질 수 있는 소리를 내는 이유도 여기에 있다.

또한 복식호흡은 목소리 디자인의 핵심 도구다. 복식호흡을 활용하면 소리가 둥글고 깊어지며, 파열되지 않고 멀리 울려 퍼진다. 이는 청중에게 안정감과 신뢰감을 주며, 화자의 이미지를 더욱 진중하고 권위 있게 만든다. TED 무대에서 강연하는 연사들을 떠올려 보라. 그들의 목소리는 크지 않아도 묵직하고 부드럽게 울려 퍼지며, 청중의 마음을 사로잡는다. 그 힘은 바로 훈련된 호흡에서 나온다.

목소리의 크기와 톤은 상황에 따라 조절되어야 한다. 일상 대화에서는 최대 음성의 25% 정도, 즉 평소 말하기보다 조금 더 힘을 실어 말하는 것이 가장 듣기 좋다. 회의나 토론처럼 소집단 상황에서는 3050% 정도의 힘을 주는 것이 효과적이며, 강의나 연설처럼 많은 청중을 상대할 때는 50% 이상이 필요하다. 특히 설교나 정치 연설에서는 절정 부분에서 90100%까지 음성을 끌어올려야 메시지가 청중의 가슴에 각인된다.

한 목회자의 사례가 있다. 그는 늘 강한 목소리로만 설교해 청중을 지치게 했다. 그러나 목소리 강약을 조절하는 훈련을 거친 후, 설교의 도입부는 부드럽게 대화하듯 시작하고, 절정에서는 힘 있게 울려 퍼지도록 변화를 주었다. 청중의 반응은 즉각 달라졌다. "같은 메시지인데도 훨씬 감동적이고 집중된다"는 평을 얻게 된 것이다. 목소리의 톤과 강약을 디자인하는 것이 곧 메시지의 드라마를 완성하는 연출이 된다.

강의 현장에서도 목소리의 힘은 절대적이다. 조용한 대화체로 설명하다가 중요한 대목에서 톤을 올리면 청중은 자동적으로 귀를 기울인다. 반대로 처음부터 끝까지 고성 발성만 유지하면 청중은 금세 피로감을 느낀다. 따라서 대화형 화법에 박력 있는 웅변형을 적절히 섞는 전략이 필요하다. 배우들이 무대에서 목소리의 속도, 강약, 음색을 자유자재로 바꾸는 것도 같은 원리다.

목소리는 단순한 소리가 아니라, 화자의 진심과 태도의 그릇이다. 작은 강의실에서 학생들에게 차분히 설명할 때, 정치 연설에서 청중의 마음을 흔들 때, 혹은 면접장에서 짧은 자기소개를 할 때조차 목소리는 곧 화자의 신뢰도를 결정한다. "사람들은 당신이 무슨 말을 했는지는 잊지만, 당신의 목소리가 어떻게 느껴졌는지는 기억한다"는 말처럼, 목소리 디자인은 곧 화자의 인상을 디자인하는 일이다.

결국 좋은 목소리는 타고나는 것이 아니라, 꾸준한 훈련과 의식적 연습을 통해 만들어가는 작품이다. 녹음된 자신의 목소리를 객관적으로 듣고, 복식호흡으로 깊이를 더하며, 발음과 파열음을 단련하고, 상황에 따라 크기와 톤을 조절하는 과정 속에서 우리는 신뢰를 짓는 목소리를 갖게 된다. 그리고 그 목소리는 단순히 소리가 아니라, 사람의 마음을 움직이고 관계를 바꾸는 가장 강력한 커뮤니케이션 도구가 된다.

호흡과 속도 훈련 — 목소리에 리듬과 힘을 더하는 길

좋은 목소리와 설득력 있는 스피치는 단순히 소리를 크게 내는 데서 완성되지 않는다. 목소리의 품격은 호흡과 속도의 조율에서 시작된다. 특히 복식호흡을 바탕으로 한 호흡 훈련은 말의 흐름을 끊기지 않게 하고, 메시지의 무게와 감정을 한층 더 깊게 담아낸다. 이를 위해 고안된 다양한 훈련 예문은 단순한 발음 연습을 넘어, 화자의 리듬감과 청중의 몰입을 동시에 이끌어내는 도구가 된다.

예문1. //나 그대에게 줄 것 하나 있습니다.
그것은 믿음, 확신, 신념, 사랑, 용기, 자신감입니다.
// 내가 그대에게 준 것은 준 것이 아니라
그대가 마땅히 받아야 할 것을 되돌려준 것입니다.

이 예문은 문장 구조가 짧고 반복적이어서 호흡 조절과 리듬 유지에 탁월하다. 문장 중간의 '//' 표시는 호흡을 교체하는 지점으로, 단순히 숨을 고르는 것이 아니라 에너지를 재충전하고 메시지를 더 깊게 울리게 만드는 구간이다.

복식호흡이 잘 되면 이 문장은 한 번의 호흡으로도 끊기지 않고 끝까지 전달할 수 있다. 이렇게 말할 때 청중은 화자의 목소리에서 안정감, 신뢰, 확신을 동시에 느낀다. 반대로 흉식호흡에 의존한다면 중간에 목소리가 흔들리거나 문장이 끊어져 설득력이 급격히 떨어지게 된다.

*훈련 포인트

-호흡의 깊이: 문장을 시작하기 전, 단순히 공기를 들이마시는 것이 아니라 배와 옆구리가 충분히 확장되는 느낌을 가져야 한다. “믿음, 확신, 신념, 사랑, 용기, 자신감”을 말할 때는 단어마다 박자를 두고 힘 있게 내뱉는다. 이 과정에서 배가 단단하게 지탱해 주어야 목소리가 흔들리지 않는다.

-리듬과 강조: 나열된 단어들은 단순히 나열하기보다 점층적 리듬을 살려야 한다. 처음에는 차분하게 시작해, 마지막 “자신감”에서 에너지를 가장 크게 터뜨리면 청중은 메시지를 강하게 각인하게 된다.

-의미 연결: “내가 그대에게 준 것은 준 것이 아니라 / 그대가 마땅히 받아야 할 것을 되돌려준 것입니다.” 이 부분은 문학적 울림을 주는 대목이다. 호흡을 짧게 멈춘 뒤 천천히 내뱉으면 마치 시를 낭송하는 듯한 효과가 생긴다. 청중은 이 순간 화자의 메시지를 단순한 정보가 아니라 깊은 깨달음으로 받아들이게 된다.

예문2. //시선에서 지면 정신에서 지고
정신에서 지면 말에서 지고
말에서 지면 행동에서 지고
행동에서 지면 생활에서 지고
생활에서 지면 내 인생에서 진다.

이 예문은 짧지만 강렬한 반복 구조를 가지고 있어 호흡 훈련,

속도 조절, 강조 훈련에 매우 효과적이다. 문장은 점차 확대되는 구조(시선 → 정신 → 말 → 행동 → 생활 → 인생)로 이루어져 있어, 읽는 사람에게도 자연스럽게 점층적 리듬을 요구한다.

'//' 표시는 복식호흡을 충분히 하고 나서 에너지를 한꺼번에 실어 문장을 전개하라는 의미다. 첫 줄은 담담하게 시작하되, 뒤로 갈수록 강도와 에너지를 높이며 마지막 "내 인생에서 진다"에 이르면 목소리와 표정 모두 절정으로 끌어올려야 한다.

*훈련 포인트

-호흡 유지: 한 호흡으로 두 줄 이상을 이어가는 것을 목표로 삼는다. 처음에는 줄마다 호흡을 교체해도 괜찮지만, 숙달되면 "시선 정신말"까지는 한 호흡으로 이어가야 안정적인 발성이 가능하다.

-리듬과 강조: 문장은 모두 같은 구조지만 리듬의 높낮이를 다르게 주어야 한다. "시선에서 지면"은 낮고 차분하게, "말에서 지면 행동에서 지고"는 조금 더 단호하게, 마지막 "내 인생에서 진다"는 절정의 울림으로 마무리한다.

-감정 몰입: 단순히 나열하는 것이 아니라, 실제로 "내가 시선에서 진다면, 결국 인생도 잃을 수 있다"라는 절박함을 느끼며 읽어야 한다. 감정이 실리지 않은 반복은 지루해지지만, 감정이 실리면 같은 문장 구조가 오히려 강렬한 메시지로 각인된다.

예문 3.

- 저기 저 뜀틀이 내가 뛸 뜀틀인가 내가 안 뛸 뜀틀인가
- 간장공장 공장장은 강공장장이고 된장공장 공장장은 공공장장이다.
- 전등 알 40촉 알을 낄까요? 60촉 알을 켤까요?
  전등 알 60촉 알을 끌까요? 40촉 알을 낄까요?
- 저기 저 땅콩은 푸른 볶은 땅콩이고
  여기 이 깻묵은 검게 태운 깻묵입니다.
- 박씨집 강아지는 허리긴 강아지이고
  안씨집 강아지는 다리긴 강아지인데
  허리긴 강아지와 다리긴 강아지가 싸우면
  어느 강아지가 이길까요?
- 내가 그린 기린(구름)그림은 잘 그린 기린(구름)그림이냐?
  못 그린 기린(구름)그림이냐?
- 경찰청 철창살 쌍창살 경찰청 철창살 쌍창살 경찰청 철창살 쌍창살
- 한영양장점 옆 한양양장점, 한양양장점 옆 한영양장점
- 우리 집 옆집 앞집 뒷 창살은 홑 겹 창살이고
  우리 집 뒷집 앞 집 옆창살은 겹 홑 창살이다.

빠른 발음과 리듬감을 동시에 길러주는 훈련은 '발음의 근육'을 단련한다. "간장공장 공장장은 강공장장이고 된장공장 공장장은 공공장장이다"와 같은 문장은 혀와 입술을 민첩하게 움직이도록

돕는다. 이는 단순한 말장난처럼 보이지만, 실제 무대에서 긴장했을 때 발음을 정확하게 내는 힘을 길러준다.

또한 "경찰청 철창살 쌍창살…"과 같은 문장은 속도를 조절하며 발음을 또렷하게 유지하는 훈련에 효과적이다. 청중은 빠른 문장 속에서도 화자가 얼마나 명료하게 발음을 유지하는지를 금세 감지한다. 발음이 뭉개지지 않고 끝까지 정확하다면, 화자는 그 자체로 신뢰를 얻는다.

아이들과 함께 이런 예문을 놀이처럼 읽어보는 것도 효과적이다. 즐겁게 훈련하는 과정에서 발음 근육은 자연스럽게 강화되고, 발성은 더욱 또렷해진다.

목소리를 변화시키는 원칙

목소리는 공기 중에 흩어지는 단순한 진동이 아니다. 그것은 화자의 태도, 가치관, 삶의 습관이 고스란히 묻어 나오는 결과물이다. 사람들은 종종 "목소리만 들어도 그 사람을 알 수 있다"고 말한다. 실제로 우리가 누군가와 통화할 때, 얼굴을 보지 않아도 기분이 좋은지, 불안한지, 혹은 화가 났는지를 목소리만으로도 알 수 있다. 그만큼 목소리는 마음의 거울이며, 화자의 인격과 철학을 보여주는 창이다.

좋은 목소리를 만들기 위해서는 단순히 발성을 크게 하거나 억양을 고치는 수준을 넘어, 삶의 태도와 습관을 점검해야 한다. 목소리는 결국 삶의 흔적이기 때문이다. 다음의 원칙들은 단순한 기술이 아니라, 자신을 돌아보고 성장시키는 과정이기도 하다.

첫째, 상대방을 존중하는 태도로 말하라

목소리에는 마음이 묻어난다. 상대를 존중하는 태도로 말하면, 그 따뜻함이 목소리에 실려 청중에게 전해진다. 반대로 무례하거나 성의 없는 태도로 말하면 아무리 또렷한 발음을 해도 듣는 사람은 불쾌함을 느낀다.

예컨대 한 대학 강의에서 두 명의 강사가 같은 내용을 설명했다고 하자. 한 강사는 "이건 정말 기본적인 내용이니까 다 아시겠죠?"라는 식으로 무심히 말했고, 다른 강사는 "이 부분은 아마 이미 알고 계신 분도 있겠지만, 다시 정리해 드리면 더 도움이 되실 겁니다"라고 말했다. 청중은 당연히 후자의 강사에게 더 호감을 갖는다. 같은 지식도 어떤 태도로 말하느냐에 따라 목소리의 울림은 달라진다.

둘째, 자연스럽게 말하라

억지로 꾸민 목소리는 쇼처럼 들리기 쉽다. 특히 일부 발표자는 연설조의 억양이나 지나치게 연극적인 톤으로 말하려 하지만, 청중은 그런 목소리에서 오히려 거리감을 느낀다. 청중이 원하는 것은 완벽하게 연출된 목소리가 아니라, 화자의 진정성이다.

자연스러운 대화체 속에서 필요한 순간에 강조점을 주는 것이 훨씬 더 큰 설득력을 가진다. 유명한 스티브 잡스의 연설을 떠올려보라. 그는 특별히 웅변적인 화법을 쓰지 않았다. 오히려 일상 대화처럼 담담하게 이야기하면서도, 중요한 단어에서는 속도를 늦추거나 목소리를 낮추어 청중을 집중시켰다. 그 담백함 속에서 오히려 더 큰 감동이 나온 것이다.

셋째, 익숙한 목소리를 버려라

많은 사람들이 "나는 원래 목소리가 작아서"라며 자기합리화를 한다. 하지만 목소리는 얼마든지 바꿀 수 있다. 성악가나 성우, 아나운서들이 처음부터 명확한 발음과 울림 있는 목소리를 타고난 것이 아니다. 그들은 매일같이 훈련하며, 때로는 낯설고 어색한 목소리를 반복적으로 경험하면서 새로운 가능성을 열었다.

한 스피치 학원의 수강생은 평생 작은 목소리 때문에 회의 자리에서 의견을 내지 못했다고 한다. 그러나 그는 "나는 바꿀 수 있다"는 확신으로 매일 30분씩 복식호흡과 낭독 훈련을 반복했다. 몇 달 뒤, 그는 팀장 발표 자리에서 또렷하고 단단한 목소리로 보고를 마쳤고, 이후 회사 내에서 '말이 설득력 있는 사람'이라는 평가를 받게 되었다. 익숙한 목소리를 버리고 새로운 목소리를 받아들였을 때, 그의 삶 자체가 달라진 것이다.

넷째, 안정감 있는 목소리를 내라

불안한 사람의 목소리는 쉽게 떨리고 흔들린다. 특히 무대 위에서 떨리는 목소리는 곧 자신감 부족으로 읽히며, 청중의 신뢰를 떨어뜨린다. 안정감 있는 목소리를 위해서는 단순한 발성 훈련을 넘어서 마음 관리가 필요하다. 복식호흡, 명상, 꾸준한 독서와 운동, 규칙적인 생활은 목소리를 차분하게 가꿔준다.

한 기업의 임원은 회의 때마다 목소리가 떨려 발표를 힘들어했는데, 매일 아침 출근 전 5분간 복식호흡과 간단한 명상을 한 결과 목소리에 놀라운 변화가 생겼다. 발표 도중에도 흔들리지 않고 오히려 차분함 속에서 권위를 느낄 수 있게 되었고, 그 변화는 곧 리더십의 신뢰로 이어졌다.

다섯째, 목소리에 쉼표를 찍어라

빠르게 몰아치는 목소리는 청중을 숨가쁘게 만든다. 반면 여백이 있는 목소리는 훨씬 더 설득력이 있다. 쉼은 곧 강조다. 예를 들어, "우리에게 필요한 것은… 사랑입니다."라는 잠시의 멈춤은 청중에게 강력한 여운을 남긴다.

한 정치인의 연설에서도 이런 효과를 볼 수 있다. 같은 문장을 쉼 없이 읽으면 단순한 나열에 불과하지만, 중간에 호흡을 두고 멈추면 메시지의 무게가 배가된다. 스피치에서 멈춤은 단순히 말하지 않는 시간이 아니라, 메시지를 각인시키는 결정적 순간이다.

여섯째, 휴식하며 산책하라

목소리는 몸과 마음의 상태를 그대로 반영한다. 피곤하면 목소리가 잠기고, 스트레스를 받으면 목소리가 날카로워진다. 따라서 좋은 목소리를 위해서는 충분한 휴식이 필요하다. 자연 속에서의 산책은 목소리에 생명력을 불어넣는다.

예를 들어, 프레젠테이션을 앞두고 긴장하던 한 강연자가 강의 전날 공원에서 30분간 산책을 하며 마음을 비웠다. 그리고 강연 당일, 그는 오히려 부드럽고 깊은 목소리로 청중을 사로잡았다. 목소리는 몸과 마음의 거울이기에, 휴식과 산책은 목소리를 가꾸는 가장 단순하면서도 강력한 방법이다.

마지막으로, 주도적인 목소리를 내라

패배적인 태도에서 나오는 목소리는 작고 위축된다. 반대로 주인의식을 가진 사람의 목소리는 힘 있고 당당하다. "나는 내 인생의 주인이다"라는 확신이 목소리에 실릴 때, 청중은 그 울림을 거부할 수 없다.

실제 사례로, 한 신입사원이 매번 조용히 말하다 보니 회의에서 자주 의견이 묵살되었다. 그러나 그는 자신이 맡은 프로젝트에서 "이 아이디어는 반드시 실현할 가치가 있습니다"라고 확신에 찬 목소리로 발표했을 때, 상사와 동료들은 그제야 그의 의견을 진지하게 받아들였다. 목소리에 담긴 태도가 메시지의 무게를 바꾸어 놓은 것이다.

호흡과 속도 훈련은 단순한 발음 연습이 아니다. 그것은 자신감 있는 목소리를 디자인하는 첫걸음이다. 호흡이 안정되면 문장이 흐트러지지 않고, 속도를 조율하면 메시지에 힘이 실린다. 발음 훈련 예문은 언뜻 유치해 보일지 모르지만, 실제 무대에서 당당하게 서는 힘을 길러주는 가장 실용적인 도구다.

그리고 무엇보다 중요한 것은, 좋은 목소리는 기술이 아니라 태도에서 나온다는 사실이다. 존중, 진정성, 여유, 주도성. 이 네 가지가 목소리에 담길 때, 화자의 말은 단순한 소리가 아니라 사람의 마음을 움직이는 울림이 된다.

발성과 공명음

우리는 흔히 "목소리 크면 장땡"이라고 생각하지만, 사실 발성은 단순히 큰 소리를 내는 기술이 아니다. 발성이란 폐로부터 나온 숨이 후두의 성대를 진동시켜 소리를 만들고, 그 소리가 입술·혀·구강·비강을 지나면서 공명(울림)을 더해 완성되는 섬세한 과정이다. 말하자면 발성은 악기의 줄을 켜는 것이고, 공명은 울림통을 울려 풍성한 음색을 만들어내는 것이다.

발성이 제대로 되면 목소리는 멀리까지 울려 퍼지고, 듣는 이의 마음속에 부드럽게 스며든다. 반대로 발성이 약하거나 공명이 부족하면, 같은 말을 해도 목소리가 힘없이 흩어져 버린다. 예를 들어, 교실에서 선생님이 힘없는 흉식호흡으로 "조용히 해라"라고 하면 아이들은 대수롭지 않게 넘어가지만, 복식호흡으로 단단히 발성한 "조용히 하세요"는 울림과 힘이 실려 곧장 분위기를 제압한다. 결국 목소리의 차이가 메시지의 힘을 결정한다.

좋은 발성의 원칙

좋은 발성은 단순히 목청을 높이는 것이 아니라 몸과 마음의 균형 속에서 울림을 디자인하는 것이다.

첫째, 복식호흡으로 충분한 호흡량을 확보해야 한다. 얕은 흉식호흡은 목소리를 금세 날카롭고 얇게 만든다. 반면 배를 사용한 깊은 호흡은 성대를 안정적으로 진동시켜 목소리에 힘을 준다. 많은 가수와 성악가들이 매일 아침 복식호흡 훈련으로 하루를 시작하는 이유가 여기에 있다.

둘째, 발성기관의 긴장을 풀어야 한다. 성대, 혀, 턱, 목 주변 근육이 굳어 있으면 소리가 막히고 답답하게 들린다. 실제로 어떤 직장인은 발표 전 목 근육이 뻣뻣하게 긴장해 늘 쉰 목소리가 나왔는데, 발표 전 스트레칭과 어깨 풀기를 습관화한 뒤로 목소리가 놀랍도록 맑아졌다.

셋째, 공명을 활용해야 한다. 소리가 구강과 비강에서 잘 울리면 멀리 퍼질 뿐 아니라 듣는 이에게 안정감과 신뢰감을 준다. 배우들이 "머리 위로 울려라" 혹은 "마스크 포인트에 소리를 모아라"라고 강조하는 것도 공명의 힘 때문이다.

넷째, 자신의 목소리를 바르게 사용하는 것이 발성의 시작이다. 억지로 타인의 목소리를 따라 하기보다, 자신의 음색을 이해하고 그 특성을 살려야 한다. 낮은 목소리라면 차분함을, 높은 목소리라면 생동감을 무기로 삼는 것이다.

발성을 관리하는 생활 습관

좋은 발성은 하루아침에 만들어지지 않는다. 꾸준한 관리와 습관이 목소리를 지킨다.

물을 충분히 마시라. 하루 7~8잔의 미지근한 물은 성대를 촉촉하게 유지시켜 준다. 카페인이나 탄산음료는 성대를 건조하게 만들기 때문에 주의해야 한다. 방송 아나운서들은 녹화 전 반드시 따뜻한 물을 준비한다.

불필요한 가다듬기 습관을 버려라. 흠흠거리며 목을 긁는 버릇은 성대에 상처를 남긴다. 필요하다면 가볍게 물을 마시거나 하품을 하듯 성대를 부드럽게 열어주는 것이 좋다.

몸의 긴장을 풀어라. 어깨와 목의 스트레칭은 성대의 부담을 줄여준다. 장시간 컴퓨터 앞에 앉아 있다면 1시간마다 고개를 돌리고 어깨를 푸는 습관을 가지자.

충분한 수면과 휴식. 과로는 목소리의 가장 큰 적이다. 밤샘 후에 목소리가 갈라지는 경험을 해본 사람이라면 누구나 이해할 것이다.

발성과 공명음을 깨우는 훈련

좋은 목소리는 연습의 결과다. 단순히 읽는 것이 아니라 몸 전체로 소리를 만들어내는 과정을 반복해야 한다.

"아" 훈련: 바른 자세로 목구멍을 아치형으로 열고, "아" 소리를 5초, 10초, 15초까지 길게 내본다. 처음엔 흔들리던 소리가 점점 맑고 안정적으로 변한다.

배에 힘주기 연습: "가! 갸! 거! 겨!" 같은 짧은 발음을 반복하며

배 근육으로 소리를 밀어내는 훈련을 한다. 이는 성대를 보호하면서도 힘 있는 발성을 만드는 기본 훈련이다.

촛불 훈련: 입 앞에 손가락을 세워 '손 촛불'을 만들고, "후! 후! 후!" 하며 불어본다. 촛불이 꺼질 듯 말 듯 일정하게 흔들리면 올바른 호흡과 발성이 되고 있는 것이다.

실제 사례로, 한 연극 동아리 학생은 늘 대사할 때 목이 쉬어 버려 무대가 두려웠다. 그러나 매일 '촛불 훈련'을 반복하면서 배에서 소리를 끌어내기 시작했고, 목소리가 흔들림 없이 무대를 채우기 시작했다. 지금은 같은 동아리 친구들이 "네 목소리는 무대를 장악한다"고 칭찬할 정도가 되었다.

콧소리를 교정하는 방법

스피치를 배우는 과정에서 가장 흔히 지적되는 문제 중 하나가 바로 콧소리다. 흔히 "코맹맹이 같다"라고 표현하는 이 소리는 듣는 이로 하여금 쉽게 피로감을 느끼게 하고, 말의 신뢰도를 떨어뜨린다. 아무리 좋은 내용이라도 울림 없는 답답한 소리로 전해지면 청중은 집중하기 어렵고, 화자의 자신감조차 부족해 보이게 된다. 결국 콧소리를 교정한다는 것은 단순한 발성 문제가 아니라, 화자의 존재감과 설득력을 되찾는 과정이라 할 수 있다.

콧소리가 생기는 이유는 다양하다. 가장 흔한 원인은 얕은 호흡과 비강에만 의존하는 공명 습관이다. 복식호흡이 부족하면 성대와 구강에서 울림이 충분히 형성되지 못하고, 소리가 자연스럽게 코로 몰려 버린다. 여기에 어릴 때부터 형성된 말버릇이나 특정

지역의 억양이 더해지면 코맹맹이 소리는 더욱 심해진다. 심지어 알레르기성 비염이나 축농증처럼 신체적인 원인도 콧소리를 악화시킬 수 있다. 즉, 콧소리는 단순한 '개인적 특성'이 아니라 호흡, 습관, 건강 상태가 복합적으로 드러나는 결과물이다.

영국 셰익스피어 극단에서는 이러한 문제를 해결하기 위해 흥미로운 훈련법을 사용했다. 바로 콧볼 막기 훈련이다. 양손가락으로 콧볼을 가볍게 막고, 배에 힘을 주어 "This is house" 같은 짧은 문장을 발음하는 것이다. 코를 막으면 자연스럽게 비강 공명이 차단되고, 소리를 구강으로 울릴 수밖에 없게 된다. 처음에는 답답하고 어색하지만, 반복할수록 입안의 울림을 활용하는 방법을 터득하게 되고, 점차 코소리는 줄어든다. 같은 원리로 "태극기가 그 집 앞에서 펄럭였다"와 같은 한국어 문장을 연습하는 것도 효과적이다.

콧소리를 교정하기 위한 과정은 단계적으로 진행하는 것이 좋다. 먼저 거울 앞에서 입을 크게 벌리고 모음을 발음하며 입 모양과 혀의 움직임을 의식적으로 확인한다. 이어서 콧볼을 막고 신문 기사나 시를 낭독해 보자. 이렇게 하면 억지로라도 구강의 울림을 활용해야 하기 때문에, 코에만 머물던 소리가 점차 입안과 가슴 쪽으로 확장된다. "음-나-다"와 같은 훈련도 도움이 된다. '음'에서 코로 빠지려는 울림을 '나'와 '다'로 자연스럽게 옮겨주는 과정에서, 올바른 공명 위치를 체득할 수 있다.

또한 자신의 목소리를 녹음해 들어보는 과정도 반드시 필요하다. 우리가 직접 들을 때의 목소리는 뼈를 통한 전달(bone conduct)로 울려서 실제보다 풍성하게 들리지만, 청중이 듣는 목소리는 공기를 통한 전달(air conduct)로 훨씬 다르게 들린다. 많은 사람들이 녹음된 자신의 목소리를 듣고 낯설어 하는 이유가 바로 여기에 있다. 따라서 객관적인 교정을 위해서는 녹음을 통해 스스로의 발음을 확인하고 피드백을 받아야 한다.

생활 속 습관도 교정에 큰 영향을 준다. 평소 코막힘을 관리하지 않으면 훈련 효과가 제한적일 수 있다. 또 말을 할 때는 의식적으로 입을 크게 열고 혀를 적극적으로 움직이는 습관이 필요하다. 배우들이 과장되게 발음을 연습하는 것도, 실제 무대에서는 그만큼 또렷한 울림이 필요하기 때문이다. 노래를 크게 따라 부르는 것도 좋은 방법이다. 성악가들이 콧소리 교정에 노래 연습을 권하는 이유는, 노래가 자연스럽게 구강과 흉강의 울림을 키우기 때문이다.

한 사례를 들어보자. 어느 대학생은 매번 면접에서 "자신감이 부족하다"는 지적을 받았다. 알고 보니 발표 준비는 철저했지만, 코맹맹이 소리 때문에 전달력이 떨어진 것이었다. 그는 콧볼 막기 훈련, 복식호흡 연습, 그리고 매일 10분씩 노래를 병행했다. 두 달 후, 목소리에 맑은 울림이 생기면서 면접관으로부터 "목소리가 안정적이고 신뢰감이 있다"는 평가를 받았고, 마침내 최종 합격할 수 있었다. 이처럼 콧소리 교정은 단순히 소리를 바꾸는 일이 아니라, 화자의 태도와 자신감을 바꾸는 일이기도 하다.

결국, 콧소리를 교정한다는 것은 신뢰와 진정성을 회복하는 과정이다. 코로만 몰리던 울림이 구강과 가슴으로 확장되는 순간, 목소리는 깊고 안정적으로 변한다. 청중은 논리보다 목소리에서 느껴지는 확신과 진정성에 더 크게 반응한다. 따라서 콧소리 교정은 단순한 발성 훈련이 아니라, 사람의 마음을 열고 신뢰를 쌓는 스피치 커뮤니케이션의 본질적 과정이라 할 수 있다.

공명 — 울림이 만든 힘

발성의 여정은 단순히 "숨을 들이마시고 소리를 내는 것"으로 끝나지 않는다. 진짜 목소리의 힘은 마지막 단계인 공명(Resonance) 에서 완성된다. 공명이란, 소리가 목과 입, 비강, 흉강(가슴), 심지어 두개골까지 울려 퍼지며 힘과 깊이를 더하는 과정이다. 울림 없는 목소리는 힘없이 흩어져 버려 금세 잊히지만, 울림 있는 목소리는 단 한마디만으로도 방 안의 공기를 가득 채운다.

예를 들어, 같은 "안녕하세요"라는 인사도 어떤 사람은 힘이 없고 금세 사라져 버리지만, 어떤 사람은 마치 노래처럼 공간을 울리며 오래 여운이 남는다. 두 사람의 차이는 '음량'이 아니라 울림의 위치에 있다. 목소리가 목구멍에만 머물면 얇고 답답하게 들리고, 비강과 구강을 충분히 활용하면 소리가 맑고 단단해진다.

공명의 원리, 울림이 퍼지는 길

소리는 공기의 진동이다. 우리가 내뱉은 숨이 성대를 진동시켜

원음을 만들면, 이 원음은 구강·비강·흉강이라는 '공명 공간'을 거치며 증폭된다. 마치 빈 병에 바람을 불면 울림이 커지고, 바이올린 줄을 켜면 나무통 전체가 울려 소리가 배가되는 것과 같다.

-구강 공명 : 입을 충분히 열고 혀와 입술을 잘 움직이면 소리가 맑고 명확해진다. 또박또박 잘 들리는 말하기의 비밀은 바로 여기에 있다.
-비강 공명 : 코 주변의 공간을 울려주는 과정으로, 지나치면 콧소리가 되지만 적절히 활용하면 소리에 밝음을 더한다.
-흉강 공명 : 가슴 깊은 곳에서 울림이 형성되면 목소리가 묵직하고 안정적으로 변한다. 유명한 아나운서나 성악가의 목소리에서 느껴지는 '깊이'가 바로 이 흉강 울림 덕분이다.

성악가가 오케스트라의 수십 개 악기를 뚫고도 목소리를 잃지 않는 이유, 한 교사가 마이크 없이도 교실 뒤편까지 또렷하게 전달할 수 있는 이유가 바로 공명 때문이다. 단순히 목청을 높여 큰 소리를 내는 것이 아니라, 소리를 공간에 실어 멀리 퍼지도록 만드는 것이다.

공명 훈련: "음~~~나~~~다~~~"의 비밀

공명을 키우는 대표적인 방법 중 하나가 모음 훈련이다. "음~ 나~ 다~ 라~ 마~"처럼 단순한 소리를 길게 끌며 연습하는 것이다. '음' 소리로 시작하면 코와 입의 울림을 확인할 수 있고, '나'와 '다'로 이어가면 구강의 울림이 확장된다. 처음에는 단순한 콧

노래 같아 보이지만, 꾸준히 하면 소리가 점점 맑아지고 둥글게 변한다.

연습할 때 중요한 것은 '힘'이 아니라 '위치'다. 목에서만 소리를 밀어내면 금세 목이 아프지만, 호흡을 배로 내리고 울림을 얼굴과 가슴 쪽으로 퍼뜨리면 큰 소리를 내도 편안하다. 마치 소리를 목이 아니라 온몸으로 내는 듯한 감각을 얻는 것이다.

실제 사례로, 한 강연자는 처음에는 마이크를 사용해도 목이 쉬곤 했다. 그러나 매일 10분씩 "음~~~아~~~" 공명 훈련을 반복한 뒤, 한 학기만에 목소리가 훨씬 깊어지고 강당에서도 마이크가 필요 없게 되었다. 그는 "소리를 내는 게 아니라 공간에 울림을 보내는 느낌"이라고 표현했다.

공명의 힘: 듣는 사람을 편안하게

공명은 단순히 소리를 크게 만드는 기술이 아니다. 오히려 듣는 사람을 편안하게 하는 기술이다. 목청을 높인 큰 소리는 듣는 이를 피곤하게 하지만, 울림 있는 목소리는 귀를 자극하지 않고도 멀리 전달된다. 그래서 공명은 단순한 발성법이 아니라, 배려의 화법이기도 하다.

청중 입장에서 생각해보자. 30분 동안 고음으로 쥐어짜는 목소리를 듣는 것은 고역이지만, 울림 있는 차분한 목소리는 오히려 집중을 돕고 긴 강연도 편안히 따라갈 수 있게 한다. 즉, 공명은 화자의 목을 지키는 동시에 청중의 귀도 지켜주는 상생의 기술이다.

생활 속 공명 훈련

공명 훈련은 무대나 연습실에서만 할 수 있는 특별한 과정이 아니다. 오히려 일상의 작은 습관 속에서 조금씩 다듬어야 몸에 자연스럽게 스며든다. 목소리는 하루아침에 바뀌지 않는다. 하지만 생활 속 작은 훈련이 쌓이면, 어느 날 문득 자신의 목소리가 달라져 있는 것을 발견하게 된다.

책을 소리 내어 읽을 때, 단순히 단어를 발음하는 데 그치지 말고 소리를 얼굴 앞 공간으로 던진다는 느낌을 가져보자. 목구멍 안에서만 웅얼거리는 소리가 아니라, 마치 공이 입 밖으로 튀어나가 청중 앞 공간에 부드럽게 안착하는 듯한 상상을 하는 것이다. 예를 들어 신문 기사를 소리 내어 읽을 때, 목에서 막히는 소리를 내는 대신, 이마와 코 주변이 살짝 울리는 듯한 공명감을 느끼면 더 또렷하고 힘 있는 발성이 된다.

노래를 부를 때도 같은 원리가 적용된다. 고음을 낼 때 억지로 목을 조여 밀어 올리면 금세 목이 잠기고 힘이 빠진다. 이때는 풍선을 하늘 위로 띄운다고 상상하듯, 소리가 공기와 함께 위로 떠오르는 이미지를 그리며 발성해 보자. 이렇게 하면 고음이 훨씬 안정적이고 시원하게 뻗어나간다. 성악가들이 무대에서 긴 아리아를 소화하는 것도 목을 힘으로 누르기보다 공명의 울림을 통해 자연스럽게 소리를 띄우는 훈련을 수없이 반복했기 때문이다.

일상 대화 속에서도 작은 공명 훈련을 할 수 있다. 짧은 대화 중간에 "아~", "음~" 같은 간단한 소리를 길게 내면서, 그 소리가 머리나 얼굴 앞 공간에 맴도는지 점검하는 것이다. 예를 들어 전화받기 전에 "음~ 여보세요"라고 길게 내보면, 자연스럽게 공명을 느끼며 대화의 톤을 안정시킬 수 있다. 이런 습관은 발표나 회의 자리에서도 큰 힘을 발휘한다. 긴장으로 목이 마르고 소리가 갈라질 때, 잠시 "음~" 하고 울림을 정리하면 다시 안정된 목소리로 돌아올 수 있다.

또 하나 효과적인 방법은 거울 앞 훈련이다. 거울을 보며 소리를 내면, 입술과 혀, 턱, 심지어 눈썹과 이마까지 어떤 표정이 만들어지는지 직접 확인할 수 있다. 발음을 선명하게 하기 위해 입술이 얼마나 열려야 하는지, 혀끝이 어디에 닿아야 하는지, 얼굴 근육이 긴장되어 있지는 않은지 눈으로 확인하면 교정 효과가 훨씬 빠르다. 특히 발표 준비를 할 때 원고를 거울 앞에서 낭독하면, 목소리뿐 아니라 표정과 제스처까지 자연스럽게 조율할 수 있다.

생활 속 공명 훈련은 단순히 발성을 다듬는 차원을 넘어 자기 자신을 가꾸는 습관이다. 하루 5분, 출근길에 책을 소리 내어 읽거나, 샤워하면서 가볍게 노래를 부르거나, 거울 앞에서 한두 문장을 공명감 있게 발음해보는 것만으로도 목소리는 점차 안정과 힘을 얻게 된다. 이렇게 쌓인 작은 훈련이 결국 무대 위, 강의실, 회의실에서 자신감을 주는 큰 울림으로 돌아온다.

공명은 곧 존재감이다

공명은 단순히 목소리를 크게 내는 기술이 아니다. 그것은 화자의 존재감을 만들어내는 보이지 않는 힘이다. 어떤 이는 긴 연설을 했음에도 청중의 기억 속에 남지 않지만, 또 어떤 이는 단 한 마디를 던졌을 뿐인데 청중의 마음에 오래도록 메아리친다. 이 차이를 만드는 것이 바로 공명이다.

공명 있는 목소리는 말의 크기를 키우는 것이 아니라, 말의 무게를 더한다. 회의실에서 누군가 "이건 우리가 반드시 해내야 합니다."라고 말했을 때, 소리가 방 안 구석구석을 울리며 전해진다면 그 순간 사람들의 시선은 자연스레 그에게 집중된다. 강당 뒤편에서도 마이크 없이 또렷하게 울려 퍼지는 교사의 목소리, 무대 위 배우의 대사가 객석 끝까지 살아서 닿는 것 역시 공명 덕분이다.

성악가가 오케스트라의 수십 개 악기 사이에서도 목소리를 잃지 않는 이유, 오랜 정치가의 단호한 한 문장이 사람들의 마음을 움직이는 이유는 모두 공명 속에 숨어 있다. 공명은 단순한 '소리의 크기'가 아니라 '메시지의 확신과 진정성'을 함께 전달하는 매개체이기 때문이다. 목소리에 울림이 생기는 순간, 청중은 말소리를 듣는 것이 아니라 화자의 삶, 태도, 신념까지 함께 듣게 된다. 그리고 바로 그 울림이 사람의 마음을 흔드는 진짜 힘이다.

발성은 결국 사람의 태도다

좋은 발성은 기술적 훈련만으로 완성되지 않는다. 그것은 몸을 어떻게 쓰는가, 마음을 어떻게 다스리는가, 상대를 얼마나 존중하는가라는 태도에서 비롯된다. 불안한 마음은 고스란히 떨리는 목소리로 드러나고, 자기 확신은 단단한 울림으로 나타난다. 청중은 화자의 말을 분석하기보다, 목소리를 통해 화자의 내면을 직감적으로 읽는다.

매일 10분의 복식호흡과 발성 훈련은 단순히 목소리만 바꾸지 않는다. 그것은 사람의 자신감, 태도, 그리고 삶의 울림까지 함께 바꾼다. 하루하루의 작은 연습이 쌓여 어느 순간, 발표 자리에서 한층 안정된 목소리로 자신을 표현할 수 있게 된다. 목소리가 달라지는 순간, 관계가 달라지고, 관계가 달라지면 삶 전체가 달라진다.

목소리는 결국 가장 솔직한 명함이다. 화려한 말솜씨가 아니더라도, 안정감 있는 울림과 공감이 담긴 목소리는 그 사람의 신뢰도를 결정한다. 그래서 발성과 공명음을 다듬는 훈련은 단순한 화술을 넘어, 평생을 지탱해 줄 자산이 된다. 좋은 목소리를 가진다는 것은 단순히 잘 말하는 것을 넘어, 좋은 태도로 세상과 관계 맺는 법을 배우는 것이다.

한글 자모표의 힘

우리는 흔히 발성이나 발음을 연습한다고 하면, 특별한 도구나 프로그램이 필요하다고 생각한다. 그러나 사실 가장 강력한 훈련 도구는 이미 우리 곁에 있다. 바로 한글 자모를 바탕으로 한 발음표다.

"가-갸-거-겨-" 이렇게 자음과 모음을 체계적으로 결합하여 발음해 보는 단순한 연습만으로도 발성과 발음을 놀랍게 변화시킬 수 있다. 표에 적힌 글자들을 따라 읽다 보면 혀는 자연스럽게 다양한 위치로 움직이고, 입술은 활발히 열리고 닫히며, 목소리는 점점 또렷해진다. 마치 몸을 단련할 때 웨이트 트레이닝을 하듯, 발성도 입술과 혀, 성대와 호흡을 골고루 단련시키는 것이다.

이 발음표는 단순히 소리를 내기 위한 것이 아니다. 숨을 깊이 들이마시고 배에 힘을 실어 “가”를 내뱉는 순간, 우리는 이미 복식호흡과 공명을 함께 훈련하고 있다. 그 울림이 입안과 비강을 채우고, 얼굴 앞 공간으로 소리가 전달되는 느낌을 경험하게 된다. 목소리가 퍼지는 것이 아니라 모여서 앞으로 향하는 순간, 청중은 비로소 듣기 편안한 소리를 만나게 된다.

성우 지망생이나 배우, 아나운서들은 이 발음표를 매일 20분씩 읽는다. 처음엔 단조롭고 지루하게 느껴지지만, 어느 순간 발음이 점점 또렷해지고, 목소리에 울림이 더해지며, 말에 자신감이 붙는 것을 체험한다. 실제로 사투리가 심하던 학생이 꾸준히 이 훈련을 반복한 끝에, 더 이상 억양 때문에 메시지가 왜곡되지 않고 세련된 표준 발음을 구사하게 된 사례는 많다.

이 훈련은 일상 속에서도 활용할 수 있다. 책을 소리 내어 읽을 때 단순히 문장을 흘려 읽지 말고, 얼굴 앞 공간에 소리를 던진다는 느낌으로 읽어보라. 노래를 부를 때는 억지로 목을 조이지 말고, 소리가 위로 가볍게 떠오르는 이미지를 떠올리며 불러보라. 대화 중에도 짧게 “아~” “음~” 같은 소리를 내어 울림을 점검하면 좋다. 거울 앞에서 표정을 확인하며 발음을 연습하면 입술, 혀, 얼굴 근육이 어떻게 움직이는지 눈으로 직접 확인할 수 있어 효과가 배가된다.

결국 이 발음표는 단순한 글자의 나열이 아니라, 발성과 공명, 발음을 동시에 훈련할 수 있는 가장 기본적이면서도 강력한 도구다. 꾸준히 연습한다면 목소리는 더욱 단단하고 힘차게, 발음은 또렷하고 세련되게 변한다. 그리고 그 목소리는 단순한 소리가 아니라, 화자의 태도와 자신감, 삶의 무게를 담아내는 울림이 된다.

[한글자모표]

구분	ㅏ	ㅑ	ㅓ	ㅕ	ㅗ	ㅛ	ㅜ	ㅠ	ㅡ	ㅣ	ㅐ	ㅘ	ㅟ	ㅝ
ㄱ	가	갸	거	겨	고	교	구	규	그	기	개	과	귀	궈
ㄴ	나	냐	너	녀	노	뇨	누	뉴	느	니	내	놔	뉘	눠
ㄷ	다	댜	더	뎌	도	됴	두	듀	드	디	대	돠	뒤	둬
ㄹ	라	랴	러	려	로	료	루	류	르	리	래	롸	뤼	뤄
ㅁ	마	먀	머	며	모	묘	무	뮤	므	미	매	뫄	뮈	뭐
ㅂ	바	뱌	버	벼	보	뵤	부	뷰	브	비	배	봐	뷔	붜
ㅅ	사	샤	서	셔	소	쇼	수	슈	스	시	새	솨	쉬	숴
ㅇ	아	야	어	여	오	요	우	유	으	이	애	와	위	워
ㅈ	자	쟈	저	져	조	죠	주	쥬	즈	지	재	좌	쥐	줘
ㅊ	차	챠	처	쳐	초	쵸	추	츄	츠	치	채	촤	취	춰
ㅋ	카	캬	커	켜	코	쿄	쿠	큐	크	키	캐	퐈	퓌	풔
ㅌ	타	탸	터	텨	토	툐	투	튜	트	티	태	톼	튀	퉈
ㅍ	파	퍄	퍼	펴	포	표	푸	퓨	프	피	패	퐈	퀴	쿼
ㅎ	하	햐	허	혀	호	효	후	휴	흐	히	해	화	휘	훠

정확한 리딩 훈련

발음은 곧 이미지다. 사람들은 우리가 어떤 사람인지를 목소리와 발음에서 먼저 판단한다. 누군가의 첫인상이 외모나 표정에서 결정되는 것처럼, 말하기에서는 발음이 그 첫인상을 좌우한다. 발음이 또렷하지 않고 흐릿하면, 내용은 물론이고 화자에 대한 신뢰도 떨어진다. 심지어 아무리 뛰어난 지식과 논리를 가지고 있어도 "저 사람 말이 잘 안 들려"라는 인상 하나가 모든 장점을 가려버리기도 한다.

한 번은 실제로 유명 강연자가 발표를 하는데, 발음이 너무 부정확해서 내용이 흥미로웠음에도 불구하고 청중의 집중력이 급격히 떨어지는 것을 본 적이 있다. 결국 발표가 끝난 후 남은 것은 "무슨 말인지 잘 못 알아듣겠다"는 평가뿐이었다. 이것은 발음이 단순한 소리가 아니라, 화자의 전체 이미지를 결정짓는 요소라는 사실을 보여준다.

리딩은 발음을 훈련하는 최고의 방법

발음을 교정하고 명확하게 다듬는 가장 효과적인 방법이 바로 리딩(Reading)이다. 단순히 글을 눈으로만 읽는 것이 아니라, 소리 내어 읽기를 통해 혀, 입술, 치아, 성대 등 조음기관을 훈련하는 것이다. 눈으로만 읽으면 자신의 발음 습관을 의식하기 어렵지만, 소리로 내면 그 즉시 잘못된 발음이 드러난다.

예를 들어 "부엌이"라는 단어를 그냥 읽으면 잘못 발음해도 눈으로는 금세 넘어갈 수 있다. 하지만 소리 내어 읽을 때 "부어키"가 아닌 "부억이"라고 발음한다면, 자신이 평소에 어떻게 발음하는지 곧바로 인식하게 된다. 이처럼 리딩은 발음을 체계적으로 교정하고 습관화할 수 있는 훈련이다.

리딩은 이해력과 표현력까지 키운다

발음 리딩은 단순히 '말을 또렷하게 하기 위한 훈련'에 그치지 않는다. 꾸준히 소리 내어 읽는 습관은 글의 의미를 더 깊이 이해하게 만들고, 나아가 표현력까지 풍부하게 만든다.

예를 들어 "오늘 아이가 아프다"라는 문장을 단순히 눈으로 읽으면 그저 사실 전달에 머문다. 하지만 리딩을 통해 "오늘 / 아이가 / 아프다"라고 끊어 읽으면 상황이 명확해지고, "오늘 아이가 / 아프다"라고 억양을 조절하면 감정이 담긴 문장이 된다. 리딩은 글을 살아 있는 언어로 변환하는 과정이며, 이를 통해 화자는 자연스럽게 말의 리듬과 감정을 조율하는 능력을 얻게 된다.

발음 리딩이 바꾼 삶

한 직장인은 회의에서 발표할 때마다 동료들이 내용을 잘 못 알아듣는다고 지적을 받았다. 처음에는 긴장해서 목소리가 작아지는 탓이라고 생각했지만, 사실 원인은 '발음의 흐릿함'이었다. 이후 그는 매일 아침 10분씩 신문 기사를 소리 내어 읽는 리딩 훈련을 시작했다. 처음에는 어색했지만, 꾸준히 반복하면서 발음이 또렷해지고 말의 속도도 안정되었다. 두 달이 지나자 회의에서 그의 발표는 팀원들에게 "정확하고 듣기 좋다"라는 평가를 받기 시작했다. 발음 리딩 하나가 그의 업무 자신감과 대인관계까지 바꿔 놓은 것이다.

발음 리딩이 주는 세 가지 선물

어느 날 한 대학 강의실에서, 학생들이 돌아가며 자기소개를 하는 시간이 있었다. 대부분의 학생들은 긴장한 탓에 목소리가 작고, 말끝이 흐려졌다. 그러나 한 학생이 또렷하고 분명한 발음으로 "안녕하세요, 저는 ○○○입니다. 제 꿈은 교육자가 되는 것입니다"라고 말하는 순간, 강의실 분위기가 달라졌다. 청중이 고개를 들어 그 학생을 바라보았고, 심지어 뒤에 앉아 있던 학생들까지 귀를 기울였다. 발음 하나가 청중의 집중을 이끌어낸 것이다. 이것이 발음 리딩이 주는 첫 번째 선물, 바로 전달력 강화다.

명확한 발음은 불필요한 해석 과정을 거치지 않고 메시지를 곧장 청중의 마음속으로 전달한다. 우리는 종종 "이 사람 말은 귀에 쏙쏙 들어온다"라는 표현을 쓴다. 이는 단순히 화자의 아이디어가 뛰어나서가 아니다. 발음이 명확하다는 이유만으로도 청중은 화자의 말을 더 빠르게, 더 정확하게 이해한다. 정치인의 연설, 아나운서의 뉴스, 성우의 내레이션이 청중을 사로잡는 이유 역시 여기에 있다.

두 번째 선물은 자신감 향상이다. 발음이 뚜렷하지 않으면 화자는 본능적으로 위축된다. 말하는 순간마다 '혹시 내가 또렷하게 들리지 않으면 어쩌지?'라는 불안이 따라붙는다. 반대로 정확한 발음을 구사할 수 있다는 확신은 말하는 사람에게 강력한 자신감을 심어준다. 실제로 발표나 토론에서 발음을 교정한 학생들의 가장 큰 변화는 "내용을 더 잘 말하게 되었다"가 아니라 "더 당당해졌다"는 점이다. 발음이 흐려질 때 느껴지는 주저함은 사라지고, 또렷하게 발음할 때의 자신감은 청중에게 그대로 전달된다. 말의 힘이 곧 화자의 태도로 바뀌는 것이다.

세 번째 선물은 설득력 증대다. 발음이 정확하면 청중은 화자를 신뢰하게 된다. 같은 메시지라도 발음이 뭉개지면 불성실하게 들리고, 또렷하면 진정성 있게 들린다. 예를 들어, 상담 장면을 떠올려 보자. 어떤 상담자가 "걱정하지 마세요, 제가 끝까지 도와드리겠습니다"라고 말할 때 발음이 불분명하다면, 의도와 달리 불안한 뉘앙스를 줄 수 있다. 그러나 정확한 발음으로 또렷하게 말하면, 그 말은 약속처럼 들린다. 청중은 화자가 전달한 '의미'보다 '신뢰'를 먼저 받아들이는 것이다.

발음 리딩은 단순히 말소리를 다듬는 훈련이 아니다. 그것은 전달력을 높이고, 자신감을 키우며, 설득력을 더하는 인생의 선물이다. 한 문장을 읽더라도 또렷한 발음으로 읽어내는 순간, 말은 힘을 얻는다. 그 힘은 단지 청중을 설득하는 데 그치지 않고, 화자 자신에게도 당당함과 자부심을 선물한다. 결국 발음 리딩은 스피치를 넘어, 자신의 삶을 더 분명하게 살아내는 방법인 셈이다.

리딩을 잘하는 간단한 방법들

리딩은 어렵지 않다. 몇 가지 방법만 기억하면 누구나 쉽게 훈련할 수 있다.

-거울 앞 리딩 : 거울을 보면서 소리 내어 읽으면 입술, 혀, 얼굴 근육의 움직임을 직접 확인할 수 있어 교정 효과가 크다.

-녹음 리딩 : 자신의 목소리를 녹음해 들어보면 평소 습관적인 발음 오류를 쉽게 파악할 수 있다.

-속도 조절 리딩 : 일부러 천천히, 또는 빠르게 읽어보며 발음이 어떻게 달라지는지 점검한다.

-강조 리딩 : 특정 단어에 힘을 주어 읽으며 메시지 전달의 효과를 체험한다.

이처럼 리딩은 단순한 소리 내어 읽기가 아니라, 발음을 디자인하고 목소리를 다듬는 과정이다.

속도의 힘, 빠르게 혹은 느리게 말해야 할 때

스피치에서 속도는 단순히 빠르게 말하느냐, 느리게 말하느냐의 문제가 아니다. 그것은 메시지를 어떻게 살아 숨 쉬게 만들고, 청중의 귀와 마음을 어떻게 붙잡느냐의 문제다. 같은 문장이라도 속도를 달리하면 전혀 다른 인상을 남긴다. 마치 영화에서 같은 장면을 빠른 편집으로 보여주면 긴박감이 흐르고, 느린 장면으로 보여주면 감정이 고조되는 것과 같다.

청중은 화자의 말의 속도에서 화자의 성격, 태도, 감정 상태를 읽는다. 빠른 말은 경쾌하고 리듬감 있게 다가오지만, 자칫하면 청중이 따라오지 못해 피로감을 느끼게 만든다. 반대로 느린 말은 차분하고 무게감을 주지만, 지나치게 느리면 지루함을 유발할 수 있다. 따라서 화자는 언제 속도를 높이고, 언제 속도를 늦춰야 하는지를 섬세하게 조율해야 한다.

빠른 속도가 필요한 순간

가벼운 일상의 대화나 누구나 아는 사실을 전할 때는 굳이 느릿느릿 설명할 필요가 없다. 예를 들어 "오늘은 날씨가 맑고, 바람이 선선합니다. 그래서 나들이 나온 사람들이 많습니다"라는 문장은 빠르게 전달해도 충분히 이해된다. 사건을 단순히 나열하거나 배경 설명을 할 때도 마찬가지다.

한 강연자가 자신의 어린 시절을 소개하면서 이렇게 말했다.

"저는 작은 시골 마을에서 태어났습니다. 아버지는 농부셨고, 어머니는 장사를 하셨습니다. 학교는 집에서 멀었고, 늘 걸어서 다녔습니다."

이런 내용은 청중이 특별히 곱씹어야 할 정보가 아니라, 화자의 이야기에 몰입하기 위해 필요한 배경일 뿐이다. 따라서 빠른 속도로 리듬감 있게 전하면, 청중은 자연스럽게 다음 이야기로 집중할 수 있다.

특히 인간관계 중심의 이야기, 또는 다소 덜 중요한 내용일 때는 속도를 높여 전달하는 것이 효과적이다. 예컨대 모임에서 있었던 재미있는 에피소드를 말할 때는 "그래서 그 친구가 웃다가 넘어졌고, 또 다른 친구가 뒤에서 따라오다가 같이 엎어졌죠!"처럼 빠른 리듬이 오히려 웃음을 증폭시킨다. 청중이 이미 알고 있는 사실, 즉 공통의 상식에 해당하는 부분도 마찬가지다. "대한민국의 수도는 서울입니다"라는 문장을 굳이 느리게 말할 이유는 없다.

느린 속도가 빛을 발하는 순간

반대로 어떤 때는 속도를 늦춰야 한다. 청중이 귀를 기울이고, 머릿속에 그 장면을 그려야 할 때가 그렇다. 예를 들어 중요한 숫자, 인명, 지명, 연대 등을 말할 때는 반드시 천천히 발음해야 한다. "2025년 8월 27일"을 빠르게 내뱉으면 청중의 머릿속에 남지 않는다. 하지만 한 글자씩 또렷하게 끊어주며 "이천 이십 오 년, 팔 월 이십 칠 일"이라고 말하면, 청중은 정확히 기억할 수 있다.

또한 감정을 억제해야 하는 순간, 즉 슬픔이나 진지한 메시지를 전달할 때는 속도를 늦추는 것이 더 큰 울림을 만든다. 한 추모식에서 사회자가 "그는 늘 우리 곁에 있었습니다. 그러나 이제는…

기억 속에만 남아 있습니다"라고 천천히 말했을 때, 청중의 눈가는 절로 젖어들었다. 속도가 느려질수록 말의 무게가 커지고, 청중의 가슴에 메시지가 깊이 새겨진다.

추리 과정을 설명하거나 의혹을 불러일으킬 만한 주제를 다룰 때도 마찬가지다. 청중이 스스로 생각할 수 있는 시간을 주어야 한다. "과연 누가, 왜 그런 결정을 내렸을까요?"라는 질문을 천천히 던지는 순간, 청중은 답을 곱씹으며 화자의 말에 몰입하게 된다. 느린 속도는 단순한 전달이 아니라, 생각하게 만드는 힘이다.

무엇보다도 강조하고 싶은 메시지를 전할 때는 반드시 속도를 늦춰야 한다. 한 리더가 팀원들에게 이렇게 말했다. "우리가 꼭 기억해야 할 것은… 단 한 가지입니다. 바로 신뢰입니다." 잠시의 멈춤과 느린 발음은 '신뢰'라는 단어를 더 깊이 새기게 했다.

생동감을 불어넣는 강조의 기술

속도 조절과 함께 반드시 익혀야 할 것이 '강조의 원칙'이다. 강조는 단순히 큰 소리를 내는 것이 아니다. 그것은 호흡, 멈춤, 감정이 어우러진 정교한 기술이다.

첫째, 가급적 한 호흡에 많은 문장을 읽어야 한다. 한 번의 호흡은 곧 메시지의 덩어리다. 중간에 자꾸 끊기면 청중은 맥락을 잃는다. 반대로 한 호흡으로 이어가면 말에 힘이 실리고, 청중은 몰입할 수 있다.

둘째, 강조하려는 지점 앞에서 잠시 멈추라. 이 짧은 포즈는 말보다 강력한 힘을 갖는다. 한 강연자가 "오늘 여러분께 꼭 말씀드리고 싶은 것이 있습니다. 그것은 바로…" 하고 멈추자, 강의실의 모든 시선이 단숨에 그의 입술로 향했다. 멈춤은 기대감을 만들고, 청중의 집중을 최고조로 끌어올린다.

셋째, 강조의 순간에는 천천히 감정을 담아 말해야 한다. 단순히 단어를 또렷하게 발음하는 것이 아니라, 마음속 울림을 함께 전하는 것이다. 예를 들어 "사랑합니다"라는 말을 빠르게 내뱉으면 가볍게 들리지만, 감정을 담아 느리게 말하면 청중은 그 진심을 느낄 수 있다.

넷째, 강조할 때는 눈빛도 함께 활용하라. 단순히 목소리만으로는 한계가 있다. 상대의 눈을 마주하며 말하면, 청중은 그것이 단순한 '말'이 아니라 '메시지'임을 깨닫는다. 눈빛은 말보다 더 진한 설득력을 갖는다.

속도와 강조가 만든 화자의 힘

스피치에서 속도와 강조는 단순한 기술이 아니라, 청중과 감정을 공유하는 예술이다. 빠르게 말할 때는 청중의 호흡을 가볍게 맞추고, 느리게 말할 때는 메시지의 무게를 더한다. 그리고 강조를 통해 그 메시지를 청중의 가슴속에 새겨 넣는다.

따라서 훌륭한 화자는 단순히 '무엇을 말하는가'가 아니라, '어떻게 말하는가'를 끊임없이 연습한다. 속도의 변화와 강조의 법칙을 자유롭게 다룰 줄 아는 순간, 화자의 목소리는 단순한 소리가 아니라 사람들의 마음을 흔드는 울림으로 변한다.

발음 리딩은 평생의 자산

정확한 발음 리딩은 단순한 언어 훈련을 넘어, 삶의 태도를 바꾸는 힘이 있다. 매일 10분씩 책이나 신문을 소리 내어 읽는 습관은 발음을 또렷하게 할 뿐 아니라, 자신감과 존재감을 함께 길러 준다. 결국 발음은 화자의 진정성과 태도를 그대로 드러내는 명함이다.

발음 리딩을 꾸준히 하는 사람은 청중 앞에서 단순히 '말을 하는 사람'을 넘어, 말로 신뢰를 주는 사람, 말로 사람을 움직이는 사람으로 성장하게 된다.

사례 코칭으로 배우는 보이스

목소리는 단순한 소리가 아니다. 그것은 한 사람의 삶과 태도, 인격과 경험이 녹아 있는 또 하나의 얼굴이다. 사람들은 목소리를 통해 첫인상을 판단하고, 신뢰를 가늠하며, 말하는 사람의 내면을 읽는다. 그래서 어떤 목소리는 단 한 마디로도 귀를 사로잡고 마음을 움직이는 반면, 또 어떤 목소리는 내용이 아무리 훌륭해도 힘없이 흩어져버린다.

누군가는 작고 떨리는 목소리 때문에 회의 자리에서 설득의 기회를 놓치고, 발표에서 실력보다 불안한 이미지를 먼저 남긴다. 반대로, 누군가는 명료한 발음과 울림 있는 보이스 하나로 수백 명의 청중을 단숨에 집중시키며, 무대 위에서 존재감을 빛낸다. 같은 말이라도 목소리에 따라 설득력과 신뢰도는 극명하게 달라진다. 결국 목소리는 '말하는 힘'을 넘어 '살아가는 힘'이 된다.
많은 사람들이 목소리를 타고난 것으로 여기지만, 사실 좋은 보이스는 얼마든지 훈련과 습관으로 만들어낼 수 있다. 복식호흡, 발성, 공명, 발음 같은 기본 훈련은 목소리에 안정감을 주고, 정확한 리딩과 표현 훈련은 목소리에 설득력을 불어넣는다. 꾸준한 보이스 트레이닝을 통해 목소리는 점점 단단해지고, 나아가 자신감과 태도, 삶의 자세까지 바꿔놓는다.

이 책에서는 실제 사람들이 겪는 다양한 목소리 고민과 그 해결 방법들을 다룬다. 목소리가 너무 작아 존재감이 약한 사람, 콧소리 때문에 신뢰도가 떨어지는 사람, 발음이 불명확해 메시지가 흐려지는 사람, 발표할 때 떨려서 말이 꼬이는 사람…. 이런 문제들은 특별한 재능이 부족해서가 아니라, 단지 올바른 방법을 배우지 못했기 때문일 뿐이다.

이제 우리는 구체적인 사례 코칭을 통해 목소리가 어떻게 변할 수 있는지 확인하게 될 것이다. 목소리는 타고난 한계가 아니라, 언제든 새롭게 디자인할 수 있는 가능성이다. 그리고 그 과정을 통해 우리는 단순히 더 당당한 보이스를 얻는 데 그치지 않고, 더 따뜻하고 설득력 있는 사람이 되어갈 것이다. 목소리를 바꾸는 것은 곧 삶을 바꾸는 시작이 된다.

1. 목소리가 너무 작을 때

작은 목소리는 단순히 성량의 부족이 아니라, 화자의 내적 자신감과 직결된 문제다. 목소리가 작으면 중요한 메시지가 묻히고, 청중은 "저 사람은 자신이 하는 말에 확신이 없는 것 같다"는 인상을 받는다. 이를 극복하기 위해서는 복식호흡을 통한 성량 확장이 필수다. 아침에 일어나 창문을 열고 "좋은 아침입니다!"라고 이웃에게 인사한다는 상상을 하며 크게 소리 내어 인사하는 연습을 해보라. 또한 하루 5분간 신문 기사를 낭독하되, 방 안 구석까지 소리가 전달된다고 상상하면서 말하는 것도 효과적이다.

실생활에서는 전화 통화할 때 의도적으로 평소보다 20% 정도 크게 말하는 습관을 들이는 것도 도움이 된다. 이렇게 성량을 조금씩 확장하다 보면, 발표나 스피치에서도 자연스럽게 크고 안정된 목소리가 나온다.

2. 목소리가 떨릴 때

많은 사람들이 무대에 서면 목소리가 떨린다고 고민한다. 이는 호흡이 가빠지거나, 불안이 몸을 움켜쥐는 심리적 반응 때문이다. 해결 방법은 단순하다. 무대에 오르기 전 '호흡 루틴'을 만드는 것이다. 예를 들어, 무대 뒤에서 4초간 숨을 깊게 들이마시고, 4초간 멈춘 뒤, 6초에 걸쳐 내쉬는 복식호흡을 3회 반복한다. 이렇게 하면 심장이 뛰는 속도가 가라앉고, 목소리에 안정감이 생긴다.

또 하나의 방법은 '첫 문장 암기법'이다. 발표 시작 10초 안에 목소리가 가장 많이 떨리기 때문에, 도입부 문장은 완벽하게 암기해 두어야 한다. "안녕하십니까, 오늘 이 자리에 서게 되어 정말 기쁩니다."와 같이 간단하지만 확신 있는 문장으로 시작하면, 떨림은 점차 사라지고 안정감 있는 톤으로 이어갈 수 있다.

3. 콧소리가 심할 때

콧소리, 즉 비음이 심하면 청중은 듣는 내내 피곤해진다. 또렷하게 발음했더라도 코를 통해 울리는 소리가 지나치면 "맑지 않다"는 인상을 준다. 교정을 위해서는 비강이 아닌 구강 공명으로 소리를 이동시키는 훈련이 필요하다. 손가락으로 콧망울을 가볍게 눌러 막고 "나, 다, 라" 같은 짧은 음절을 반복 발음해 보라. 코를 막으면 비강 공명이 차단되고, 자연스럽게 입안 앞쪽으로 소리가 이동한다.

또한 노래 부르듯이 모음을 길게 발음하면서, 소리가 얼굴 앞 10cm 공간에 머문다고 상상하는 것도 좋다. 예를 들어 "아—" 소리를 내면서 손바닥을 얼굴 앞에 두고, 울림이 손에 닿는 듯한 느낌을 찾는 것이다. 일상 대화에서도 이런 훈련을 반복하다 보면 코맹맹이 소리는 점차 줄어들고, 명료하면서도 부드러운 목소리가 나온다.

4. 말끝이 흐려질 때

말끝을 흐리는 습관은 화자의 권위를 크게 떨어뜨린다. 중요한 발표에서 "이상입…니다"처럼 끝이 작아지면, 청중은 집중을 잃고 메시지가 약해진다. 해결 방법은 문장의 끝을 분명히 찍는 습관을 기르는 것이다. 짧은 문장을 택해 끝 단어를 강조하며 말하는 연습을 하라. 예를 들어 "감사합니다"라는 말을 "감사—합니—다!"처럼 끝까지 밀어내는 식이다.

실생활에서는 엘리베이터에서 인사할 때 "안녕하세요"를 명확히 끝까지 발음하는 습관을 들여보라. 작은 습관의 차이가 쌓이면, 무대 위에서도 말끝이 단단히 살아난다. 말끝을 분명히 하는 것만으로도 화자는 훨씬 더 신뢰감 있는 사람으로 보인다.

5. 발음이 부정확할 때

발음은 단순히 언어 습관의 문제가 아니라, 청중과의 소통을 좌우하는 핵심 요소다. 발음이 어눌하면 아무리 좋은 내용도 힘을 잃는다. 교정 방법 중 가장 효과적인 것은 나무젓가락 훈련이다. 나무젓가락을 윗니와 아랫니 사이에 끼운 뒤 신문 기사를 소리 내어 읽어 보라. 혀와 입술이 평소보다 크게 움직여야 하기 때문에 발음이 분명해진다.

또 다른 방법은 발음 트위스터 훈련이다. "간장공장 공장장은…" 같은 발음을 반복하면 혀가 유연해지고, 발음이 점차 또렷해진다. 하루에 5분만 투자해도 2주 후에는 확연한 차이를 느낄 수 있다. 무엇보다 중요한 것은 자신의 약한 발음을 스스로 인식하고, 의식적으로 개선하려는 노력이 병행되어야 한다는 점이다.

6. 억양이 부자연스러울 때

억양이 단조롭거나 지나치게 사투리에 묶여 있다면 청중은 금세 지루해한다. 이를 해결하기 위해서는 아나운서 모방 훈련이 효과적이다. TV 뉴스나 라디오 방송을 듣고, 그들의 억양과 속도를 똑같이 따라 읽어 보라. 특히 문장에서 강조해야 할 단어를 살짝 올려 읽고, 쉼표 뒤는 조금 더 여유 있게 말하면 억양이 자연스러워진다.

또 하나의 방법은 스토리텔링 낭독이다. 소설이나 동화를 낭독하면서 감정을 얹어 말하는 것이다. 예를 들어, 동화책을 읽을 때 기쁨·슬픔·분노 같은 감정을 과장되게 담아 읽으면 억양이 한결 자연스럽게 바뀐다. 이렇게 일상적인 훈련을 반복하면, 발표에서도 억양이 풍부해지고 청중의 몰입도가 높아진다.

7. 목소리가 쉽게 쉬거나 갈라질 때

목이 자주 쉬는 사람은 대부분 성대를 과도하게 압박하는 발성을 한다. 이를 예방하려면 성대를 무리시키지 않고, 복식호흡과 공명 발성을 활용해야 한다. 성대를 보호하기 위해서는 충분한 수분 섭취가 무엇보다 중요하다. 하루 7~8잔의 따뜻한 물을 마셔 성대를 촉촉하게 유지하라. 또한 목 clearing("흠흠") 습관은 성대에 큰 부담을 주므로 반드시 피해야 한다.

실생활에서는 아침 기상 직후 5분간 '허밍(humming)' 훈련을 하는 것이 좋다. 입을 다물고 코로 숨을 내쉬며 '음—' 소리를 내면 성대를 무리하지 않고 부드럽게 깨울 수 있다. 목 관리도 훈련의 일부라는 인식이 필요하다. 목소리는 결국 평생 사용하는 자산이기 때문이다.

8. 말하는 속도가 지나치게 빠를 때

빠른 말은 청중을 압도하기보다는 혼란스럽게 만든다. 해결을 위해서는 의도적 쉼의 기술을 익혀야 한다. 원고에 '/' 표시를 넣어 호흡 지점을 정하고, 해당 지점에서 반드시 12초 멈추는 습관을 들인다. 예를 들어, "우리에게 필요한 것은/ 사랑입니다"처럼 멈춤은 곧 강조가 된다.

또한 거울 앞에서 발표 연습을 할 때, 스톱워치를 켜고 속도를 측정해 보라. 평균 말하기 속도는 1분당 150180단어다. 이를 넘어서면 청중이 따라오기 힘들다. 실제 생활에서는 친구와 대화할 때 의도적으로 속도를 70% 정도로 줄여 말해 보라. 청중은 느리게 말하는 사람에게서 안정감과 신뢰를 느낀다.

9. 목소리가 얇고 가늘 때

얇은 목소리는 신뢰와 무게감을 주기 어렵다. 이를 해결하기 위해서는 저음 강화 훈련이 필요하다. 손을 가슴에 대고 '아—' 소리를 내며 가슴이 울리는 진동을 느껴보라. 저음을 꾸준히 연습하면 목소리가 두터워지고 안정적이 된다.

또한 "나의 목소리를 바닥까지 내려 보낸다"는 이미지를 가지면 저음 훈련에 효과적이다. 실생활에서는 일상 대화를 할 때 의도적으로 한 톤 낮춰 말해 보는 것도 도움이 된다. 이런 습관이 쌓이면 발표나 스피치에서 무게감 있는 목소리를 낼 수 있다.

10. 긴장하면 목소리가 작아지고 위축될 때

많은 사람들이 발표 상황에서 목소리가 작아지는 이유는 자신감 부족 때문이다. 이를 극복하려면 자기 확언 루틴을 만드는 것이 좋다. 발표 전, 거울 앞에서 "나는 할 수 있다", "나는 내 인생의 주인공이다"라는 말을 세 번 크게 외쳐보라. 이런 작은 루틴이 뇌에 긍정적인 암시를 주어 목소리를 당당하게 만든다.

또한 발표 시작 전, 청중과 눈을 마주치며 미소 짓는 습관도 긴장을 줄이는 데 효과적이다. 미소는 심리적 안정감을 주고, 자연스럽게 목소리를 안정시킨다. 실생활에서는 카페에서 주문할 때, 혹은 모임에서 자기소개할 때 의도적으로 더 크게, 더 당당하게 말하는 훈련을 해보라. 작은 경험들이 쌓여 무대에서 큰 자신감으로 이어진다.

목소리의 고민은 누구나 가지고 있지만, 올바른 훈련과 습관을 통해 얼마든지 교정할 수 있다. 복식호흡, 발성·발음 훈련, 자기 확언 루틴 등은 일상에서 쉽게 실천할 수 있는 방법들이다. 중요한 것은 완벽한 목소리를 만드는 것이 아니라, 자신의 목소리를 의식적으로 디자인하고 성장시키려는 태도다. 목소리가 달라지면 태도가 달라지고, 태도가 달라지면 인생의 무대가 달라진다.

5장
비언어 디자인

말보다 강한 소통

사람은 말로 전달하는 정보보다 몸짓이나 태도에서 더 많은 정보를 얻는다.

_알버트 메라비언

비언어 커뮤니케이션의 유형과 특성

우리는 하루에도 수많은 사람들과 소통한다. 대면해서도, 문자나 온라인을 통해서도, 소통은 끊임없이 이루어진다. 그럼에도 불구하고 많은 사람들이 "말로 하는 소통"에만 집중하곤 한다. 하지만 말보다 더 중요한 것들이 있다는 사실을 깨닫지 못한 채 지나칠 때가 많다. 바로 비언어적 소통이다. 비언어적 소통은 말로 하는 커뮤니케이션을 뛰어넘어, 우리의 감정, 생각, 태도를 전달하는 핵심적인 방법이다. 말은 단지 우리가 '의사소통'을 하기 위한 도구일 뿐, 우리가 전하고자 하는 메시지를 정확하게 이해시키기 위해서는 말보다 강력한 소통 방식인 비언어적 요소가 필요하다.

비언어적 소통은 말이 아닌 방법으로 상대방에게 의미를 전달하는 모든 수단을 포함한다. 몸짓, 표정, 목소리, 시선, 자세, 손짓, 공간, 그리고 심지어 우리가 사용하는 시간까지도 비언어적 소통에 포함될 수 있다. 우리가 타인에게 무심코 던지는 한 마디는 때로는 강력한 영향을 미칠 수 있지만, 우리가 사용하는 몸의 언어나 눈빛은 그보다 더 많은 것을 말할 수 있다. 무심코 고개를 끄덕이거나, 살짝 웃는 미소 하나로도 사람과 사람 사이의 간극이 좁혀지고, 공감이 형성되기도 한다.

1. 몸짓과 표정: 감정의 창

몸짓과 표정은 우리가 표현하는 감정과 생각을 가장 즉각적으로 전달하는 비언어적 수단이다. 눈 한 번 깜빡이는 것만으로도 사람의 의도를 파악할 수 있다. 예를 들어, 어떤 사람이 대화 중에 무언가를 진지하게 이야기하고 있을 때, 그의 얼굴 표정은 그가 말하는 내용에 대해 얼마나 신경 쓰고 있는지를 반영한다. 얼굴의 미세한 표정 변화—미소, 찡그림, 눈썹을 찌푸리는 것—은 그 사람의 감정을 그대로 보여준다.

만약 우리가 다른 사람과 대화할 때 눈을 마주치지 않는다거나 팔짱을 낀 채 대화를 나누고 있다면, 그 의도는 본능적으로 '불편하다', '불신한다'는 신호를 전달하게 된다. 심리학자들은 '눈맞춤'을 중요한 비언어적 신호로 간주하는데, 눈을 맞추지 않는 것은 상대방에게 '관심이 없다'거나 '당신의 말을 중요하게 생각하지 않는다'는 메시지를 줄 수 있다. 결국, 몸짓과 표정은 우리가 전달하려는 말에 대해 상대방이 어떻게 반응하고 있는지를 보여주는 중요한 지표가 된다.

2. 목소리와 발음: 마음의 울림

목소리의 톤과 속도, 발음 역시 중요한 비언어적 소통 요소이다.

목소리에는 그 사람의 감정과 의도가 고스란히 담겨 있다. 예를 들어, 급하게 말하는 사람은 불안하거나 긴장 상태일 가능성이 높고, 느리고 부드러운 목소리는 차분한 마음가짐을 나타낸다. 나아가 목소리의 톤은 그 사람의 감정을 그대로 전달한다. 사람들이 자주 말하는 "그 사람 목소리 참 듣기 좋다"라는 표현에는, 단순히 목소리가 아름답다는 의미를 넘어서 그 사람의 마음이 담겨 있다는 뜻이 포함되어 있다.

만약 누군가의 목소리가 들을 때마다 기분이 좋아진다면, 그것은 그 사람의 목소리에서 발산되는 따뜻한 에너지와 긍정적인 의도가 청중에게 전달되기 때문일 것이다. 발음 또한 중요하다. 우리가 아무리 좋은 말을 해도 발음이 부정확하면 메시지가 제대로 전달되지 않는다. 정확한 발음과 발성 훈련을 통해, 우리 목소리는 상대방에게 강한 인상을 남기며, 메시지를 더 확실하게 전달할 수 있게 된다.

3. 시선: 말보다 강한 소통

눈은 '마음의 창'이라고 불린다. 우리가 상대방을 대면할 때 눈을 어떻게 마주치느냐에 따라 소통의 질이 크게 달라진다. 눈맞춤은 단순한 사회적 규범을 넘어서, 상대방에게 우리의 관심과 존중을 전달하는 중요한 신호가 된다. 말할 때 시선을 맞추지 않으면 상대방은 우리가 말하는 내용에 관심이 없다고 느낄 수 있다. 반면, 너무 고정적으로 쳐다보면 상대방은 불편함을 느낄 수도 있다.

적절한 시선 처리는 신뢰를 구축하는 데 중요한 역할을 한다. 예를 들어, 한 사람과 깊은 대화를 나누고 있을 때, 그 사람이 눈을 떼지 않고 지속적으로 시선을 마주친다면 우리는 그 사람을 신뢰하게 될 가능성이 높아진다. 반면, 대화 중에 자꾸 눈을 피하는 사람에게는 그 말의 진정성을 의심하게 될 수 있다. 시선의 변화, 눈을 맞추는 것, 상대방의 눈을 보고 말하는 것은 비언어적 소통에서 신뢰와 공감을 형성하는 매우 중요한 요소이다.

4. 공간과 자세: 우리를 둘러싼 무언의 메시지

우리가 대화할 때, 상대와의 물리적 거리도 중요한 비언어적 요소다. 공간은 대화의 분위기와 관계를 형성하는 데 큰 역할을 한다. 예를 들어, 가까운 거리에서 대화하는 것은 친밀감을 의미하지만, 너무 가까이 다가가면 상대방이 불편함을 느낄 수 있다. 반대로, 너무 멀리 떨어져 있으면 상대방은 소통에 있어 거리감을 느낄 것이다.

또한, 자세도 비언어적 커뮤니케이션의 중요한 요소이다. 상대방과 대화할 때, 어깨를 내리고 편안한 자세로 앉아 있으면, 상대는 자연스럽게 내가 편안하고 개방적인 사람이라고 느낀다. 하지만 팔짱을 끼거나, 무릎을 닫고 대화한다면 그것은 무의식적으로 방어적인 태도를 나타낸다. 몸짓과 자세를 통해 상대방에게 우리가 어떻게 느끼고 있는지, 얼마나 열린 태도로 소통하고 있는지를 명확하게 전달할 수 있다.

비언어적 소통의 실천

우리는 일상에서 비언어적 소통을 자주 활용한다. 나만의 말투와 몸짓, 표정을 통해 상대방에게 나의 메시지를 전달하는 것처럼, 비언어적 소통의 중요한 요소들을 잘 활용하는 것이야말로 더 효과적인 소통을 이끌어내는 열쇠가 된다. 말이 중요하지만, 그 말이 어떻게 전달되는지가 더 중요하다. 우리는 우리의 몸, 표정, 목소리, 시선, 자세를 통해 상대방에게 얼마나 진정성 있고, 확신에 찬 메시지를 전달할 수 있을지 고민해야 한다.

비언어적 소통은 단순히 우리가 어떻게 말하는지, 어떤 몸짓을 취하는지에 관한 문제가 아니다. 그것은 우리가 얼마나 상대방을 이해하고, 존중하며, 소통하려는 노력을 하는지에 대한 질문이다. 그 질문에 대한 답을 내리기 위해, 우리는 매일 자신의 몸짓과 표정을 살펴보고, 목소리와 시선을 점검하며, 더욱 효과적인 소통 방법을 익혀 나가야 한다. 결국, 비언어적 소통을 잘 활용하는 사람은 더 많은 사람과 진정성 있는 관계를 맺을 수 있고, 더 큰 신뢰를 얻을 수 있게 된다.

비언어 커뮤니케이션의 구성요소

스피치를 할 때, 가장 중요한 요소 중 하나는 비언어적 소통이다. 흔히 우리는 '말을 잘하는 것만이 중요하다'고 생각하지만, 실제로는 말보다 더 강력한 소통의 방식이 바로 비언어적 요소들에 있다. 비언어적 소통은 우리가 말하는 내용이 아니라, 우리가 어떻게 말하고, 어떻게 보이고, 어떤 방식으로 상대방과 소통하는지를 포함한다. 표정, 시선, 제스처, 자세, 동선, 외양은 그 자체로 메시지를 전달하는 강력한 도구들이다. 때로는 말보다 강한 메시지를 전달할 수 있는 이 비언어적 요소들이 스피치의 성공을 좌우하기도 한다.

1. 표정: 마음의 창

사람은 표정만으로도 많은 것을 알 수 있다. 우리가 말을 시작하기 전에 이미 표정이 그 사람의 감정 상태와 태도를 나타내기 때문이다. 표정은 단지 얼굴의 근육이 움직여 만들어지는 것이 아니라, 마음과 감정의 반영이다. 예를 들어, 연단에 올라 청중을 바라볼 때 얼굴에 밝고 따뜻한 미소를 지을 때, 청중은 무의식적으로 그 사람을 신뢰하고 호감을 가지게 된다. 이는 그 사람이 기쁘고 긍정적인 에너지를 전달하고 있다는 신호를 보내는 것이기 때문이다.

어떤 연설가가 사람들을 설득할 때, 그가 가진 자신감과 확신은 그 사람의 표정에서 나타난다. 반대로, 불안하거나 긴장된 상태에서 스피치를 시작한다면, 그 표정은 불신이나 긴장감을 유발할 수 있다. 예를 들어, 한 유명한 정치인이 중요한 연설을 할 때, 미소 짓기, 눈을 편안하게 맞추기 같은 기본적인 표정 관리가 그 메시지의 신뢰성을 높인다. 표정이 좋지 않으면 말을 잘해도 그 신뢰가 떨어질 수 있다는 점에서, 표정은 스피치의 첫 번째 포문을 여는 중요한 요소라 할 수 있다.

2. 시선: 소통의 다리

시선은 비언어적 소통에서 가장 강력한 도구 중 하나다. 우리는 대화할 때 시선을 마주치고 말하는 것이 중요하다는 사실을 알고 있다. 그런데 그 시선의 의미는 단순히 '눈을 맞추는 것'에 그치지 않는다. 시선은 상대방과의 교감을 나타내며, 신뢰와 존중을 표현하는 중요한 신호다. 예를 들어, 회의나 발표에서 강연자가 청중을 향해 시선을 맞추며 이야기할 때, 그 사람의 말은 더 잘 전달된다. 사람들은 말보다 먼저 눈을 보고 상대방의 감정을 느낀다.

시선 처리에서 중요한 점은 균형이다. 청중이 많을 때 한 명의 사람에게만 시선을 두지 않고, 청중을 전체적으로 바라보는 것이다. 한 사람에게만 계속 시선을 고정하면, 그 사람은 오히려 부담을 느낄 수 있다. 대신, 여러 사람의 눈을 맞추며 이야기하는 것은 그들의 참여감을 유도하고, 자신감을 전달한다. 또한, 시선을 피하거나 눈을 깔고 이야기하는 것은 청중에게 무의식적으로 불신을 줄 수 있다. 시선을 적극적으로 사용하면서, 얼굴을 밝게 하고 상대방의 눈을 마주치는 것이 신뢰를 쌓는 중요한 방법이다.

3. 제스처와 자세: 말의 진정성을 더욱 돋보이게

제스처와 자세는 스피치에서 또 다른 중요한 요소다. 단순히 말만 하는 것이 아니라, 몸짓으로 그 의미를 더하고 강조할 수 있다. 예를 들어, 중요한 포인트를 말할 때 손을 사용해서 강조하거나, 대화 중에 몸을 살짝 기울여 상대방에게 집중하는 태도를 보이는 것이 효과적이다. 또한, 몸이 꽈배기처럼 구부러져 있거나 팔짱을 낀 상태로 말하는 것보다는 편안하고 개방적인 자세로 말하는 것이 청중에게 더 긍정적인 신호를 전달한다.

자세는 단지 외적인 모습일 뿐만 아니라, 내면의 자신감과 열정을 드러내는 방식이기도 하다. 예를 들어, 스피치를 할 때 어깨를 펴고, 고개를 당당히 들어 눈을 마주치며 말하는 것은 청중에게 강력한 신뢰를 준다. 반대로, 몸을 움츠리거나 눈을 피하고 말하면 그 사람의 불안과 불확실성이 전달될 수 있다. 그래서 스피치에서는 몸을 강조하는 제스처와 함께 정확한 자세를 유지하는 것이 중요하다. 그것이 바로 청중에게 전하고 싶은 메시지의 진정성을 강화하는 방법이다.

4. 동선과 외양: 공간과 스타일을 활용하라

스피치에서 동선은 단순히 '어디로 갈 것인가?'를 묻는 질문을 넘어서, 어떤 분위기를 만들 것인가와 관련이 깊다. 동선은 스피커가 청중과의 거리를 좁히기 위한 방법이기도 하고, 변화된 내용을 전달할 때 자연스럽게 이동하는 수단이 될 수 있다. 예를 들어, 중요한 포인트를 말할 때 한 발자국 앞으로 나아가면서 말을 시작한다면 청중은 그 순간의 메시지에 더 집중하게 된다. 이처럼 동선은 스피치의 흐름을 강조하고, 변화를 자연스럽게 전달하는 중요한 역할을 한다.

외양 역시 비언어적 소통에서 중요한 부분이다. 사람들은 처음 만났을 때, 외모와 복장을 통해 그 사람에 대해 많은 것을 판단한다. 스피커가 정장을 입고, 정돈된 모습으로 청중 앞에 나선다면, 청중은 그 사람을 전문적이고 신뢰할 수 있는 인물로 인식할 가능성이 높다. 반대로, 너무 자유롭거나 부주의한 복장으로 나선다면, 청중은 그 사람의 태도나 의도에 대해 부정적인 판단을 할 수도 있다. 따라서 스피치에서는 외양이 그 사람의 메시지와 신뢰도를 높이는 데 큰 역할을 한다.

말보다 강한 비언어적 소통

비언어적 소통은 단지 우리가 말하는 방법에 그치지 않는다. 그것은 우리가 어떻게 움직이고, 어떻게 표정 지으며, 어떻게 시선을 맞추는지, 그 모든 것을 포함한다. 이 모든 요소들은 하나의 메시지를 전달하기 위해 중요한 역할을 한다. 목소리, 시선, 제스처, 자세, 동선, 외양 등 비언어적 요소들이 잘 결합될 때, 그 메시지는 단순한 말이 아니라 강력한 힘을 가지게 된다.

스피치를 잘하기 위해서는 말뿐만 아니라, 몸과 마음을 조화롭게 사용하여 청중과 깊은 소통을 해야 한다. 비언어적 소통이 훌륭한 스피치의 핵심인 이유는 바로 이 때문이다.

비언어 커뮤니케이션의 기능

비언어적 커뮤니케이션은 말로 하는 소통 이상의 강력한 역할을 한다. 언어를 통해 메시지를 전달하면서 우리는 동시에 시각적, 청각적, 그리고 몸짓으로도 많은 이야기를 나누고 있다. 비언어적 요소는 우리가 하는 말의 의미를 보강하고 때로는 메시지를 전혀 다른 방식으로 전달할 수 있는 강력한 도구다. 그리고 이러한 비언어의 기능은 회사, 학교, 사회, 심지어 가족 간의 일상적인 소통에서도 중요한 역할을 한다.

1. 반복 기능: 말과 몸짓으로 메시지 반복하기

비언어적 반복은 말로 하는 커뮤니케이션을 보강하는 중요한 역할을 한다. 예를 들어, 친구에게 '5분만 기다려 달라'고 말하면서 손가락 다섯 개를 펼쳐 보이는 것처럼, 언어와 몸짓은 동시에 의미를 전달한다. 이런 반복적 신호는 상대방이 메시지를 더욱 확실하게 이해하도록 돕는다.

길거리에서 시끄러운 음악이 울려 퍼지는 가운데, 한 친구가 다가와 길게 기다려달라고 말할 때, 말뿐만 아니라 손가락 다섯 개를 펼쳐 보이는 손짓으로 '5분'이라는 의미를 강조했다. 친구는 말을 듣고 손짓을 보며, 단순히 시간을 일리는 것을 넘어 '이 시간을 꼭 기다려야 한다'는 강력한 신호를 받아들였다. 이처럼 비언어적 반복은 메시지를 더욱 명확하게 전달하며, 상대방의 집중을 유도한다. 비언어적 반복은 감정, 긴급성, 중요성을 강조하는 데도 중요한 역할을 한다.

2. 대체 기능: 말 없이도 메시지 전달하기

비언어의 대체 기능은 말없이도 강력한 메시지를 전달하는 역할을 한다. 시끄러운 환경에서 친구에게 무언가를 전달할 때, 우리가 사용하는 손짓은 언어보다 더 효과적일 수 있다. 예를 들어, '이리 오라'는 말 대신 손짓으로 상대에게 방향을 알려주는 방식이다. 이처럼 말 없이 비언어적 신호만으로도 우리가 원하는 메시지를 명확히 전달할 수 있다.

버스 정류장에서 친구를 기다리던 중, 사람들이 시끄럽고 사람들로 가득 찬 상황에서, 친구가 멀리서 걸어오는 모습을 보고 손을 흔들며 "이리 오라"는 말을 대신한 손짓을 보냈다. 말없이 손짓으로 의도를 전달한 것은 상대방이 시끄러운 환경에서도 눈으로 빠르게 이해할 수 있도록 도왔으며, 이는 비언어의 대체 기능이 얼마나 효과적일 수 있는지를 보여주는 사례이다.

3. 보완 및 강조 기능: 언어를 강화하고 강조하기

비언어의 보완 및 강조 기능은 말의 의미를 명확히 하고, 말의 감정과 분위기를 강조하는 역할을 한다. 예를 들어, 감사의 말을 전하면서 고개를 숙이고 미소를 짓는 행동은 단순한 '고맙다'는 말보다 더 많은 의미를 담고 있으며, 감정이 담긴 표현을 전달한다. 비언어적 요소는 언어로 표현된 메시지를 보강하고, 청중에게 더 큰 인상을 남길 수 있다.

학교에서 교사와 학생이 대화 중, 학생이 '감사합니다'라고 말할 때 미소와 고개 숙임을 함께 표현했다. 이 비언어적 신호는 학생이 단순히 의무적으로 하는 감사 인사가 아닌, 진심을 담아 고마움을 표현하고 있다는 것을 교사에게 전달했다. 이런 작은 비언어적 표현은 단순히 문장에 담긴 의미를 넘어서, 말하는 이의 진정성과 감동을 함께 전달하는 역할을 한다. 말뿐만 아니라 비언어적 요소까지 감정을 담아낼 때, 상대방에게 깊은 인상을 남기게 된다.

4. 규제 및 조절 기능: 대화의 흐름을 자연스럽게 조절하기

비언어적 신호는 대화의 흐름을 자연스럽게 조정하는 기능을 한다. 때때로 우리가 상대방에게 말을 멈추게 하거나, 말을 이어나가게 할 때 비언어적 신호가 매우 유용하다. 상대방이 너무 길게 말하거나 다른 방향으로 대화가 흐를 때, 눈짓이나 손짓으로 대화를 조절하는 것은 자연스럽게 흐름을 관리하는 데 도움을 준다.

가족 모임 중, 누군가가 너무 길게 이야기를 하고 있을 때, 옆에 있던 다른 가족이 시계를 슬쩍 보며 손목을 흔들었다. 이 작은 몸짓은 '시간이 다 됐다'는 신호였으며, 말없이 대화를 조절하는 효과적인 방법이었다. 비언어적 신호는 자연스럽게 상대방에게 메시지를 전달하고, 말로 표현하기 어려운 대화의 흐름을 부드럽게 조정할 수 있는 도구가 된다.

5. 부정 기능: 말과 비언어가 반대일 때 신뢰는 비언어적 신호에 따른다

비언어적 신호는 때로 말과 상충하여 혼란을 일으킬 수 있다. 우리는 종종 말과 비언어가 일치하지 않을 때 본능적으로 비언어적 신호를 더 신뢰하는 경향이 있다. 예를 들어, 누군가가 "괜찮아요"라고 말하면서 고개를 떨군다면, 우리는 그 말이 진심이 아니라는 것을 직감적으로 알 수 있다. 언어와 비언어가 일치하지 않으면 메시지가 신뢰받지 못하게 된다.

상사가 직원에게 "이 프로젝트 정말 잘하고 있어"라고 말했지만, 목소리의 떨림과 표정에서 진심이 결여되어 보였다. 직원은 비언어적 신호에 더 집중하며 상사의 말이 진정성이 결여되었음을 파악했다. 이런 상황에서 말로는 '잘하고 있다'고 하면서도 비언어적 신호가 부정적인 요소를 내포하고 있다면, 사람들은 본능적으로 비언어적 신호를 더 신뢰한다. 결국, 비언어적 신호가 의사소통에서 더 중요한 역할을 하며, 상대방의 의도를 파악하는 데 큰 영향을 미친다.

비언어 커뮤니케이션은 우리가 의사소통에서 말하는 것 이상의 강력한 도구가 될 수 있다. 반복, 대체, 강조, 규제, 부정의 기능을 통해, 비언어적 신호는 우리의 말과 감정을 더 명확하게 전달하며, 때로는 말보다 더 많은 것을 전달한다. 이러한 기능들을 적절하게 활용하면, 우리는 보다 효과적이고, 신뢰감 있는 커뮤니케이션을 할 수 있게 된다. 일상에서, 직장에서, 그리고 사람들과의 관계에서 비언어적 신호를 잘 활용하는 법을 배우면, 소통의 질을 향상시킬 수 있다.

메라비언의 법칙

메라비언의 법칙은 우리가 소통할 때 중요한 사실을 알려준다. 이 법칙에 따르면, 상대방에게 전달되는 인상이나 호감의 7%는 '말하는 내용'에 의해 결정된다. 나머지 38%는 '목소리', 그리고 55%는 '보디랭귀지'와 같은 비언어적 요소에 의해 영향을 받는다. 즉, 말하는 내용만큼이나, 그 내용을 어떻게 전달하는지가 중요하다는 것이다. 사람들이 상대방에게 어떤 인상을 주는지, 호감을 가지게 되는 이유는 결국 그들이 말하는 '내용'이 아니라, '그 말이 어떻게 전달되는지'에 달려 있다는 것이다.

우리는 흔히 말을 하면서 그 내용에만 집중한다. 하지만 메라비언의 법칙에 따르면, 말하는 내용보다 더 중요한 것이 바로 '말하는 방법'이다. 예를 들어, 우리가 "오늘 정말 좋은 하루였어!"라고 말할 때, 그 말은 단지 말의 내용만으로 전달되지 않는다. 그 말이 어떻게 전달되는지가 중요하다. 만약 그 말을 부드럽고 따뜻한 목소리로, 밝은 표정과 함께 전달하면, 그 말은 훨씬 더 긍정적이고 기쁜 느낌을 줄 수 있다. 반대로, 그 말을 무표정하고 힘 없는 목소리로 말하면, 그 내용이 아무리 좋은 이야기라도 그 느낌은 반감된다.

이처럼, 우리가 말하는 내용이 아무리 훌륭하더라도, 그 말을 전달하는 방식이 부정적이면 사람들은 그 내용에 대해 부정적인 인상을 가질 수 있다. 중요한 것은, 우리가 전달하고자 하는 메시지가 단지 내용뿐만 아니라, 목소리와 표정, 몸짓 등을 통해 어떻게 전달되는지에 달려 있다는 것이다. 우리가 타인에게 어떠한 메시지를 전달할 때, 그 메시지가 전달되는 방식은 그 사람에 대한 인상과 신뢰도를 크게 좌우한다.

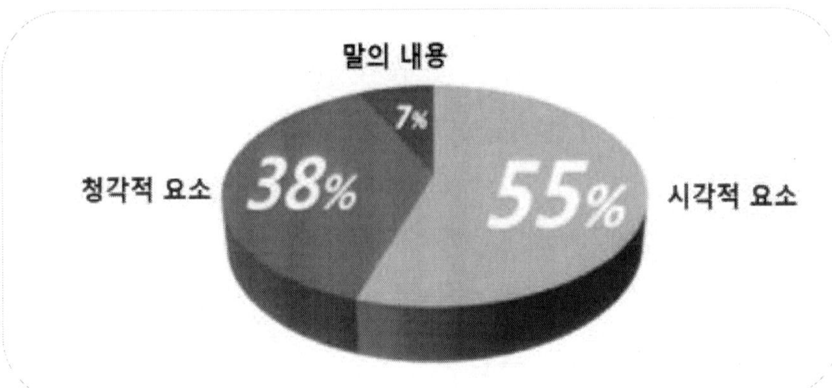

메라비언의 법칙

메라비언은 대면 커뮤니케이션에서 세 가지 요소가 중요한 역할을 한다고 했다. 첫째, 우리가 하는 '말'의 내용, 둘째, 그 내용을 전달하는 '목소리', 셋째, '보디랭귀지'와 같은 시각적 신호들이다. 그 중에서도 가장 중요한 것은 바로 목소리와 보디랭귀지다.

목소리는 우리가 하는 말을 어떻게 받아들일지를 결정짓는 중요한 요소가 된다. 예를 들어, 세일즈맨이 상품을 판매하려고 할 때, 상품의 우수성에 대한 설명만큼 중요한 것은 그의 목소리다. 만약 그가 자신감 있고 명확한 목소리로 설명한다면, 고객은 그 상품에 대해 더 신뢰하고 관심을 가질 것이다. 반면, 그가 불안하고 모호한 목소리로 설명한다면, 고객은 그 상품에 대해 불안감을 느낄 것이다.

보디랭귀지 또한 매우 중요한 역할을 한다. 우리는 무의식 중에 사람들의 표정, 눈빛, 몸짓 등을 통해 그들의 감정과 의도를 읽는다. 그래서 대화 중에 눈을 맞추지 않거나, 표정이 굳어 있으면, 상대방은 그 사람이 진지하지 않거나 신뢰할 수 없다고 느낄 수 있다. 반면, 적절한 시선과 긍정적인 표정, 그리고 열린 자세는 상대방에게 신뢰감을 준다. 결국, 말은 단지 그 자체로 의미를 전달하는 것이 아니라, 그 말이 어떻게 전달되는지에 따라 그 메시지의 효과가 달라진다.

메라비언의 법칙을 일상 생활에서 활용한다면, 우리는 더 효과적이고 신뢰감 있는 소통을 할 수 있다. 직장에서 상사가 직원을 대할 때, 그 상사의 목소리와 태도는 직원에게 큰 영향을 미친다. 상사가 중요한 지시를 내릴 때, 그 지시의 내용이 아무리 정확하고 명확하더라도, 상사가 자신감 없고 불안한 목소리로 전달한다면, 직원은 그 지시를 신뢰하지 않을 수 있다. 반면, 상사가 긍정적이고 확신에 찬 목소리로 지시를 내린다면, 직원은 그 지시를 더 잘 따르고, 자신감을 가지고 일을 진행할 수 있을 것이다.

메라비언의 법칙은 또한 우리가 사람들과 관계를 맺을 때 중요한 교훈을 준다. 우리는 대화 중에 말의 내용뿐만 아니라, 그 내용이 어떻게 전달되는지를 중요하게 생각해야 한다. 우리가 진심으로 소통하려면, 우리가 전달하는 메시지의 내용뿐만 아니라, 그 메시지를 어떻게 전달할 것인가도 신경 써야 한다. 말은 단지 단어로만 이루어진 것이 아니라, 그 말에 담긴 감정과 태도도 중요하다. 목소리의 톤, 표정, 몸짓, 시선 등을 통해 그 감정과 태도를 전달하는 것이 진정한 소통이다.

결국, 메라비언의 법칙은 우리가 사람들과의 관계에서 더 진실되고 신뢰성 있는 소통을 할 수 있도록 돕는다. 말을 잘 한다고 해서 모든 의사소통이 잘 되는 것은 아니다. 중요한 것은 그 말이 어떻게 전달되느냐이다. 진정성 있고 자신감 있는 목소리와 긍정적인 보디랭귀지로 말할 때, 우리는 상대방에게 강한 인상을 주고, 그들과의 관계를 더욱 깊이 있게 만들 수 있다.

몸짓 언어와 무대 매너

비언어적 소통은 우리의 의사소통에서 중요한 역할을 한다. 우리가 전달하는 메시지의 강도는 단순히 우리가 말하는 내용뿐만 아니라, 그 내용을 어떻게 전달하는지에 의해 결정된다. 비언어적 요소는 우리를 더 입체적으로 만들어 주며, 때로는 말보다 더 많은 것을 전달한다. 이제 비언어적 커뮤니케이션의 핵심 요소들을 살펴보자.

1. 몸짓언어 사용법

몸짓언어는 우리가 말하는 내용의 의미를 강조하고, 내용을 더 생동감 있게 전달하는 강력한 도구이다. 제스처와 몸의 움직임을 활용하면 메시지의 강도와 전달력이 높아지고, 상대방에게 더욱 뚜렷한 인상을 남길 수 있다.

손을 활용한 제스처는 특히 효과적인 비언어적 도구이다. 제스처는 팔을 자연스럽게 벌려 반원 형태로 확장하면서 사용하는 것이 좋다. 이때 팔꿈치와 손목이 자연스럽게 연결되어 있어야 하며, 너무 작게 사용하면 메시지의 강도가 약해진다. 예를 들어, 회의 중에 중요한 사항을 설명할 때 "이 부분이 정말 중요합니다"라고 말하면서 손으로 강조하는 동작을 취하면, 청중은 그 중요성을 더 강하게 인식할 수 있다. 제스처는 크고 확실하게 하는 것이 좋다. 작은 동작이나 흐느적거리는 손짓은 주의를 분산시킬 수 있기 때문이다.

또한, 말과 행동은 동시에 이루어져야 한다. 말하는 동안 몸짓도 자연스럽게 흐르도록 해야 메시지가 일관되게 전달된다. 예를 들어, 중요한 내용이나 결론을 말할 때 손으로 해당 부분을 강조하면서 움직이는 것, 혹은 내용이 바뀔 때 자리를 이동하며 동선을 따라 말하는 것은 상대방에게 변화를 인식하게 해준다. "다음 단계로 넘어가겠습니다!"라고 말하면서 자리를 한 걸음 옮기거나, "이 부분은 정말 중요합니다!"라고 강조하면서 청중에게 다가가는 방식이 그 예다.

2. 시선 처리

시선은 우리의 메시지를 더욱 강력하고 설득력 있게 만들어 주는 중요한 도구이다. 우리는 말을 할 때, 단순히 음성만이 아니라 눈빛과 시선을 통해 상대방과 소통하고 있다는 사실을 잊지 말아야 한다. 대규모 강의나 학습자들과의 대화에서 시선을 어떻게 활용하는가에 따라 분위기와 소통의 질이 달라진다.

청중 앞에서 시선을 교환할 때는 균형을 잘 맞춰야 한다. 한 곳만 응시하는 것보다, 청중의 여러 그룹을 자연스럽게 바라보는 것이 효과적이다. 예를 들어, 세 명 이상의 그룹이 있을 때는 오른쪽, 가운데, 왼쪽을 고루 시선으로 나누어 청중 전체와 소통하려는 태도를 보이는 것이 좋다. 이렇게 하면 청중들은 자신이 대화의 일부로 느껴지고, 발표자가 자신을 신경 쓰고 있다는 인상을 받을 수 있다.

시선이 마주쳤을 때는 3~5초 정도 눈을 맞추는 것이 중요하다. 이때 상대방에게 보내는 눈빛은 자신감과 안정감을 전달한다. 너무 빨리 시선을 돌리면 불안해 보이고, 메시지의 신뢰도가 떨어질 수 있다. 한 문장이나 중요한 포인트를 전달할 때는 고개를 살짝 끄덕이며 시선이 마주친 상대방을 바라보는 것이 좋다.

3. 손동작

손동작은 청중에게 긍정적이고 친근감을 불러일으키는 강력한 도구이다. "저는 당신을 환영합니다!"라고 말하며 손을 펼쳐보이는 것, "이것이 정말 중요한 점입니다"라고 말하며 손끝으로 강조하는 것 등은 메시지에 신뢰감을 더하고 상대방의 반응을 이끌어내는 데 큰 도움이 된다. 손동작은 청중에게 편안하게 다가갈 수 있는 중요한 신호가 된다.

하지만 손동작에는 주의가 필요하다. 지나치게 많이 움직이거나, 불필요한 동작을 하게 되면 메시지 전달이 방해받을 수 있다.

반복적인 손동작도 피해야 한다. 예를 들어, 말하는 중에 계속해서 손목을 흔드는 것은 청중의 주의를 산만하게 할 수 있다. 제스처를 사용할 때는 손동작이 시선과 일관되게 맞춰져야 한다. 손이 가리키는 곳이 시선이 향하는 곳과 일치하면, 청중은 더욱 집중할 수 있다.

4. 연습: 자세, 시선, 표정도 연습하면 달라진다

말하는 내용을 제대로 전달하려면 발음, 목소리 뿐만 아니라 비언어적 요소들이 조화를 이루어야 한다. 자세, 시선, 표정이 올바르지 않으면 메시지가 제대로 전달되지 않을 수 있다. 예를 들어, "안녕하세요?"라고 할 때, 그저 말로만 표현하는 것보다, 미소를 지으며 몸을 상대방에게 향하게 하는 것이 훨씬 더 따뜻하고 친근한 느낌을 줄 수 있다.

연습을 통해 좋은 발음뿐만 아니라 표정, 자세, 시선 등을 함께 연습해야 한다. 이 모든 것이 함께 맞물려 있어야 메시지가 효과적으로 전달된다. 예를 들어, “무엇을 도와 드릴까요?”라고 할 때, 몸을 상대방에게 자연스럽게 향하고 눈을 맞추며 말하는 것이 훨씬 더 효과적이다. 작은 변화로도 상대방은 그 메시지를 더욱 잘 받아들일 수 있다.

5. 외모에 호감을 더하는 목소리

외모가 첫인상을 주지만, 목소리는 그 첫인상을 지속시키고 관계를 깊게 만든다. 사람들은 중저음의 목소리를 들을 때 안정감을 느끼고, 올바른 억양의 소리를 들으면 지적인 느낌을 받으며, 공명이 잘 되어 울림이 풍부한 목소리에 신뢰감을 느낀다고 한다. 예를 들어, 방송인이나 강사들이 사용하는 중저음의 목소리는 일반적으로 안정감을 주고, 청중은 그 목소리에 더 집중하게 된다.

목소리의 울림이 풍부하고 진지하게 전달될 때, 그 사람의 메시지는 청중에게 깊게 스며든다. 따라서 자신의 목소리에 진심을 담고, 그것을 청중과 교감하는 도구로 활용하는 것이 중요하다. 좋은 목소리는 단순히 전달의 도구를 넘어서, 그 사람의 진정성과 감정을 그대로 담아낼 수 있는 매력적인 수단이 된다.

비언어적 요소들은 우리가 다른 사람과 소통할 때 중요한 역할을 한다. 이 모든 요소들은 우리가 단순히 말을 하는 것 이상의 의미를 담고 있으며, 이를 잘 활용한다면 소통의 효과는 극대화된다. 목소리, 제스처, 시선, 자세 등 모든 비언어적 커뮤니케이션 요소들을 적절히 활용하여, 더 강력한 메시지를 전달하고, 사람들에게 깊은 인상을 남길 수 있다.

“당신의 몸짓은
당신이 어떤 사람인지 가장 먼저 소개하는 명함이다.”

- 데일 카네기 -

6장
실전 디자인

현장 스피치 커뮤니케이션

말이란 소리만 있는 것이 아니다. 그것은 감정을 담고, 삶을 살아 숨 쉬게 한다.

_존 퀸시 애덤스

방송 스피치

방송 스피치는 단순히 말을 잘하는 훈련이 아니다. 이는 곧 '현장감 있는 말하기'의 집약체이자, 청중과 시청자의 마음을 단번에 사로잡는 기술이다. 마이크 앞에서, 카메라 앞에서 목소리 하나로 정보를 전달하고 감정을 공유하며 분위기를 주도하는 일은 단순한 능력이 아니라 전문적인 훈련의 결과다.

뉴스 앵커, 리포터, 기상캐스터, 교통캐스터, 스포츠 캐스터, DJ. 이들의 말하기에는 공통적으로 '정보 전달'이라는 목적이 있지만, 표현 방식과 목소리 톤, 전달 전략은 각기 다르다. 방송 스피치 훈련은 이러한 다양한 상황을 가상 체험하면서, 화자의 표현력을 극대화하고 실전에서 흔들리지 않는 자신감을 길러준다. 이제 각각의 역할이 지닌 특징과, 그 훈련이 왜 필요한지를 구체적으로 살펴보자.

1. 뉴스 앵커 — 신뢰의 목소리, 차분한 힘

뉴스 앵커는 단순히 기사를 읽는 사람이 아니다. 그들은 수많은 정보의 홍수 속에서 시청자가 믿고 의지할 수 있는 '가장 신뢰할 만한 목소리'가 되어야 한다. 앵커의 목소리에는 감정의 과잉이 없어야 하며, 대신 차분하고 안정적인 톤을 유지해야 한다. 이때 중요한 것이 바로 평조와 하강조다.

평조는 감정을 절제하고 일정한 톤으로 유지하는 기술이다. 이를 통해 청중은 불필요한 감정에 휘둘리지 않고 메시지 그 자체에 집중하게 된다. 하강조는 문장의 끝을 내려주는 톤으로, 확신과 무게감을 전달한다. 예를 들어, "오늘 정부는 새로운 경제 정책을 발표했습니다."라는 문장을 평조로 읽으면 정보가 깔끔하게 정리되고, 하강조로 마무리하면 듣는 이에게 안정감과 확실성을 준다.

뉴스 앵커 훈련은 결국 신뢰를 전달하는 훈련이다. 이는 직장 프레젠테이션, 학술 발표, 또는 회의 자리에서도 그대로 적용된다. 신뢰감 있는 목소리는 어디서든 화자를 돋보이게 한다.

2. 리포터 — 현장을 살아 움직이게 만드는 에너지

리포터는 '현장감의 화신'이다. 그들이 전하는 말은 단순한 설명이 아니라, 현장의 공기를 그대로 옮겨야 한다. 리포터 스피치는 에너지가 생명이다. 단조로운 어조가 아니라, 상황을 묘사하는 생생한 표현력과 감정을 담은 어투가 필요하다.

예를 들어, 벚꽃 축제를 리포트한다고 상상해 보자. 단순히 "지금 벚꽃이 피어 있습니다"라고 말하는 것과 "연분홍빛 꽃잎이 바람에 흩날리며 거리를 수놓고 있습니다"라고 말하는 것은 청중에게 다가가는 힘이 다르다. 리포터 훈련은 바로 이 '묘사와 전달력'을 키우는 데 초점이 있다.

이 훈련은 실생활에서도 유용하다. 누군가에게 경험을 설명하거나, 제품을 홍보하거나, 강의에서 사례를 이야기할 때 현장감을 살려 말하는 능력은 청중을 몰입하게 만든다. 리포터의 목소리는 단순한 보고가 아니라 '사람들을 현장으로 데려가는 안내자'가 된다.

3. 기상캐스터 — 공감과 교감의 목소리

기상캐스터는 정보 전달자이자 동시에 위로자다. 날씨는 단순한 수치가 아니라 사람들의 일상과 감정에 직접적인 영향을 미치기 때문이다. 오늘의 폭우 소식은 누군가의 출근길을 바꾸고, 주말의 맑은 하늘은 누군가의 여행 계획을 설레게 한다. 따라서 기상캐스터의 목소리는 따뜻하고 친근해야 하며, 단순히 정보를 나열하는 것 이상으로 청중과 공감하는 톤이 필요하다.

예를 들어, "오늘 서울의 낮 기온은 35도까지 올라갑니다"라는 말 대신 "오늘 서울은 찌는 듯한 더위가 이어지겠습니다. 바깥에 나가실 때는 시원한 물을 꼭 챙기시고, 가급적 야외 활동은 자제하시는 게 좋겠습니다"라고 말하면, 단순한 기온 전달을 넘어 청중을 배려하는 목소리가 된다.

기상캐스터 훈련은 사람과 사람을 잇는 다리 역할을 한다. 발표할 때 단순한 데이터 나열을 넘어서, 상대방을 배려하고 공감하는 태도를 목소리로 표현하는 법을 배우게 된다. 이는 곧 인간적인 매력을 높여주는 훈련이기도 하다.

4. 교통캐스터 — 속도와 정확성이 생명

교통캐스터의 세계는 초 단위로 움직인다. 그들은 수많은 도로 상황을 빠르게 파악하고, 제한된 시간 안에 명확히 전달해야 한다. 여기서 중요한 것은 속도와 정확성이다. 교통 상황은 잘못 전달되면 그대로 혼란을 초래할 수 있기 때문이다.

예를 들어, "영동고속도로 강릉 방향, 신갈분기점에서 여주까지 32km 구간 정체가 이어지고 있습니다"라는 멘트를 할 때, 발음이 흐려지거나 속도가 늦으면 청중은 금세 놓쳐버린다. 따라서 교통캐스터 훈련에서는 명확한 발음, 군더더기 없는 전달, 그리고 일정한 속도의 조절이 핵심이다.

이 훈련은 실생활의 '핵심 전달 능력'과 직결된다. 보고할 때 핵심만 빠르게 정리하거나, 회의에서 간결하게 메시지를 전달하는 능력은 교통캐스터 훈련을 통해 자연스럽게 길러진다. 말의 속도와 명확성은 곧 전문성의 척도가 된다.

5. 스포츠 캐스터 — 박진감 넘치는 에너제틱한 표현력

스포츠 캐스터는 말 그대로 경기의 흥분과 긴장감을 목소리로 전달하는 사람이다. 관중의 함성과 선수들의 땀이 뒤엉키는 현장을, 앉아 있는 청중에게 생생하게 전하는 힘. 그것이 바로 스포츠 캐스터의 목소리다.

"슛! 골입니다!"라는 짧은 외침에도 에너지가 실려야 한다. 단순히 크게 외치는 것이 아니라, 순간의 긴장감을 끌어올리고, 청중이 그 장면을 눈앞에서 보는 듯 몰입하게 만드는 힘이 필요하다. 스포츠 캐스터 훈련은 바로 이 '박진감 있는 목소리 연출'을 중심으로 진행된다.

이 훈련은 일상에서도 활용할 수 있다. 강연이나 프레젠테이션에서 중요한 순간을 강조하거나, 청중의 집중을 모아야 할 때, 스포츠 캐스터처럼 에너지를 폭발시키는 목소리는 강렬한 메시지를 남긴다. 말의 강약과 리듬을 조절하는 법을 배우면, 그 자체가 큰 무기가 된다.

6. DJ — 시간대별 분위기 연출의 달인

DJ는 음악을 틀어주는 사람이 아니라, 청취자의 하루와 감정을 함께하는 사람이다. 아침 DJ는 청취자에게 활기찬 시작을 선물해야 하고, 점심 DJ는 지친 마음을 북돋워야 하며, 심야 DJ는 고요한 위로와 따뜻한 공감을 전해야 한다. 결국 DJ 스피치는 시간대별 컨셉에 따라 분위기를 창조하는 목소리의 예술이다.

아침에는 "좋은 아침입니다! 오늘도 힘차게 하루를 시작해 볼까요?"라는 에너지가 필요하다. 반대로 심야에는 "오늘 하루도 수고 많으셨습니다. 지금은 천천히 마음을 내려놓으셔도 괜찮습니다"라는 차분한 목소리가 청취자를 감싼다. DJ 훈련은 목소리로 '공간의 분위기'를 만드는 방법을 배우는 과정이다.

이 능력은 사회생활 전반에서도 유용하다. 분위기를 읽고, 상황에 맞는 목소리와 태도를 조율하는 능력은 관계를 부드럽게 만들고, 소통의 질을 높인다.

방송 스피치 트레이닝은 결코 방송인들만을 위한 특수 기술이 아니다. 이는 누구에게나 필요한 현장형 소통 훈련이다. 우리는 일상에서 늘 누군가 앞에 서서 말하고, 설명하고, 설득한다. 그 순간마다 앵커처럼 차분하고 신뢰감 있게 말할 수 있다면, 말의 무게는 달라진다. 리포터처럼 생생하게 상황을 묘사한다면, 듣는 사람은 눈앞에서 장면을 보는 듯 몰입하게 된다. 기상캐스터처럼 따뜻하게 공감하며 말을 건넨다면, 단순한 정보도 위로와 배려로 다가간다. 교통캐스터처럼 빠르고 정확하게 핵심을 짚어낼 수 있다면, 회의와 보고 자리에서 빛을 발할 수 있다. 스포츠 캐스터처럼 박진감 넘치는 에너지로 메시지를 전한다면, 청중은 당신의 말에 숨을 죽이고 집중하게 된다. DJ처럼 분위기를 읽고 이끌어 갈 수 있다면, 대화의 온도를 자유롭게 조율할 수 있다.

결국 방송 스피치 훈련은 단지 무대나 카메라 앞에서 빛나는 법을 배우는 것이 아니다. 그것은 곧 삶의 모든 순간을 더 풍성하게 만드는 기술이다. 회의실에서 보고를 할 때, 강의실에서 학생들을 이끌 때, 무대 위에서 청중을 사로잡을 때, 혹은 단순히 가족과 친구 앞에서 진심을 전할 때도 이 훈련은 힘을 발휘한다. 목소리와 태도를 다듬어가는 순간, 우리는 단순히 말을 전달하는 사람이 아니라, 마음을 움직이고 공감을 이끌어내는 커뮤니케이터로 성장한다.

방송 스피치 트레이닝은 결국 삶의 무대에서 우리를 더 설득력 있게, 더 감동적으로, 그리고 더 빛나게 만드는 도구다. 말은 단순한 소리가 아니라, 우리가 어떤 사람인지 보여주는 가장 강력한 신호다. 그렇기에 방송 스피치를 배우는 것은 곧, 자기 자신을 더 아름답고 진정성 있게 표현하는 법을 배우는 일이다.

낭독 스피치

낭독 스피치는 단순히 글자를 눈으로 따라 읽는 행위가 아니다. 그것은 글 속에 담긴 의미와 감정을 목소리라는 그릇에 담아 청중의 마음속으로 흘려보내는 작업이다. 흔히 "낭독은 글에 생명을 불어넣는 일"이라고 한다. 같은 글이라도 누가, 어떻게 읽느냐에 따라 완전히 다른 울림을 준다. 예를 들어 같은 시를 읽더라도 기계적으로 읽는 목소리는 금세 잊히지만, 감정과 의미를 충분히 이해하고 우렁차게 읽는 목소리는 오래도록 여운을 남긴다. 그렇기 때문에 낭독 스피치는 말하기 훈련의 기본이자, 표현력과 전달력을 동시에 키울 수 있는 가장 효과적인 방법이다.

낭독 스피치에서 가장 중요한 것은 목소리다. 단순히 크다고 해서 좋은 것이 아니다. 우렁차고 씩씩하면서도 청중이 듣기 편안한 목소리여야 한다. 교실에서 아이들이 책을 낭독할 때, 힘없는 목소리로 웅얼거리면 아무리 좋은 글도 전달되지 않는다. 하지만 같은 아이가 자세를 바르게 하고 복식호흡으로 안정된 소리를 내면,

그 목소리만으로도 청중은 집중하게 된다. 실제로 한 초등학교 교사는 매일 아침 5분씩 시를 낭독하게 했는데, 몇 달 뒤 아이들의 목소리는 또렷해졌을 뿐 아니라 발표력과 자신감까지 눈에 띄게 향상되었다고 한다. 결국 낭독 스피치는 단순히 글 읽기가 아니라, 자기 자신을 표현하는 힘을 키우는 길이다.

여기에 감정 표현이 더해지면 낭독은 단순한 전달을 넘어 '공감의 예술'이 된다. 슬픈 글을 읽을 때는 목소리가 살짝 가라앉고, 기쁜 장면을 읽을 때는 톤이 밝아지며, 긴장된 상황에서는 호흡이 짧아지는 것만으로도 청중은 그 감정을 함께 느낀다. 예컨대 부모님께 드리는 편지를 낭독할 때, "사랑합니다"라는 한마디에 진심 어린 울림이 담기면 청중은 글쓴이의 마음을 마치 자기 이야기처럼 받아들인다. 감정 없는 낭독은 단순한 기계음에 불과하지만, 감정을 담아낸 낭독은 글 속에 숨어 있던 이야기의 심장을 뛰게 만든다.

또 하나 중요한 요소는 '띄어 읽기'다. 낭독은 음악처럼 리듬이 있다. 쉼표와 마침표를 무시하고 읽으면 글의 맛이 사라지고, 반대로 너무 잦은 띄어 읽기는 문맥의 흐름을 끊어버린다. 예를 들어 "오늘은 / 참 / 기분이 / 좋은 / 날이다."라고 지나치게 자주 끊어 읽으면, 글이 산산조각 나버린다. 반면 "오늘은 참 기분이 좋은 날이다."라고 적절히 흐름을 살려 읽으면 문장의 온전한 감정이 청중에게 전달된다. 이런 리듬은 감정 표현과도 맞물린다. 기쁨의 순간에는 빠르고 경쾌하게, 아픔의 순간에는 느리고 낮은 톤으로 읽을 때, 청중은 글 속 감정을 고스란히 느끼게 된다.

강세 또한 낭독의 중요한 요소다. 글 속에는 강조해야 할 단어와 감정을 담은 구절이 숨어 있다. 이를 무심하게 읽으면 청중의 귀에 남지 않는다. 예컨대 “나는 반드시 해낼 것이다.”라는 문장을 평이하게 읽는 것과, ‘반드시’라는 단어에 힘을 실어 읽는 것은 청중의 마음에 전혀 다른 울림을 준다. 강세는 말의 입체감을 살리고, 글을 살아 있는 언어로 만들어 준다. 한 연극 배우는 대본을 낭독할 때 중요한 단어에만 색깔을 칠해놓고 그 단어에 힘을 주어 읽는 연습을 한다고 한다. 그러면 단순한 낭독이 아니라, 청중의 감정을 움직이는 스피치가 된다.

낭독 스피치에서 반드시 기억해야 할 원칙은 “읽지 말고 말하라”는 것이다. 글자를 단순히 눈으로 따라가며 기계적으로 읽으면 청중은 금세 지루해진다. 하지만 글을 충분히 이해하고, 내용을 자기 언어처럼 소화해 말하면 청중은 자연스럽게 몰입한다. 낭독은 결국 보고 읽되, 마치 안 보고 말하듯 하는 것이다. 예를 들어 한 학생이 독후감을 낭독하면서 글의 한 문장을 자기 경험처럼 풀어내듯 읽자, 청중은 단순히 글을 듣는 것이 아니라 그 학생의 진심을 느낄 수 있었다. 낭독의 진정한 힘은 바로 여기에 있다.

무엇보다 중요한 것은, 낭독은 청중을 위한 것이라는 사실이다. 혼자 책을 읽을 때는 속으로만 이해하면 되지만, 청중 앞에서 낭독할 때는 내가 아닌 남이 듣는다는 점을 늘 기억해야 한다. 청중이 알아듣기 쉽게, 귀에 쏙 들어오게 읽는 것이 핵심이다. 그래서 낭독 스피치는 글을 단순히 읽는 것이 아니라, '내가 이해한 만큼만 청중에게 전달된다'는 진리를 보여준다. 글의 의미를 온전히 파악하고 자신의 언어처럼 소화해야만, 청중도 그 의미를 받아들일 수 있다.

결국 낭독 스피치는 글과 사람을 연결하는 다리다. 낭독은 글에 생명을 불어넣고, 글쓴이의 의도를 목소리를 통해 살아나게 만든다. "책 속의 한 문장은 낭독자의 입술을 거쳐 생명력을 얻는다."라는 말처럼, 낭독은 텍스트에 따뜻한 심장을 심어주는 과정이다. 학생이든 직장인이든, 낭독 훈련을 꾸준히 하면 목소리의 힘은 물론, 표현력, 공감력, 설득력까지 자라난다. 여기에 감정 표현이 더해지면, 글은 단순한 정보 전달을 넘어 청중의 마음속에서 살아 숨 쉬게 된다.

즉, 낭독 스피치는 우리 모두가 매일 연습할 수 있는 가장 쉬운 훈련이면서도, 동시에 가장 강력한 말하기 훈련이다. 책을 펼쳐 소리 내어 읽는 단순한 습관이 결국은 삶을 풍성하게 하고, 우리의 목소리에 힘을 불어넣어 세상을 움직이는 힘으로 바뀌게 된다. 낭독은 글자를 읽는 것이 아니라, 삶을 말하는 것이다. 그리고 감정을 담아낸 낭독은 단순한 말하기를 넘어, 사람의 마음을 움직이는 예술이 된다.

- 낭독 스피치 트레이닝 -

1. 힘차고 에너지 넘치는 분위기

오늘이 바로 나의 새로운 시작이다.

나는 두려움보다 용기를 선택한다.

2. 따뜻하고 감동적인 분위기

작은 한마디의 고마움이 누군가의 하루를 바꾼다.

내 목소리가 누군가의 위로가 되기를 바란다.

3. 차분하고 사색적인 분위기

별빛은 멀리 있지만, 어둠 속에서 가장 밝게 빛난다.

나의 말도 누군가에게 작은 등불이 될 수 있다.

4. 희망적이고 미래지향적인 분위기

내일의 문은 오늘의 용기로 열어진다.

나는 그 문 앞에서 당당히 서 있다.

5. 진지하고 결의에 찬 분위기

넘어질 수 있다, 그러나 다시 일어서는 것이 나다.

나는 결코 멈추지 않는다.

연기 스피치

많은 사람들은 스피치를 단순히 "말을 잘하는 기술"이라고 생각한다. 하지만 실제로 청중의 마음을 사로잡고, 오래도록 기억에 남는 스피치는 단순한 말솜씨만으로 이루어지지 않는다. 그 안에는 표정, 목소리의 톤, 몸짓, 시선, 그리고 감정까지 함께 담겨 있다. 바로 이 지점에서 연기적인 요소가 필요하다. 연기 없는 스피치는 건조한 매뉴얼 낭독에 불과하지만, 연기적 감각이 더해진 스피치는 글자에 심장을 달아 청중의 마음을 두드린다.

우리는 이미 생활 속에서 연기의 필요성을 느낀다. 한 교사가 학생들에게 "이 단원은 시험에 꼭 나옵니다"라고 기계적으로 말하면, 아이들은 흘려듣기 쉽다. 하지만 같은 말을 교사가 손으로 칠판을 두드리며, 눈을 크게 뜨고 목소리에 힘을 실어 강조하면, 아이들은 단번에 집중한다. 또 직장에서 팀장이 "이번 프로젝트는 반드시 성공할 겁니다"라고 어색하게 읊듯 말하면 신뢰가 생기지 않는다. 그러나 같은 문장을 강한 시선, 단단한 어조, 열정이 담긴 제스처와 함께 말하면, 팀원들은 자연스럽게 고개를 끄덕인다. 결국 연기 스피치는 거짓을 꾸미는 기술이 아니라, 메시지를 진정성 있게 증폭시키는 도구인 것이다.

연기 스피치는 무엇보다 전달력을 높인다. 예를 들어 강의실에서 강사가 “독서는 중요합니다”라고 단순히 말하는 것보다, 책을 손에 들어 올리고 청중을 향해 펼쳐 보이며 “책은 세상을 여는 열쇠입니다”라고 말한다면, 청중의 머릿속에는 책이 ‘열쇠’로서 각인된다. 한 회사 직원이 보고서를 발표할 때도 마찬가지다. PPT 슬라이드를 읽는 데 그치면 내용은 금세 잊히지만, 슬라이드 속 그래프를 손짓으로 따라가며 목소리의 고저를 살려 설명하면 청중은 단순한 정보가 아니라 ‘그가 보여주는 장면’을 기억한다. 즉, 연기 스피치는 말의 내용을 시각화하고, 청중의 머릿속에 이미지를 남겨 기억과 이해를 동시에 돕는다.

연기 스피치는 또한 표현력을 넓힌다. 예를 들어 직장에서 회의를 할 때, 어떤 발표자는 두 손을 무릎 위에 모으고 작은 목소리로 읽어 내려가지만, 다른 발표자는 표정을 풍부하게 바꾸고 손으로 주요 단어를 강조하며, 목소리의 속도와 높낮이를 달리해 설명한다. 당연히 두 번째 발표자가 훨씬 설득력 있고 재미있게 느껴진다. 교사 또한 같은 원리를 체험한다. 아이들에게 “이야기 속 주인공은 용감했어요”라고 평범하게 말하는 대신, 직접 용감한 표정을 지으며 “주인공은 이렇게 외쳤습니다!” 하고 몸짓을 더한다면, 아이들은 단순히 ‘용감했다’는 사실이 아니라 그 순간의 감정을 생생히 받아들인다. 결국 연기적 요소는 단어의 평면성을 깨고, 말에 입체감을 더한다.

또한 연기 스피치는 설득력을 강화한다. 강의장에서 교수나 강사가 “이 연구는 매우 중요합니다”라고 무표정하게 말하면 청중은 대수롭지 않게 느낀다. 그러나 같은 구절을 눈빛을 반짝이며, 목소리를 살짝 낮췄다가 중요한 순간에 힘주어 올리며 말하면, 청중은 그 말의 무게를 진지하게 받아들인다. 면접 현장에서도 마찬가지다. “저는 책임감이 강한 사람입니다”라는 말은 누구나 할 수 있다. 하지만 어깨를 펴고 고개를 곧게 들며, 자신감 있는 톤으로 천천히 강조하며 말한다면, 면접관은 그 말의 진정성을 훨씬 더 강하게 느낀다. 연기 스피치는 단순한 설명을 넘어 ‘이 사람을 믿어도 된다’는 신뢰를 심어주는 힘이 된다.

연기 스피치는 또한 재미와 몰입을 만든다. 예를 들어 강의 중에 교수가 “집중하세요”라고 반복하기보다, 갑자기 목소리 톤을 높이거나 유머러스한 표정을 지으면 학생들은 웃음을 터뜨리면서도 다시 집중한다. 직장에서 진행되는 교육에서도, 발표자가 단조롭게 말하는 대신 실제 상황을 짧게 재연하거나 목소리를 캐릭터처럼 바꿔 표현하면 청중은 지루할 틈이 없다. 부모가 아이에게 책을 읽어줄 때도 마찬가지다. “옛날에 호랑이가 살았어요”라는 말보다 호랑이의 목소리를 흉내 내며 눈을 크게 뜨면 아이는 금세 빠져든다. 연기 스피치는 단순한 재미 이상의 의미를 가진다. 그것은 메시지를 더 오래 기억하게 하고, 청중이 발표자와 함께 ‘경험’하도록 만드는 힘이다.

무엇보다 연기 스피치는 실생활에서 누구나 활용할 수 있는 도구다. 면접장에서 자기소개를 할 때, 결혼식에서 축사를 할 때, 퇴임식에서 이임사를 할 때, 단조롭게만 말하면 메시지가 사라진다. 하지만 시선, 손짓, 목소리 톤을 조절하며 연기적 감각을 더하면, 그 말은 기억에 남고 사람들의 마음을 움직인다. 예를 들어 신입사원이 "앞으로 열심히 하겠습니다"라고 말할 때, 고개를 숙이며 작은 목소리로 읊조리면 가벼워 보인다. 하지만 몸을 곧게 세우고 손을 가슴에 얹으며 당당하게 말한다면, 그 한 문장이 그의 진심을 전한다. 연기 스피치는 이렇게 작은 순간들을 '빛나는 순간'으로 바꿔준다.

연기 스피치를 잘한다는 것은 단순히 배우처럼 연기를 잘하는 것을 의미하지 않는다. 그것은 청중 앞에서 말할 때, 메시지를 감정과 상황에 맞게 입체적으로 표현하는 능력을 뜻한다. 다시 말해, 단어와 문장에 표정과 호흡, 몸짓과 리듬을 불어넣어, 말이 하나의 장면처럼 살아 움직이도록 만드는 것이다. 누구나 이 능력을 훈련할 수 있고, 훈련을 통해 자신만의 매력적인 스피치 스타일을 만들어갈 수 있다.

첫째, 역할을 의식하는 것이 중요하다. 스피치를 한다는 것은 늘 하나의 무대에 서는 것과 같다. 강의실에서 교사가 학생들에게 설명할 때, 그 순간 교사는 단순한 지식 전달자가 아니라 배우이자 이야기꾼이다. 회의실에서 팀장이 보고할 때 역시 그는 단순히 데이터를 나열하는 사람이 아니라 팀의 미래를 보여주는 연출자다. 이처럼 자신이 맡은 "역할"을 인식하면, 목소리와 표정, 몸짓이 달라진다. 예를 들어, 교육 현장에서 교사가 실험 원리를 설명할 때 과학자가 된 듯 흥미롭게 재현한다면, 학생들은 더 집중하고 배우게 된다. 연기 스피치를 잘하려면, "나는 지금 어떤 역할을 맡고 있는가?"를 먼저 자문해야 한다.

둘째, 호흡과 리듬을 활용하는 것이 핵심이다. 연기자는 대사를 읽을 때 호흡으로 감정을 싣는다. 마찬가지로 스피치에서도 적절한 호흡과 멈춤은 메시지를 더욱 강렬하게 만든다. 중요한 내용을 말하기 전에 잠시 멈추고, 청중을 바라본 후에 말을 시작하면 그 한마디는 훨씬 무게 있게 다가온다. 한 강사가 "여러분, 오늘 제가 드릴 말씀은… 단 하나입니다."라고 호흡을 두고 말했을 때, 청중은 본능적으로 집중하게 된다. 연기 스피치를 잘하기 위해서는 문장의 리듬을 느끼고, 호흡을 통해 말의 흐름을 조율해야 한다.

셋째, 표정과 감정을 일치시키는 것이 필요하다. 많은 사람들이 좋은 원고를 준비하지만, 무표정하게 읽어 내려가면서 감정을 전하지 못한다. 그러나 연기 스피치에서는 표정이 곧 메시지다. 슬픈 이야기를 전할 때는 목소리를 낮추고 눈가에 아쉬움을 담아야 하고, 희망적인 메시지를 전달할 때는 눈을 크게 뜨고 미소를 띠어야 한다. 한 리더가 조직의 미래를 이야기할 때 눈빛이 흔들린다면, 아무리 좋은 말도 설득력이 떨어진다. 반대로 진심 어린 표정 하나가 메시지 전체를 감동으로 바꾼다. 연기 스피치를 잘하는 길은 결국 마음속 감정을 몸과 얼굴로 자연스럽게 드러내는 것이다.

넷째, 몸짓과 공간 활용이 필요하다. 무대 위 배우가 손짓 하나로 감정을 전달하듯, 스피커도 몸짓을 통해 메시지를 강화할 수 있다. 단, 제스처는 크고 확실해야 하며, 말의 흐름과 일치해야 한다. 예를 들어 "이것은 작습니다"라고 하면서 손으로 크게 원을 그리면 청중은 혼란스러워진다. 하지만 두 손을 모아 작은 공간을 표현하면 말과 몸짓이 일치하며 메시지가 더 설득력 있게 다가온다. 또한 연기 스피치에서는 공간도 중요한 무대 장치다. 결론 부분에 다다를 때 청중 앞으로 한 걸음 나서는 행동은, 단순한 말보다 훨씬 큰 힘을 발휘한다.

다섯째, 스토리텔링을 활용하는 것이다. 연기 스피치는 이야기를 생생히 만들어낸다. 단순히 사실을 나열하는 대신, 상황을 묘사하고 장면을 그리듯 말하면 청중은 스피커의 말 속으로 몰입한다. 예를 들어, "저는 어릴 적 도서관을 좋아했습니다"라고 말하는 대신, "책장 사이로 햇살이 스며들던 도서관 구석, 작은 나무 의자에 앉아 책장을 넘길 때마다 세상이 확장되는 기분이 들었습니다"라고 표현하면, 청중은 말하는 사람의 경험을 눈앞에서 보는 듯 느낀다. 연기 스피치를 잘하기 위해서는 원고 속에서 장면을 끌어내어 생생하게 재현해야 한다.

여섯째, 실전 연습이 필수다. 연기 스피치는 이론만으로 늘지 않는다. 자신의 목소리와 표정을 녹음·녹화해 보고, 어디서 지루하게 들리는지, 어떤 부분이 진심으로 와닿는지 점검해야 한다. 실제로 많은 배우와 강사들은 하루 10분씩 거울 앞에서 표정을 바꿔가며 연습한다. 또 하나 효과적인 방법은 책이나 시를 낭독할 때, 단순히 읽지 않고 인물의 감정을 담아 연기하듯 읽어보는 것이다. 이런 작은 훈련이 쌓이면, 실제 발표나 대화에서 자연스럽게 연기적 감각이 스며든다.

마지막으로, 연기 스피치는 꾸밈이 아니라 진심을 확장하는 일이라는 점을 기억해야 한다. 누군가는 연기라는 말에 "가짜"를 떠올리지만, 연기 스피치에서 말하는 연기는 꾸며내는 연기가 아니다. 그것은 마음속에 있는 진심을 더 선명하게, 더 풍성하게 드러내는 확장된 표현일 뿐이다. 부모가 아이에게 사랑을 표현할 때, 그냥 "사랑해"라고 말하는 것보다, 두 팔을 벌려 안아주며 따뜻한 눈빛으로 말하면 아이는 진짜 사랑을 느낀다. 이것이 바로 연기 스피치가 주는 힘이다.

결국 연기 스피치를 잘하는 방법은 기술을 흉내 내는 것이 아니라, 내 마음속 메시지를 온몸으로 표현하는 법을 배우는 것이다. 호흡과 리듬, 표정과 몸짓, 공간과 스토리텔링을 통해 우리는 단순한 말하기를 넘어, 사람들의 마음속에 깊이 스며드는 소통을 할 수 있다. 강의실에서, 회의실에서, 가족과의 대화 속에서도 연기 스피치는 우리를 더 설득력 있고 더 감동적인 화자로 만들어 준다. 그리고 그 순간, 우리의 말은 단순한 소리가 아니라, 누군가의 마음을 울리고 움직이는 힘이 된다.

연기 스피치는 말하는 사람을 '정보 전달자'가 아니라 '영향력 있는 커뮤니케이터'로 만들어 준다. 단순한 단어에 생명을 불어넣고, 메시지를 살아 있는 에너지로 바꾼다. 강의실에서 학생들에게, 회의실에서 동료들에게, 가정에서 아이들에게조차 연기적 요소는 말의 무게와 울림을 더한다.

결론적으로 연기 스피치는 꾸며낸 연기가 아니라, 말에 진심을 담아내는 확장된 표현법이다. 청중은 단어를 듣는 것이 아니라, 단어 속에 숨은 마음을 듣는다. 연기 스피치를 훈련한다는 것은 곧, 나의 마음을 더 깊이, 더 분명히 전달하는 기술을 익히는 일이다. 목소리에 생동감을, 표정에 감정을, 몸짓에 메시지를 담을 때, 우리는 단순히 말을 잘하는 사람이 아니라 사람의 마음을 움직이는 스피커로 성장한다.

연기 스피치는 바로 그 길을 열어주는 열쇠이며, 우리 모두의 말하기를 더 풍성하고 감동적으로 바꾸는 가장 현실적이고 강력한 무기가 된다.

- 연기 스피치 트레이닝 -

기쁨 – 오랫동안 기다리던 소식을 들은 순간
"드디어 해냈어! 우리가 정말 해낸 거야!"

슬픔 – 소중한 것을 잃어버린 상황
"그 사람은 이제… 다시 돌아오지 않아요."

분노 – 억울한 누명을 쓴 상황
"나는 결코 그런 적이 없어! 제발 믿어줘!"

놀람 – 예상치 못한 소식을 들었을 때
"뭐라고요? 그게 정말 사실이에요?"

두려움 – 갑작스러운 위험에 직면한 순간
"안 돼… 제발, 이쪽으로 오지 마!"

설렘 – 첫 만남이나 중요한 시작 앞에서
"오늘, 내 인생이 달라질 것 같은 예감이 들어요."

희망 – 청중에게 용기를 북돋우는 상황
"우리 앞에 어떤 어려움이 있어도, 반드시 이겨낼 수 있습니다."

결심 – 중요한 다짐을 선언하는 순간
"이제는 물러서지 않겠어요. 끝까지 가보겠습니다."

안도 – 위기를 넘긴 후의 안정감
"휴… 이제 정말 괜찮아졌구나."

즉흥 스피치

즉흥 스피치라고 하면 사람들은 대개 "갑자기 주제를 주면 말 잘하는 것"을 떠올린다. 그래서 화려한 언변이나 재치 있는 입담을 떠올리며, 나와는 상관없는 특별한 사람들만이 잘할 수 있는 능력이라고 생각하기 쉽다. 그러나 실제로 즉흥 스피치의 본질은 전혀 다르다. 즉흥 스피치의 성패는 얼마나 유창하게 말하느냐가 아니라, 주어진 순간에 말의 목적을 얼마나 정확히 붙잡고 전하느냐에 달려 있다. 말의 기술보다 중요한 것은 "무엇을 왜 말하는가"라는 것이다.

돌발은 위기 같지만, 사실은 기회다

예기치 못한 순간에 발언을 요청받으면 누구나 당황한다. 회사 회의에서 상사가 갑자기 "이번 프로젝트의 가장 큰 성과가 뭐였습니까?"라고 묻는 순간, 많은 사람들은 순간적으로 얼어붙는다. 이럴 때 필요한 것은 장황한 설명이 아니다. 단 한 줄, 핵심 메시지를 뚝 떨어뜨려 말하는 것이 더 강력하다.

"이번 프로젝트의 성과는, 고객 불만을 40% 줄인 것입니다."

짧고 단순하지만, 목적에 정확히 맞는 대답이다. 반대로 말을 길게 늘어놓거나 현란하게 포장하려 하면 메시지는 희미해지고 신뢰도마저 떨어진다. 즉흥 스피치의 힘은 결국 핵심을 붙잡고 목적을 선명하게 드러내는 것에서 나온다.

가정 속에서의 즉흥 스피치 — 따뜻함이 목적일 때

즉흥 스피치는 공적인 자리에서만 필요한 것이 아니다. 오히려 일상의 작은 순간에 더욱 큰 힘을 발휘한다. 예를 들어 가족 모임 자리에서 누군가 "아이가 발표를 아빠 닮아서 잘하네"라고 했을 때, 아버지가 즉석에서 이렇게 답했다고 상상해 보자.

"아들이 발표를 잘하는 건 사실 엄마 덕분이에요. 늘 옆에서 들어주고 응원해주니까요."

그 순간 가족들은 웃음을 지으며 더 따뜻한 분위기를 나눈다. 이 짧은 한마디가 바로 즉흥 스피치의 목적이다. 화려하지 않지만, 상황에 딱 맞고, 상대를 존중하며, 분위기를 살아나게 한다.

친구들 사이에서의 즉흥 스피치 — 웃음이 목적일 때

친구들과의 모임에서 갑자기 케이크가 등장하고 "네가 한마디 해봐!"라는 요청을 받는 경우도 많다. 이때 굳이 장황한 인생 철학을 말할 필요는 없다. 오히려 가볍고 유머러스한 말 한마디가 분위기를 살린다.

"오늘 이 케이크 칼질은 제가 하겠습니다. 칼질은 서툴러도 사랑만큼은 두툼하게 나눠드리겠습니다!"

짧고 재치 있는 말 한 줄이 자리를 웃음으로 물들이고, 사람들의 마음을 열게 한다. 즉흥 스피치의 목적이 웃음과 유쾌한 분위기라면, 이것으로 이미 성공이다.

중요한 자리에서의 즉흥 스피치 — 진심이 목적일 때

결혼식장에서 갑자기 축사를 부탁받았다고 상상해 보자. 준비되지 않은 사람은 허둥대거나 길게 늘어놓다 흐름을 망치기 쉽다. 하지만 목적이 분명하다면 답은 간단하다.

"두 사람이 오늘 함께 서 있는 모습만으로도 세상에서 가장 아름다운 그림이 완성된 것 같습니다. 늘 지금처럼 서로에게 가장 든든한 동반자가 되길 바랍니다."

그 순간 필요한 건 화려한 수사가 아니라, 진심 어린 축복이다. 즉흥 스피치는 완벽이 아니라 진심임을 잘 보여주는 장면이다.

즉흥 스피치, 어떻게 준비할까?

많은 사람들이 즉흥 스피치를 잘하려면 미리 수많은 문장을 외워야 한다고 생각한다. 그러나 이는 큰 오해다. 즉흥 스피치는 외워서 하는 연기가 아니라, 순간의 상황과 맥락 속에서 자신이 전달해야 할 핵심을 붙잡는 습관에서 출발한다.

예를 들어 길을 걸으며 보이는 풍경을 30초 동안 묘사해 보는 훈련을 해보자. "길가에 핀 노란 국화꽃이 오늘 내 마음을 환하게 했다"라는 식으로 단순하게 표현해도 충분하다. 중요한 것은 국화꽃의 색, 향기, 그 순간의 기분을 상대방이 그려볼 수 있도록 전달하는 것이다. 이 짧은 연습만으로도 '보고 느낀 것을 말로 옮기는 힘'이 길러진다.

또 다른 방법은 하루를 마무리하며 친구나 가족에게 "오늘 가장 기억에 남는 순간"을 1분 동안 이야기하는 것이다. 길게 나열할 필요는 없다. '한 장의 사진처럼 생생하게 떠오를 장면'을 골라 간결하게 묘사하는 것이 핵심이다. 이렇게 하면 청자는 그 순간을 눈앞에 보는 듯 생생하게 느끼게 된다.

직장 회의에서도 활용할 수 있다. 갑자기 상사가 "오늘 프로젝트의 가장 큰 교훈은 무엇인가요?"라고 물었을 때, 많은 내용을 쏟아내려 애쓰는 대신, 단 하나의 문장만 던져보자.

"이번 프로젝트는 고객의 작은 불만을 먼저 잡는 것이 얼마나 큰 차이를 만드는지 배운 시간이었습니다."

짧지만 명확한 메시지가 청중의 머릿속에 오래 남는다. 즉흥 스피치는 결국 불필요한 것을 덜어내고 핵심만 남기는 훈련이다. 유창하지 않아도 단단한 메시지를 만드는 힘은 바로 여기서 나온다.

즉흥 스피치의 진짜 힘은 무엇일까?

대부분 사람들이 즉흥 스피치에서 실수하는 이유는 '잘 말해야 한다'는 부담 때문이다. 하지만 아이러니하게도, 잘하려고 할수록 말은 길어지고, 핵심은 사라진다. 즉흥 스피치의 진짜 힘은 "이 순간 내가 꼭 전해야 할 단 한 가지는 무엇인가?"라는 질문에 있다.

예를 들어 결혼식장에서 갑자기 축사를 부탁받았다고 해보자. 긴장해서 장황하게 말하기 시작하면 곧장 지루해진다. 그러나 "두 사람이 오늘 서로의 손을 잡은 순간, 우리 모두는 진정한 사랑의 힘을 다시 믿게 되었습니다"라는 한 줄이면 충분하다. 문장은 다소 서툴러도, 목적이 명확하고 진심이 담겼다면 청중은 고개를 끄덕이며 마음으로 받아들인다.

한 강연자는 이렇게 말했다. "청중은 완벽한 연설가를 원하는 것이 아니다. 청중은 자신을 이해해 주는 사람을 원한다." 즉흥 스피치란 결국 기술의 문제가 아니라, 목적에 맞는 진심을 전할 용기다.

즉흥 스피치, 우리 삶의 곳곳에 숨어 있다

즉흥 스피치는 무대나 방송처럼 특별한 공간에서만 필요하지 않다. 우리의 삶 그 자체가 즉흥 스피치의 연속이다.

가정에서 아이가 "아빠, 오늘 왜 늦었어?"라고 묻는 순간도 작은 즉흥 스피치다. "일이 많았어"라고 건조하게 답할 수도 있지만, "오늘 아빠가 회의에서 칭찬을 받아서 늦었어. 너랑 같이 축하하고 싶네"라고 답한다면, 그 짧은 말이 가족의 하루를 따뜻하게 만든다.

학교에서 학생이 갑자기 "선생님, 왜 이걸 배워야 해요?"라고 묻는 순간도 즉흥 스피치의 장이다. "시험에 나오니까"가 아니라, "이건 네가 세상을 더 잘 이해할 수 있는 눈을 키워주는 거야"라고 말한다면 학생의 태도는 달라진다.

직장에서 동료가 힘든 표정을 짓고 있을 때 "힘들지?"라는 한마디도 즉흥 스피치다. 누군가를 위로하는 말은 길 필요가 없다. 핵심은 따뜻한 목적을 잊지 않는 것이다.

즉흥 스피치의 순간은 회의실, 강의실, 식사 자리, 엘리베이터

안, 심지어 집 앞 마트에서까지 늘 우리 곁에 있다. 중요한 것은 언제나 같다. 사랑을 전해야 한다면 사랑을, 웃음을 전해야 한다면 웃음을, 신뢰를 전해야 한다면 신뢰를 담아라. 목적이 분명하면 말은 살아난다.

즉흥 스피치를 잘하기 위한 실생활 훈련 팁

-30초 훈련: 집에 돌아가는 길, 눈앞에 보이는 사물 하나를 골라 30초 동안 묘사해 본다. "저 가로등은 마치 도시의 작은 별 같다"처럼 단순한 표현도 좋다. 중요한 건 관찰을 언어로 바꾸는 연습이다.

-1분 스토리 훈련: 하루 중 가장 인상 깊은 사건 하나를 1분 동안 이야기한다. 단순한 나열이 아니라, 영화 예고편처럼 한 장면을 그리듯 말하면 된다.

-핵심 문장 만들기: 회의 전이나 발표 전, "이 자리에 있는 사람들이 오늘 반드시 기억해야 할 나의 메시지는 한 문장으로 무엇인가?"를 적어본다. 이 연습만으로도 즉흥 상황에서 말이 단단해진다.

-'지금 여기' 리포팅: 엘리베이터를 기다리며 "지금 내 앞에는 몇 명이 있고, 모두 휴대폰을 보고 있다"라고 스스로 말해보자. 현장을 묘사하는 습관은 즉흥 상황에서 강력한 무기가 된다.

-일상 대화 속 실험: 친구나 동료와 대화할 때, 평소 말보다 조금 더 명확하게 핵심을 집어 말해보자. "밥 먹자" 대신 "오늘 점심은 너 좋아하는 김치찌개 어때?"라고 하면 목적이 더 분명해진다.

즉흥 스피치의 본질은 순발력이 아니다. 그것은 목적을 붙잡는 힘이다. 말을 잘하는 사람이 아니라, 상황에 맞는 메시지를 전하는 사람이 진짜 커뮤니케이터다. 즉흥 스피치는 단순히 위기를 모면하는 기술이 아니다. 그것은 순간을 기회로 바꾸는 힘이며, 준비되지 않은 찰나를 감동의 장면으로 바꾸는 능력이다.

우리가 즉흥 스피치를 연습해야 하는 이유는 단순하다. 그것은 우리 삶이 곧 끊임없는 즉흥 스피치의 연속이기 때문이다. 목적이 분명하면, 우리의 말은 단순한 소리가 아니라 사람의 마음을 움직이는 울림이 된다.

- 즉흥 스피치 트레이닝 -

1. 상황별 즉흥 스피치
- 건배사를 부탁받았을 때
- 회의 자리에서 갑작스럽게 의견을 요청받았을 때
- 친구 결혼식에서 축하 한마디를 부탁받았을 때
- 상사나 동료의 퇴임식에서 한마디 부탁받았을 때
- 수상 소감을 말해야 할 때
- 강의나 발표 중 예기치 않은 질문이 들어왔을 때
- 갑작스럽게 자기소개를 요청받았을 때
- 회사 워크숍에서 포부를 말해야 할 때
- 예기치 못한 위기 상황에서 차분히 안내해야 할 때

2. 주제별 즉흥 스피치
- 가장 행복했던 순간은 언제인가?
- 나를 가장 크게 바꿔준 책(영화)은 무엇인가?
- 내가 존경하는 인물은 누구인가?
- 세상에서 가장 소중하다고 생각하는 가치는 무엇인가?
- 내게 실패란 무엇인가?
- 어려움을 극복했던 경험
- 내가 친구에게 해주고 싶은 말 한마디
- 10년 후의 나에게 보내는 메시지
- 나를 웃게 만드는 작은 행복

6장_실전 디자인
현장 스피치 커뮤니케이션

연설 스피치

연설은 왜 중요한가. 연설은 지식을 옮기는 행위가 아니라, 에너지를 이동시키는 사건이기 때문이다. 한 사람이 품은 신념과 감정이 언어를 통해 타인의 가슴으로 옮겨 붙는 순간, 공간의 공기가 달라진다. 회의실에서 팀의 진로가 바뀌고, 강당에서 학생들의 표정이 밝아지며, 광장에서 시민의 발걸음이 같은 방향으로 모인다. 그래서 뛰어난 연설은 늘 결과를 만든다. 투표가 달라지고, 기부가 늘고, 조직의 실행이 시작된다. 말이 움직이면 마음이 움직이고, 마음이 움직이면 세계가 조금 변한다.

연설의 가치는 위기에서 더 선명해진다. 한 중소기업 팀장이 제품 리콜 사태를 맞아 전직원 앞에 섰다. 그는 변명하지 않았다. "우리가 놓친 부분이 분명히 있습니다. 오늘은 책임을 분명히 하고, 내일부터는 신뢰를 회복하는 과정을 시작하겠습니다." 짧은 두 문장이었지만, 그의 또렷한 톤과 흔들리지 않는 시선, 명확한 이후 계획이 직원들의 동요를 멈추게 했다. 기술적인 보고서가 상황을 설명했다면, 그 연설은 방향을 정했다. 연설은 사건을 '설명'하는 도구가 아니라, 공동체를 '정렬'시키는 도구다.

중요한 포인트는 첫째, 연설은 청중 중심이어야 한다. "내가 하고 싶은 말"이 아니라 "그들이 지금 필요로 하는 말"을 찾아야 한다. 대학 강단에서 성공담만 늘어놓던 연사가, 질문 시간을 통해 학생들의 취업 불안을 듣고 말의 흐름을 바꾸었다. 그는 자신의 첫 면접 탈락 경험과 그때 만든 학습 루틴을 공유했다. 그 순간 학생들의 펜이 움직이기 시작했다. 청중의 자리에서 시작한 말만이 귀를 열고, 열린 귀만이 마음을 연다.

둘째, 연설에는 핵심 하나가 있어야 한다. 한 벤처 대표가 투자 앞에서 열정을 증명하려고 20개의 슬라이드를 넘겼다. 그러나 심사위원이 기억한 문장은 단 하나였다. "우리는 배송을 1시간으로 줄이겠습니다." 그 한 줄이 목표를, 전략을, 방향을 압축했다. 연설은 결국 압축의 예술이다. 말은 줄이고 의미는 키워라. 청중이 회의실을 나설 때 마음속에 들고 나갈 "명제 한 줄"을 연설 전에 먼저 써보는 습관이 큰 차이를 만든다.

셋째, 구조가 명확해야 한다. 좋은 연설은 시작에서 귀를 열고, 중간에서 이해를 만들고, 끝에서 움직이게 한다. 시작은 문제제기나 이야기 하나로 호기심을 일으킨다. 본론에서는 세 갈래로 요점을 쪼개 간결한 사례를 붙인다. 결론에서는 "그래서 오늘 우리는 무엇을 할 것인가"로 행동을 청한다. 마틴 루터 킹의 연설이 반복적 리듬("I have a dream…")과 점층적 구조로 감정을 끌어올렸듯, 구조는 감정의 곡선을 설계하는 도구다. 말의 뼈대가 분명할수록 청중의 기억은 오래간다.

넷째, 연설은 이야기로 숨 쉰다. 통계와 도표는 '머리'를 설득하지만, 이야기는 '가슴'을 설득한다. 한 병원장이 환자 안전 캠페인을 시작하며 수치 대신 한 아이의 회복기를 들려주었다. 실수 한 번이 가족에게 어떤 밤을 만들 수 있는지, 반대로 작은 체크리스트가 어떻게 생명을 지킬 수 있는지. 그래프보다 강력한 그 3분의 이야기가 이후 병동의 행동을 바꾸었다. 수치는 이야기에 기대어야 생동한다.

다섯째, 리듬과 침묵은 연설의 음표다. 같은 문장이라도 속도와 쉼이 다르면 전혀 다른 음악이 된다. "우리가 필요한 것은… 신뢰입니다." 짧은 멈춤은 강조다. 너무 빨라 청중이 따라오지 못하면 내용은 흩어지고, 지나치게 느려 지루하면 마음이 떠난다. 핵심은 느리고, 배경은 빠르게. 결정은 낮고, 설명은 중간 톤으로. 이 간단한 원칙만 지켜도 말은 입체를 얻는다.

여섯째, 목소리와 비언어가 의미를 완성한다. 같은 "감사합니다"도 얕게 던지면 형식이지만, 시선을 맞추고 고개를 숙이면 진심이 된다. 어깨를 펴고 단단히 서는 자세, 손바닥을 보이는 열린 제스처, 지나치게 흔들리지 않는 동선은 신뢰의 프레임을 만든다. 메모를 고개 숙여 읽는 10초는 청중의 시선을 빼앗는다. 반대로 청중을 바라보며 말하는 10초는 신뢰를 채운다. 연설은 소리만이 아니라 장면이다.

일곱째, 언어의 경제가 설득력을 만든다. 어려운 용어 대신 일상어로, 길고 꼬인 문장 대신 짧고 직선적인 문장으로. "우리는 비용 효율성을 극대화하여 고객 만족을 고도화하겠습니다"보다 "값은 낮추고, 만족은 높이겠습니다"가 뇌에 박힌다. 반복, 대조, 삼단 구문 같은 수사적 장치도 유용하다. "우리는 약속을 지키고, 품질을 지키고, 신뢰를 지킵니다." 리듬이 기억을 돕는다.

여덟째, 진정성이 모든 것을 덮는다. 한 교장이 졸업식에서 "여러분에게 줄 수 있는 최고의 선물은, 여러분을 믿는 어른 한 명"이라며 자신의 실패담을 담담히 이야기했다. 학생들은 울었다. 유려한 말솜씨 때문이 아니었다. 말과 삶의 간격이 좁았기 때문이다. 청중은 언젠가 연사의 자료를 잊지만, 진심의 온도는 잊지 않는다.

아홉째, 행동으로 닫아라. 최고의 연설은 감탄으로 끝나지 않는다. 작은 행동으로 이어진다. "이번 주 안에 각 팀은 고객 인터뷰를 한 건씩 하고, 다음 주 월요일 9시에 공유합니다.", "지금 휴대폰을 꺼내 헌혈 예약을 해봅시다."처럼 첫걸음을 제안하라. 행동이 시작되면 연설은 메시지에서 운동으로 바뀐다.

열째, 맥락을 읽어라. 동일한 문장도 장소와 시간, 청중에 따라 무게가 달라진다. 회사의 타운홀에서는 솔직함이 신뢰를, 외부 컨퍼런스에서는 전문성이 권위를 만든다. 장례식의 추모사는 낮은 호흡과 느린 속도가 존중을, 스타트업 데모데이는 빠른 진행과 선명한 수치가 신뢰를 만든다. 연설의 미학은 맥락 감각에서 완성된다.

역사와 일상은 이런 원리를 증명한다. 링컨의 게티즈버그 연설은 2분 남짓의 짧은 말로 "국가의 새로운 탄생"을 선포했고, 국내에서도 위기 때마다 짧지만 힘 있는 브리핑이 시민들의 불안을 안정시켰다. 결혼식장에서 신랑 친구의 축사가 신부의 눈가를 적시는 것도, 회사 워크숍에서 신입의 1분 자기다짐이 팀의 박수를 받는 것도, 똑같은 원리다. 청중의 마음을 바라보고, 핵심을 한 줄로 압축하고, 이야기로 감정을 열고, 구조와 리듬으로 기억을 설계하며, 진정성으로 행동을 이끌 때—연설은 인생의 장면을 바꾼다.

결국 연설은 화려한 달변의 경연이 아니다. 연설은 사람을 향해 다가가는 기술이며, 공동의 미래를 향해 나아가게 하는 리더십이다. 우리가 연설을 배우는 이유는 말 잘하는 법을 익히기 위해서가 아니다. 더 잘 듣고, 더 깊이 이해하고, 더 선명하게 길을 제시하기 위해서다. 무대 위 한 사람이 품은 한 줄의 명제가 누군가의 하루를 바꾸고, 어떤 팀의 한 달을 움직이며, 어쩌면 한 도시의 일 년을 흔든다. 그래서 연설을 잘한다는 것은, 말의 기술을 넘어 삶의 책임을 다한다는 뜻이 된다. 당신의 다음 한 마디가, 누군가에게는 새로운 출발선이 된다.

연설은 단순히 감정에 호소하는 일이 아니다. 아무리 울림이 있는 메시지라 해도 전략이 없다면 청중의 마음속에 오래 머물지 못한다. 전략이란 곧 연설의 설계도이자 나침반이다. 어떤 청중 앞에서 어떤 목소리로, 어떤 순서로 메시지를 풀어갈 것인지에 대한 분명한 계획이 있어야 한다. 예컨대 청중의 연령대나 관심사를 미리 파악하지 못한 채 전문 용어를 남발하면, 아무리 뜨겁게 말해도 공감대를 얻기 어렵다. 반대로 청중이 듣고 싶어 하는 주제를 먼저 던지고, 그 안에서 자연스럽게 메시지를 확장해 나가면 말의 힘은 배가된다. 결국 전략은 연설이 청중에게 닿을 수 있도록 길을 열어주는 다리다.

또한 전략은 연설의 리듬과 흐름을 결정한다. 시작은 어떻게 주목을 끌 것인지, 중간에는 어떻게 청중의 몰입을 유지할 것인지, 마지막에는 어떤 여운을 남길 것인지 미리 설계해야 한다. 마틴 루터 킹 목사가 "I Have a Dream"이라는 단순하면서도 강력한 문장을 반복한 것도 우연이 아니었다. 그것은 치밀한 전략이었다. 같은 메시지를 반복함으로써 청중의 마음속에 꿈이라는 단어를 각인시킨 것이다. 이처럼 연설의 울림은 즉흥적인 열정에서만 비롯되지 않는다. 그것은 철저히 준비된 전략, 그리고 그 전략을 따뜻한 진심과 결합시킬 때 비로소 완성된다. 연설가는 청중의 마음을 움직이는 예술가이면서 동시에 치밀한 전략가여야 한다. 그렇게 할 때, 그의 말은 감동을 넘어 행동으로 이어지는 힘이 된다.

연설은 단순히 '잘 말하는 것'으로 끝나지 않는다. 연설은 청중을 움직이고, 세상을 바꾸는 언어의 힘이다. 그러나 그 힘은 우연히 만들어지지 않는다. 아무리 뛰어난 화자라도 전략 없이 무대에 오르면 말은 흩어지고, 메시지는 사라진다. 그래서 연설에는 반드시 원칙과 전략이 필요하다. 청중을 바라보는 눈, 이야기를 엮는 기술, 분위기를 녹이는 유머, 함께 참여하게 만드는 대화, 그리고 마지막으로 길을 보여주는 안내자의 역할까지. 이것들이 모여야 비로소 말은 울림이 되고, 울림은 행동으로 이어진다. 이제 우리는 구체적으로, 연설을 성공으로 이끄는 다섯 가지 전략을 살펴보고자 한다.

1. 청중의 관심사에 집중하라

연설의 가장 큰 실패는 '연사 중심'의 연설이다. 연사가 아무리 많은 지식과 경험을 가지고 있어도, 그것이 청중과 무관하면 지루한 강의로 끝난다. 청중은 언제나 "이 이야기가 내 삶과 무슨 관련이 있지?"를 속으로 묻는다. 따라서 연설가는 지식보다 청중의 관심사를 먼저 살펴야 한다.

예컨대 한 CEO가 대학생 앞에서 "기업 경영의 세부 전략"만을 장황하게 설명한다면 학생들은 금세 지루해질 것이다. 그러나 같은 이야기를 "여러분이 곧 사회에 나가면 반드시 마주하게 될 첫 번째 현실"과 연결시킨다면 학생들은 눈빛을 달리한다. 스티브 잡스가 스탠퍼드 졸업식 연설에서 수많은 경영적 성공 이야기를 하지 않고, 오히려 자신이 겪은 실패와 인생 전환점에 대해 이야기한 이유도 여기에 있다. 청중이 원하는 건 거창한 이론이 아니라, 자기 삶과 맞닿은 공감의 메시지다.

2. 이야기와 일화는 마음을 여는 열쇠다

연설은 이론의 나열이 아니라 스토리텔링의 예술이다. 인간은 본능적으로 이야기 속에서 감정을 느끼고, 이야기를 통해 교훈을 얻는다. 마틴 루터 킹 목사의 "I Have a Dream" 연설이 60년이 지난 지금까지도 기억되는 이유는, 그가 단순히 정책적 언어를 나열한 것이 아니라, 꿈과 희망이라는 감정의 언어로 사람들의 마음을 흔들었기 때문이다.

실생활에서도 마찬가지다. 한 교사가 학생들에게 환경보호의 필요성을 설명한다고 하자. 단순히 "쓰레기를 줄입시다"라고 말하는 것보다, 자신이 길을 걷다 본 작은 새가 비닐에 갇혀 날개를 펴지 못하는 모습을 이야기한다면, 학생들은 훨씬 더 강하게 공감한다. 이처럼 이야기는 단순히 이해를 넘어서, 청중의 마음을 움직이는 통로가 된다.

3. 유머는 분위기를 녹이고 마음을 연다

연설이 반드시 진지하고 무거워야 하는 것은 아니다. 오히려 유머는 연설의 긴장을 풀고, 연사와 청중을 하나로 연결하는 힘을 가진다. 중요한 것은 억지로 웃기려 하지 말고, 자연스러운 맥락에서 나온 유머를 사용하는 것이다.

예를 들어 한 정치인이 연설 중 갑자기 마이크가 꺼지는 상황이 벌어졌다. 그는 당황하지 않고 "여러분, 제 목소리가 너무 커서 마이크가 놀란 모양입니다."라고 말해 큰 웃음을 샀다. 이런 짧은 유머는 위기를 기회로 바꾸고, 청중의 마음을 단숨에 사로잡는다. 유머는 단순한 웃음을 넘어 연사에 대한 신뢰와 호감을 높이는 도구다.

4. 청중을 참여시켜라 — 양방향 소통의 힘

연설은 일방적인 독백이 아니다. 가장 성공적인 연설은 청중이 함께 참여하는 대화처럼 느껴지는 순간이다. 단순히 질문 하나를 던지는 것만으로도 청중은 연설에 몰입하게 된다.

"오늘 이 자리에 오시면서 가장 기대했던 것이 무엇입니까?"라는 질문에 청중이 속으로라도 대답을 떠올리는 순간, 그들은 이미 연설의 한 부분이 된다. 강연 현장에서 손을 들어보게 하거나, 짧은 경험담을 청중에게 묻게 하는 것도 효과적이다. 이는 단순한 이벤트가 아니라, 청중의 집중을 끝까지 유지하는 방법이다.

5. 청중을 인도하는 안내자가 되어라

연설가의 임무는 단순히 정보를 나열하는 것이 아니라 길을 보여주는 것이다. 청중은 때로 문제의 본질을 모르거나, 어디로 가야 할지 방황할 수 있다. 이때 연설가는 "여러분도 느끼셨듯이, 지금 우리가 필요한 것은 작은 변화에서 시작하는 용기입니다."라는 말로 청중의 마음을 정리해준다.

존 F. 케네디의 "국가가 당신을 위해 무엇을 해줄 수 있는지 묻지 말고, 당신이 국가를 위해 무엇을 할 수 있는지 물으라"는 연설은 바로 이런 맥락이다. 그는 단순히 정책을 설명한 것이 아니라, 국민이 스스로 행동할 수 있는 길을 제시했다. 연설은 결국 사람을 행동하게 만드는 힘이다.

좋은 연설은 언변의 유려함에 있지 않다. 설령 문장이 조금 어색해도, 설득력이 부족해도 괜찮다. 중요한 것은 진심과 목적이다. 청중은 완벽한 연설가를 원하지 않는다. 그들은 자신을 이해하고, 자신을 향해 마음을 열어주는 연설가를 원한다.

그래서 연설가는 언제나 질문해야 한다. "내가 지금 하고 있는 말은 청중의 마음을 어디로 이끌고 있는가?" 이 질문에 답할 수 있다면, 그 연설은 이미 절반 이상 성공한 것이다.

말이 아니라 울림을 남기는 사람

결국 연설은 말의 기술이 아니라 울림의 예술이다. 관심사에 귀 기울이고, 이야기로 감정을 흔들고, 유머로 웃음을 나누고, 질문으로 참여를 이끌고, 마지막에는 방향을 제시하는 연설. 그 순간 청중은 단순히 말을 듣는 것이 아니라, 연사의 확신과 진심을 듣는다.

연설 스피치는 지식이 아니라 사람을 변화시킨다. 회의실에서, 강의실에서, 무대 위에서, 혹은 가족 모임에서도, 연설의 힘은 삶을 바꾸는 작은 씨앗이 된다. 청중의 마음에 심어진 그 씨앗은 시간이 지나 열매를 맺는다. 그리고 그 순간, 우리는 단순히 말하는 사람이 아니라, 세상을 바꾸는 메시지의 전달자가 된다.

- 연설 스피치 트레이닝 -

링컨 게티즈버그 연설문 (일부발췌 - 1863년 11월 19일)

지금으로부터 87년 전 우리의 선조들은 이 대륙에서 자유 속에 잉태되고 모든 인간은 평등하게 창조되었다는 명제에 봉헌된 한 새로운 나라를 탄생시켰습니다.

우리는 지금 거대한 내전에 휩싸여 있고 우리 선조들 이 세운 나라가, 아니 그렇게 잉태되고 그렇게 봉헌된 어떤 나라가, 과연 이 지상에 오랫동안 존재할 수 있는지 없는지를 시험받고 있습니다. 오늘 우리가 모인 이 자리는 남군과 북군 사이에 큰 싸움이 벌어졌던 곳입니다.

우리는 이 나라를 살리기 위해 목숨을 바친 사람들에게 마지막 안식처가 될 수 있도록 그 싸움터의 일부를 헌납하고자 여기 왔습니다. 우리의 이 행위는 너무도 마땅하고 적절한 것입니다. 그러나 더 큰 의미에서, 이 땅을 봉헌하고 축성하며 신성하게 하는 자는 우리가 아닙니다. 여기 목숨 바쳐 싸웠던 그 용감한 사람들, 전사자 혹은 생존자들이, 이미 이곳을 신성한 땅으로 만들었기 때문에 우리로서는 거기 더 보태고 뺄 것이 없습니다.

세계는 오늘 우리가 여기 모여 무슨 말을 했는가를 별로 주목하지도, 오래 기억하지도 않겠지만 그 용감한 사람들이 여기서 수

행한 일이 어떤 것이었던가는 결코 잊지 않을 것입니다. 그들이 싸워서 그토록 고결하게 전진시킨, 그러나 미완으로 남긴 일을 수행하는데 헌납되어야 하는 것은 오히려 우리들 살아있는 자들입니다. 우리 앞에 남겨진 그 미완의 큰 과업을 다 하기 위해 지금 여기 이곳에 바쳐져야 하는 것은 우리들 자신입니다.

우리는 그 명예롭게 죽어간 이들로부터 더 큰 헌신의 힘을 얻어 그들이 마지막 신명을 다 바쳐 지키고자 한 대의에 우리 자신을 봉헌하고, 그들이 헛되이 죽어가지 않았다는 것을 굳게굳게 다짐합니다. 신의 가호 아래 이 나라는 새로운 자유의 탄생을 보게 될 것이며, 국민의, 국민에 의한, 국민을 위한 정부는 이 지구상에서 결코 사라지지 않도록 하는 것입니다.

호감 스피치

우리는 하루에도 수십 번씩 말을 한다. “안녕하세요”라는 짧은 인사부터 회의에서의 발표, 친구와의 대화, 혹은 가족과의 따뜻한 안부까지. 그런데 흥미로운 사실은, 같은 말을 해도 어떤 사람의 말은 오래 기억에 남고, 어떤 사람의 말은 금세 잊힌다는 것이다. 그 차이를 만드는 것은 바로 ‘호감’이다. 상대가 나의 말을 기꺼이 듣고 싶어 하게 만드는 힘, 바로 그것이 호감 스피치다.

호감 스피치는 언변이 화려하거나 목소리가 크다고 해서 완성되는 것이 아니다. 그 안에는 상대를 존중하는 태도, 따뜻함을 더하는 작은 표현, 그리고 상황을 부드럽게 만드는 지혜가 담겨 있다. 결국 호감 스피치는 사람과 사람을 연결하는 다리다. 그 다리를 튼튼히 놓는 사람이야말로 관계와 소통의 주인공이 된다.

작은 차이가 큰 호감을 만든다

한 직장인이 있었다. 그는 늘 빠짐없이 “수고하십니다”라고 인사했지만, 동료들과의 관계는 그다지 가까워지지 않았다. 그런데 어느 날부터 그는 인사에 한 마디를 덧붙였다. “수고하십니다” 대신 “더운 날씨에 고생 많으십니다. 덕분에 오늘 하루도 힘이 납니다.” 그 순간 동료들의 표정이 변했다. 단순한 의례가 진심 어린 말로 바뀌었기 때문이다. 이처럼 ‘플러스 화법’은 같은 말 속에 온기를 불어넣는다.

호감 스피치는 단순히 말을 ‘하는 것’이 아니라, 상대에게 ‘느껴지게 하는 것’이다. 아무리 옳은 말도 딱딱하게 들리면 반감을 사고, 사소한 인사라도 따뜻하게 들리면 마음을 열게 한다. 사람들은 놀랍게도, 말의 내용보다 그 말이 풍기는 ‘느낌’을 오래 기억한다.

부드럽게 말하면 관계가 달라진다

우리는 종종 직설적인 표현으로 상대를 몰아세우곤 한다. “여기서 담배 피우면 안 돼요.”라는 말은 틀린 말이 아니지만, 듣는 이에게는 불쾌할 수 있다. 반대로 “금연구역 표시가 있네요.”라고 말하면 상대는 스스로 행동을 돌아본다. 이것이 바로 ‘간접 화법’의 힘이다.

간접 화법은 상대를 지적하기보다 상황을 객관화해 부드럽게 전하는 방법이다. 이는 아이를 훈육할 때도, 직장에서 동료와 협업할 때도 효과적이다. “숙제 안 했지?”라고 다그치기보다 “책상 위에 아직 숙제가 그대로 있네?”라고 말하면, 아이는 스스로 깨닫는다. 호감 스피치는 결국 관계를 무너뜨리지 않고도 메시지를 전하는 지혜다.

갈등을 기회로 바꾸는 말하기

살다 보면 불만을 듣거나 항의를 받을 때가 있다. 이때 대부분의 사람들은 "안 됩니다."라는 말부터 꺼낸다. 하지만 호감 스피치는 다르다. "만약"이라는 단어를 활용해 가능성을 제시한다. "현재 등급으로는 혜택이 제한되지만, 만약 상위 등급으로 전환하시면 추가 혜택을 받으실 수 있습니다." 이런 식으로 말하면, 상대는 거절당했다고 느끼지 않고 새로운 기회를 얻었다고 생각한다.

이른바 'IF 화법'은 단순히 언어의 기술을 넘어, 상대의 감정을 배려하는 마음의 태도다. 호감은 결국 말 속에서 드러나는 배려에서 비롯된다.

존중이 담긴 반대의 기술

의견이 다를 때, 많은 사람들은 곧바로 "아니요"라고 말한다. 하지만 호감 스피치는 반대조차도 존중으로 포장한다. "네, 그렇게 생각할 수도 있겠군요. 그리고 저는 조금 다르게 봅니다. 앞으로는 이런 방식으로 해보면 어떨까요?" 이렇게 말하면 상대방은 비록 의견이 다르더라도 존중받았다고 느낀다.

이 방식은 대화의 충돌을 줄이고, 대화를 함께 해답을 찾는 과정으로 바꾼다. 직장 회의에서, 부부 대화에서, 심지어 친구와의 사소한 다툼 속에서도 유용하다. 반대의 순간이 오히려 호감을 쌓는 기회가 될 수 있다.

진심은 비난보다 강하다

부부가 다툴 때 흔히 들리는 말이 있다. "당신은 왜 늘 늦어!"

그러나 이런 '너 메시지'는 방어심만 자극한다. 대신 "나는 당신이 늦으면 걱정되고, 신경 쓰이지 않는 것 같아 속상해. 앞으로 늦을 것 같으면 미리 알려주면 좋겠어."라고 말하면 상황은 달라진다. 이것이 '나 전달 화법'이다.

비난 대신 진심을 전하면, 관계는 무너지지 않고 오히려 더 단단해진다. 호감 스피치는 단순히 말투의 변화가 아니라, 관계를 존중하는 태도의 훈련이다.

자기소개 — 첫인상의 결정적 순간

우리가 스피치를 가장 자주 하는 순간 중 하나는 자기소개다. 자기소개는 짧지만 강력하다. 단순히 "안녕하세요. 저는 OOO입니다."라고 말하는 것보다, "안녕하세요. 저를 검색해 보시면 세상에 단 한 명만 나옵니다."라고 시작하면 청중은 귀를 기울인다.

자기소개는 자신을 드러내는 것이 아니라, 상대의 관심을 붙잡는 일이다. 재미, 공감, 궁금증. 이 세 가지 요소가 담긴 자기소개는 호감을 두 배로 만든다. 자기소개 속에 나만의 작은 스토리를 담으면, 상대는 나를 단순히 '소개받은 사람'으로 끝내지 않고, '기억에 남는 사람'으로 받아들인다.

호감 스피치는 몇 가지 기술만 배운다고 완성되지 않는다. 오히려 그 뿌리는 우리의 인성과 태도, 그리고 매일의 작은 행실 속에 숨어 있다. 어떤 이는 웅변처럼 화려한 말을 쏟아내지만, 듣는 사람의 마음은 움직이지 않는다. 반대로 특별한 기교가 없어도 따뜻한 눈빛과 정직한 태도로 말을 건네는 사람은 오래도록 기억된다.

결국 스피치는 입술에서 시작되지만, 사람의 마음을 움직이는 힘은 그 사람의 삶 전체에서 흘러나온다.

호감을 얻는 첫 번째 길은 경청이다. 말을 잘하는 사람이 아니라 잘 들어주는 사람이 더 신뢰를 받는다. 고개를 끄덕이며, "그렇군요"라고 짧게 반응하며, 진심 어린 눈빛으로 이야기를 들어주는 순간 상대방은 존중받는다고 느낀다. 그것만으로도 대화의 절반은 이미 성공이다. 경청은 단순한 기술이 아니라, 상대의 존재를 소중히 여기는 태도의 표현이다.

두 번째는 눈빛과 표정이다. 짧게라도 상대의 눈을 바라보며 미소를 짓는 일, 이는 말보다 빠르게 마음을 전한다. 찡그린 얼굴로 "괜찮아요"라고 말하면 오히려 불편하지만, 밝은 미소로 "고생 많으셨습니다"라고 말하면 그 자체가 따뜻한 선물이 된다. 표정은 말보다 먼저 도착하는 메시지이며, 그 사람의 인품을 그대로 드러낸다.

세 번째는 긍정적인 언어 선택이다. 같은 뜻이라도 "하지 마세요"라는 말은 마음을 닫게 하지만, "이렇게 해주시면 더 좋습니다"라는 말은 길을 열어준다. 긍정적인 말투는 상대를 바꾸려는 힘이 아니라 함께 가고 싶은 마음을 불러일으킨다. 작은 습관이지만, 말하는 사람의 태도와 배려심을 보여주는 강력한 증거가 된다.

네 번째는 감사의 표현이다. “고맙습니다”라는 말은 누구에게나 힘이 된다. 단순한 인사일 뿐인데도, 자주 입 밖에 낼수록 그 사람의 마음은 더 따뜻하게 보인다. 감사는 입술에서만 나오는 것이 아니라, 평소의 태도와 행실에서 자연스럽게 묻어나는 향기다. 작은 도움에도 감사할 줄 아는 사람이 결국 더 큰 신뢰와 호감을 얻는다.

마지막으로는 목소리의 태도다. 목소리는 단순한 소리가 아니라 그 사람의 마음과 삶을 담은 울림이다. 너무 빠르게 내뱉는 말은 조급한 인상을 주고, 지나치게 큰 목소리는 부담을 준다. 차분하게, 여백을 두며, 상대가 이해할 수 있는 속도로 말하면 그 자체가 존중이 된다. 목소리의 높낮이는 기교가 아니라, 상대를 향한 마음의 표현이다.

결국, 호감은 삶의 태도다. 호감 스피치는 특별한 무대 위에서만 필요한 화려한 기술이 아니다. 그것은 우리가 매일 마주하는 순간마다 드러나는 작은 태도이자 삶의 방식이다. 따뜻한 말 한마디에 정성을 더하고, 불편한 상황에서도 끝까지 상대를 존중하며, 때로는 서툴고 어색하더라도 마음속 진심을 솔직하게 꺼내놓는 것. 그것이 바로 호감의 출발점이다. 결국 사람들의 마음을 얻는 것은 ‘어떻게 말하는가’가 아니라 ‘어떤 마음으로 살아가는가’에서 비롯된다.

말은 바람처럼 흘러가지만, 그 말이 남기는 울림은 오래도록 사람의 가슴 속에 남는다. 누군가의 지친 하루를 위로하는 한 마디, 관계를 단단하게 이어주는 짧은 인사, 인생을 더 아름답게 바꾸는 따뜻한 격려의 말. 호감 스피치는 단순한 언어의 기술을 넘어, 인격이 묻어나는 소통의 예술이다. 평소의 작은 습관이 모여 결국 사람들의 마음을 감동시키고, 내 삶을 더 빛나게 만든다.

그리고 그 빛은, 말이 끝난 순간에 꺼지는 것이 아니다. 오히려 그때부터 시작된다. 말은 사라져도 그 말이 남긴 인상과 감정은 오랫동안 상대의 마음속에 살아 숨 쉰다. 우리가 전한 호감의 말은 누군가의 기억 속에서 희망의 불씨가 되고, 관계 속에서 신뢰의 다리가 되며, 삶 속에서 사랑의 흔적으로 남는다. 결국 호감 스피치는 말로 시작되지만, 사람의 마음에 남아 삶을 바꾸는 힘이 된다.

매너 스피치

스피치에서 매너는 그저 예의 바른 외형을 갖추는 수준에 머물지 않는다. 그것은 곧 상대방을 진심으로 존중하는 마음이 언어와 행동으로 자연스럽게 흘러나오는 것이다. 단정한 차림새나 고개를 숙이는 인사 같은 형식적 동작도 중요하지만, 그 안에 따뜻한 배려와 진심이 담길 때 비로소 매너는 살아난다. 매너 스피치는 상대방의 마음을 얻고, 관계를 단단히 이어주며, 더 나아가 말 자체에 신뢰와 무게를 실어준다. 우리가 만나는 수많은 상황 속에서 매너는 단순한 겉치레가 아닌, 관계의 본질을 지켜주는 보이지 않는 힘이 된다.

그러나 매너를 제대로 활용하기 위해서는 단순히 “좋은 태도를 가져야 한다”라는 막연한 마음가짐만으로는 부족하다. 구체적인 방법과 꾸준한 실천이 필요하다. 예를 들어, 회의 자리에서 의견을 낼 때 목소리를 조금 낮추고 “제가 보기에는”이라는 말로 시작하는 습관만 들어도 상대는 존중받는 기분을 얻는다. 또 누군가의 말을 끝까지 경청하고, 마지막에 "말씀해 주셔서 감사합니다"라는 짧은 인사를 더하면 대화는 훨씬 부드럽게 마무리된다. 이처럼 작은 차이가 쌓여 결국 사람들에게 신뢰와 호감을 주는 화자의 이미지를 만들어낸다.

매너는 결코 추상적인 덕목이 아니다. 꾸준한 훈련과 실천으로 누구나 체득할 수 있는 소통의 기술이다. 거울 앞에서 미소를 짓는 연습, 하루에 한 번 감사의 말을 전하는 습관, 상대의 눈을 바라보며 고개를 끄덕이는 태도는 모두 매너를 몸에 새기는 과정이다. 처음에는 의도적으로 훈련해야 하지만, 시간이 지나면 그 태도는 자연스럽게 생활의 일부가 된다. 결국 매너 스피치는 삶 속에서 매일 갈고닦아야 하는 언어적 인격이며, 그것이 우리의 말에 신뢰와 울림을 더하는 가장 확실한 방법이 된다.

말은 순간에 흘러가지만, 매너가 깃든 말은 오래 남는다. 한마디가 누군가의 하루를 밝히고, 한 번의 존중이 관계를 평생 이어준다. 매너 스피치는 단순한 기술이 아니라, 우리가 어떤 마음으로 세상을 대하는가를 보여주는 가장 투명한 거울이다. 매너를 삶 속에서 훈련할 때, 우리의 말은 단순한 전달을 넘어 감동과 울림으로 변한다.

1. 언어 매너 — 단어 선택과 말투의 힘

언어 매너는 스피치의 출발점이자 인간관계의 온도를 바꾸는 가장 강력한 무기다. 같은 사실을 말하더라도 어떤 단어를 고르느냐, 어떤 말투를 입히느냐에 따라 상대의 마음은 천국과 지옥을 오간다. 말은 단순히 공기를 울리는 소리가 아니다. 그것은 상대의 자존심을 세우기도 하고 무너뜨리기도 하는 '심리적 칼날'이다. "지금 틀리셨어요."라는 말은 정확한 지적 같지만, 듣는 사람에겐 부드러운 설명 대신 따가운 상처로 남는다. 그러나 "그 부분을 이렇게 보면 더 좋을 것 같아요."라고 표현하면, 같은 메시지가 비판이 아니라 협력의 손길이 된다. 상대는 공격받는 느낌 대신 함께 성장하는 동료라는 기분을 얻게 된다. 바로 이 지점이 언어 매너의 힘이다.

이 힘은 우리의 일상 속에서 매일 시험대에 오른다. 아이에게 "숙제 안 했지?"라고 몰아붙이면 아이는 움츠러들고 변명할 거리를 찾는다. 그러나 "오늘은 어떤 부분까지 했는지 보여줄래?"라고 묻는다면, 아이는 스스로 대화를 이어가고 성취감을 공유한다. 직장에서도 마찬가지다. "이건 왜 이렇게 늦었어?"라는 상사의 말은 곧바로 방어 본능을 자극한다. 반면 "진행 과정에서 어떤 어려움이 있었나요?"라는 질문은 문제 해결을 위한 협력의 문을 연다. 결국 언어 매너란 내가 하고 싶은 말을 내뱉는 것이 아니라, 상대가 받아들일 수 있는 방식으로 메시지를 건네는 지혜다.

그렇다면 우리는 어떻게 이 지혜를 훈련할 수 있을까? 첫째, 부정어를 긍정어로 바꾸는 습관을 들여야 한다. "하지 마세요"는 상대를 위축시키지만, "이렇게 해주시면 좋겠습니다."라는 표현은 존중과 요청을 동시에 담는다. 둘째, 감정을 배제한 표현을 사용하

라. “왜 그렇게 했어요?”는 힐책처럼 들리지만, “그렇게 하신 이유를 말씀해 주시겠어요?”는 상대가 자신의 입장을 설명할 여지를 제공한다. 셋째, 말끝을 부드럽게 다듬어라. “이건 이렇게 하라.”라는 단언보다 “이건 이렇게 하면 어떨까요?”라는 제안은 상대에게 강요가 아닌 협력을 건네는 신호가 된다. 이런 작은 차이가 말의 온도를 달리하고, 대화의 공기를 바꾼다.

언어 매너의 본질은 명확하다. 내가 똑똑하게 말하는 것이 목적이 아니다. 중요한 것은 상대가 그 말을 어떤 감정으로 받아들이는가다. 똑같은 한 문장이라도 상대의 마음을 닫게 만들 수도 있고, 신뢰와 호감을 여는 다리로 만들 수도 있다. 언어 매너는 상대의 자존심을 지켜주면서도 내 메시지를 온전히 전달하는 기술이며, 관계를 부드럽게 엮는 보이지 않는 배려의 끈이다.

말은 순간 흘러가지만, 말이 남기는 인상은 오래도록 남는다. 무심코 던진 말 한마디가 상대의 마음에 상처를 남기기도 하고, 반대로 따뜻한 말 한마디가 오랫동안 좋은 기억으로 남기도 한다. 결국 매너 스피치란, 화려한 말솜씨가 아니라 따뜻한 배려가 깃든 언어의 선택에서 시작된다. 말을 고치는 작은 습관 하나가 내 이미지를 바꾸고, 대화의 온도를 따뜻하게 만들며, 결국 나를 호감 있는 사람으로 성장시킨다. 이것이 바로 매너 스피치가 갖는 위대한 힘이다.

2. 태도 매너 — 몸짓이 만드는 신뢰

태도 매너는 말하지 않아도 이미 말하고 있는 언어다. 우리는 흔히 스피치라고 하면 화려한 언변이나 힘 있는 목소리를 먼저 떠올리지만, 사실 청중이 가장 먼저 받아들이는 것은 목소리보다 앞선 비언어적 신호다. 표정, 시선, 몸짓, 그리고 자세. 이 모든 요소가 말보다 빠르게 상대의 마음속으로 파고든다. 매너 스피치에서 태도는 단순한 보조 수단이 아니라, 메시지의 절반 이상을 책임지는 강력한 전달 도구다.

자세부터 보자. 등을 꼿꼿이 세우고 어깨를 자연스럽게 펴는 순간, 청중은 눈에 보이지 않는 두 가지 메시지를 동시에 받는다. 하나는 자신감, 또 하나는 존중이다. "저는 지금 이 자리에 책임 있게 서 있습니다"라는 무언의 언어가 뼛속까지 전달된다. 반대로 구부정한 자세나 축 처진 어깨는 아무리 멋진 문장을 내뱉어도 신뢰를 앗아가 버린다. 회의실에서 발표자가 원고를 손에 꼭 움켜쥔 채 허리를 굽히고 말한다면, 청중은 메시지보다 그의 불안한 태도에 더 집중한다. 반대로 두 손을 가볍게 펼치고 허리를 세운 사람은 아무 말하지 않아도 이미 청중의 신뢰를 절반은 얻은 셈이다.

시선은 또 다른 결정적 무기다. 사람들은 상대방의 눈빛을 통해 진심을 읽는다. 발표자가 특정인 한 명만 응시하거나 바닥만 내려다보면, 청중은 배제된 느낌을 받는다. 천장을 바라보는 습관은 불안과 자신감 부족을 여실히 드러낸다. 올바른 방법은 청중을 몇 개의 그룹으로 나누어 시선을 순환시키는 것이다. "여러분 모두와 대화하고 있습니다"라는 신호를 보내는 것이다. 실제로 강연장에서 발표자가 자연스럽게 시선을 이동하며 미소를 지을 때, 청중은 자신이 존중받고 있다고 느끼며 집중도가 올라간다. 시선은 단순히 바라보는 것이 아니라, 관계를 맺는 다리다.

표정 역시 강력한 메시지를 품고 있다. 무표정은 청중을 얼어붙게 만들지만, 자연스러운 미소는 말보다 빠르게 마음의 문을 연다. 특히 무거운 주제를 다루더라도 미소 한 번, 눈빛의 따뜻한 교감 한 번이 긴장된 분위기를 풀어내는 마법을 일으킨다. 예를 들어 회의에서 반대 의견을 제시해야 한다고 하자. 팔짱을 끼고 고개를 절레절레 흔들며 "그건 아닌 것 같습니다"라고 말하는 순간, 공기는 차갑게 얼어붙는다. 하지만 손바닥을 보이며 열린 자세로 "이렇게 보는 시각도 있을 것 같습니다"라고 말하면 분위기는 훨씬 부드럽게 흘러간다. 말은 같아도 몸짓이 달라지면 메시지의 힘이 완전히 달라지는 것이다.

실생활에서도 태도 매너는 놀라운 힘을 발휘한다. 면접장에서 자신감 있는 미소와 고른 시선 분배만으로도 지원자는 준비된 사람이라는 인상을 줄 수 있다. 직장에서 의견 충돌이 있을 때도 태도 매너는 상황을 갈라놓는다. 같은 반대 의견이라도, 무겁고 닫힌 몸짓은 갈등을 키우지만, 열린 손짓과 부드러운 눈빛은 대화를 이어가게 만든다. 심지어 가정에서도 마찬가지다. 아이와 대화할 때 무심히 스마트폰을 보며 이야기하면 아이는 무시당했다고 느끼지만, 눈을 맞추고 고개를 끄덕여 주면 아이는 말이 존중받는다고 느낀다.

결국 태도 매너란 몸짓으로 상대에게 존중을 전달하는 기술이다. 말은 때로 잘 다듬지 못해 어설플 수 있다. 하지만 태도에서 배어 나오는 존중과 진심은 어떤 미사여구보다 설득력이 크다. 매너 스피치의 진정한 가치는 바로 여기에 있다. 몸으로 하는 말이 먼저 신뢰를 쌓고, 그 신뢰 위에 언어가 비로소 울림을 얻는다.

3. 경청 매너 — 말보다 큰 힘

우리는 흔히 "말을 잘해야 인정받는다"라고 생각한다. 하지만 진짜 매너 스피치의 핵심은 '말하는 기술'보다 '들어주는 힘'에 있다. 경청은 단순히 조용히 입을 다문 채 상대방의 이야기를 흘려듣는 것이 아니다. 그것은 상대의 말 속에 담긴 감정과 맥락을 온전히 받아들이는 태도이자, 상대가 지금 이 순간 소중히 여기는 것을 존중한다는 무언의 메시지다. 화려한 언변이 사람의 귀를 잠시 사로잡는다면, 깊은 경청은 사람의 마음을 오래 머무르게 한다.

생각해 보자. 회의실에서 발표를 마친 팀원이 있다. 그의 아이디어가 완벽하지 않을 수도 있다. 하지만 팀장이 발표 내내 고개를 끄덕이고, 마지막에 "좋은 시도를 해주셔서 고맙습니다. 여기서 발전시킬 부분은…"이라고 말한다면, 그 순간 팀원은 자신이 존중받았다고 느낀다. 반대로 아이디어의 옳고 그름을 떠나 말을 도중에 자르거나 무표정하게 무시한다면, 그 자리에서 자존심은 무너지고 팀워크는 금세 흔들린다. 결국 사람은 논리로 설득되는 존재가 아니라, 존중받았다는 감각 속에서 마음을 연다. 경청은 그 문을 여는 가장 정직한 열쇠다.

비즈니스 현장에서도 이 원리는 절대적이다. 불만을 쏟아내는 고객 앞에서 "그건 규정상 어쩔 수 없습니다"라는 차가운 대답은 상황을 더 악화시킨다. 하지만 "말씀해 주셔서 감사합니다. 불편하셨던 점을 충분히 이해합니다"라는 한마디는, 아직 문제를 해결하지 않았는데도 공기를 바꾼다. 고객은 '내 목소리가 들리고 있구나'라는 안도감 속에서 마음을 가라앉히고, 이후의 대화에 더 협조적으로 임하게 된다. 경청은 문제 해결의 첫 단계이자, 관계를 잃지 않는 가장 지혜로운 길이다.

가정에서도 경청은 큰 힘을 발휘한다. 아이가 학교에서 있었던 일을 이야기할 때, 부모가 TV를 보며 "응, 그래"라고 대답하는 것과, 스마트폰을 내려놓고 눈을 마주 보며 "그랬구나, 그래서 네 마음은 어땠어?"라고 묻는 것은 전혀 다르다. 전자는 무심한 습관이고, 후자는 사랑의 표현이다. 아이는 자신이 중요한 존재임을 느끼고, 그 기억은 자존감의 밑거름이 된다. 부부 관계도 마찬가지다. 갈등의 순간, 논리적인 반박보다 "당신이 그렇게 느꼈구나"라는 경청의 말이 화해의 첫걸음이 된다.

전문가들은 경청을 '적극적 경청(Active Listening)'이라고 부른다. 단순히 듣는 것이 아니라, 반응하는 것이다. 고개를 끄덕이고,

“맞아요”, “그렇군요” 같은 짧은 추임새를 넣는 작은 행위들이 대화를 살아 있게 만든다. 상대는 그 짧은 피드백 속에서 “내 말이 공중에 흩어지지 않고 이 사람에게 도착했구나”라는 확신을 얻는다. 중요한 것은 완벽한 대답을 준비하는 것이 아니라, 상대의 말을 끝까지 듣는 태도 자체다. 사람들은 자신이 말한 내용을 기억하는 것보다, 그 말을 누군가가 진심으로 들어주었다는 경험을 더 오래 간직한다.

경청 매너는 결국 상대의 존재 자체를 인정하는 예의다. 그것은 화려한 언어보다 오래 기억되고, 거창한 말보다 더 큰 울림을 남긴다. 대화 속에서 내가 중심이 되려는 욕심을 내려놓을 때, 상대는 오히려 나를 더 신뢰하게 된다. 그래서 경청은 단순한 소통 기술이 아니라, 인간관계의 본질적인 태도다. 말은 순간에 지나가지만, ‘존중받았다’는 감각은 오랫동안 마음에 남는다.

경청은 매너 스피치의 심장이다. 그것이 뛰는 순간, 스피치는 단순히 말 잘하는 기술을 넘어선다. 우리는 상대방의 마음에 자리 잡는 화자가 되고, 말이 끝난 뒤에도 따뜻한 울림을 남기는 사람이 된다. 결국 말을 잘하는 사람이 오래 기억되는 것이 아니라, 들어줄 줄 아는 사람이 깊이 존경받는다. 경청이란, 사람과 사람 사이를 이어주는 가장 고귀한 다리다.

4. 시간 매너 — 길이가 아니라 밀도가 중요하다

시간 매너는 스피치에서 가장 기본적이면서도 가장 강력한 힘을 가진다. 우리는 흔히 “조금 더 이야기해야 청중이 감동하겠지”라고 착각하지만, 실제로는 정반대다. 결혼식장에서 축사가 길어지면 처음에는 귀 기울이던 하객들도 시계를 보기 시작하고, 회사 보고에서 시간을 초과하면 아무리 뛰어난 성과도 설득력을 잃는다. 말이 길어질수록 메시지는 흐려지고, 청중의 집중은 산산이 흩어진다. 반대로 짧지만 핵심을 꿰뚫는 한 문장은 긴 연설보다 오래 남는다. 마틴 루터 킹 목사의 “I Have a Dream”이나 케네디 대통령의 “국가가 당신을 위해 무엇을 해줄 수 있는지 묻지 말라”는 말이 오늘날까지 회자되는 이유도, 그 길이가 아니라 밀도 때문이다.

시간 매너를 잘 지키는 것은 단순히 ‘약속을 지킨다’는 차원을 넘는다. 그것은 곧 “나는 당신의 삶을 존중합니다”라는 선언이다. 청중의 시간은 그들의 하루와 연결되어 있고, 하루는 곧 인생의 일부다. 따라서 시간을 지키는 연사는 단순히 효율적인 화자가 아니라, 상대의 인생을 소중히 여기는 사람으로 기억된다. 예를 들어 한 교수는 강의를 마칠 때 항상 5분 전에 멈추며 이렇게 말한다. “여러분의 시간은 제 강의보다 더 중요합니다. 오늘 배운 내용을 곱씹을 여백으로 남겨두겠습니다.” 학생들은 그 강의를 더 신뢰하며, 오히려 더 오래 집중하게 된다.

실생활에서 시간 매너를 실천하는 방법은 의외로 단순하다. 첫째, 연설이나 발표를 준비할 때 반드시 시간을 측정하며 연습해야 한다. 시계를 보지 않고 말하는 사람은 무대 위에서 거의 반드시 시간을 초과한다. 둘째, 하고 싶은 모든 내용을 담으려 하기보다 꼭 남기고 싶은 메시지 1~2개로 압축해야 한다. 청중은 정보를 많이 받는 것보다, 핵심을 선명하게 기억하는 것을 더 원한다. 셋째, 마무리 순간을 세련되게 장식하라. "여러분의 소중한 시간을 존중하기 위해 여기서 마치겠습니다."라는 말 한 줄은 단순한 종료 멘트를 넘어, 청중에 대한 깊은 배려로 기억된다.

시간 매너는 스피치를 더 짧게 만드는 기술이 아니다. 그것은 메시지를 더 밀도 있게, 더 강하게 만드는 기술이다. 결국 말은 길이가 아니라 울림으로 평가된다. 시간을 지키는 화자는 단순히 효율적인 발표자가 아니라, 상대를 존중하는 인격자로 기억된다. 그리고 그런 사람의 말은 짧아도 깊이 각인되어, 청중의 마음에 오래 머문다. 결국 시간 매너란, 시간을 줄이는 것이 아니라 말의 가치를 높이는 가장 확실한 방법이다.

5. 상황 매너 — 자리에 맞게 조율하는 지혜

매너 스피치는 결코 하나의 공식으로 고정될 수 있는 기술이 아니다. 그것은 언제나 상황과 맥락에 맞게 조율되는 살아 있는 능력이다. 같은 문장이라도 어느 자리에서 말하느냐, 누구를 향해 전하느냐에 따라 전혀 다른 울림을 낳는다. 그래서 매너 스피치는 화려한 언변보다 더 깊은 지혜를 요구한다. 말을 잘하는 것보다 중요한 것은, 그 순간 상대가 듣고 싶어 하는 말을 진심으로 찾아내는 태도다.

예를 들어 장례식장을 생각해 보자. 누군가에게 “힘내세요.”라고 말하는 순간, 의도와 달리 그 말은 오히려 가볍게 들릴 수 있다. 깊은 상실 앞에서 힘을 낼 수 있는 사람은 없다. 그러나 “함께 마음을 나누겠습니다.”라는 표현은 다르다. 그 말은 위로를 강요하지 않고, 고통을 함께 감당하겠다는 연대의 마음을 담아낸다. 같은 두 마디의 차이가 애도의 자리를 무겁게 만들 수도, 따뜻하게 감싸줄 수도 있는 것이다.

반면 결혼식 축사에서라면 정반대다. 지나치게 딱딱한 말이나 무겁게 늘어놓는 문장은 오히려 축복의 자리를 냉랭하게 만든다. 이럴 때는 “두 분이 오늘처럼 늘 웃으며 함께 걸어가시길 바랍니다.”처럼 가볍지만 따뜻한 말이 어울린다. 청중은 그 말에서 진심 어린 축복을 느끼고, 신랑 신부는 새로운 출발을 더욱 환한 마음으로 맞이하게 된다.

이처럼 매너 스피치는 상황을 읽는 감각에서 출발한다. 회사 회의실에서는 단호함과 논리로 메시지를 정리해야 하지만, 술자리에서는 같은 주제도 훨씬 유연하고 부드럽게 풀어내야 한다. 어린아이에게는 쉽게 이해할 수 있는 언어로, 연장자에게는 존중이 묻어나는 언어로 말해야 한다. 결국 중요한 것은 ‘내가 하고 싶은 말’을 밀어붙이는 것이 아니라, ‘상대가 지금 이 순간 듣고 싶어 하는 말’을 고민하는 태도다.

매너 스피치는 그 순간의 온도를 맞추는 일과 같다. 너무 뜨겁지도, 너무 차갑지도 않게, 상대의 마음이 가장 편안해지는 지점을 찾아내는 것이다. 그래서 매너 있는 화자는 늘 상황을 먼저 바라보고, 상대의 눈빛과 표정을 읽으며, 그 자리에 맞는 언어를 꺼낸다. 그렇게 조율된 한 문장이야말로 말 이상의 힘을 발휘한다. 듣는 사람의 마음에 스며들어 위로가 되고, 격려가 되며, 축복이 된다. 매너 스피치는 기술이 아니라 태도이고, 단순한 표현이 아니라 상대의 삶을 존중하는 예술이다.

6. 감사 매너 — 말의 마지막 장식

감사의 표현은 매너 스피치의 마지막 장식이자, 말의 여운을 아름답게 완성하는 가장 확실한 방법이다. 연설이 아무리 힘 있고 감동적으로 이어졌다고 해도, 끝에 "경청해 주셔서 감사합니다."라는 한마디가 빠지면 전체 메시지는 어딘가 허전하게 흩어지고 만다. 반대로 그 한마디가 더해지는 순간, 청중은 "존중받았다"는 느낌과 함께 마음속에 따뜻한 기억을 간직한다. 감사의 말은 단순한 인사가 아니라, 청중과 연사를 이어주는 마지막 다리인 셈이다.

실생활에서도 감사는 놀라운 힘을 발휘한다. "고마워요."라는 짧은 말은 갈등을 누그러뜨리고, 어색한 분위기를 부드럽게 만든다. 친구와의 작은 오해도 "네가 이렇게 말해 줘서 고마워."라는 표현 하나로 금세 풀린다. 직장에서도 누군가가 "수고 많으셨습니다, 덕분에 일이 잘 마무리됐어요."라고 말하는 순간, 팀 분위기는 달라지고, 서로에 대한 신뢰는 더욱 단단해진다. 감사는 사라질 뻔한 관계를 다시 이어주는 봉합선과 같다.

매너 있는 사람일수록 작은 일에도 감사의 표현을 아끼지 않는다. 택시 기사님께 "안전하게 데려다주셔서 감사합니다."라고 말하는 일상적인 한마디, 커피를 건네는 동료에게 "덕분에 힘이 나네요."라고 건네는 가벼운 인사, 가족이 차려준 밥상 앞에서 "맛있게 먹을게, 고마워."라고 웃으며 말하는 따뜻한 태도. 이런 사소한 감사가 모여, 결국 그 사람의 인격과 매너를 빛나게 한다.

감사 매너는 결국 말의 마지막에서만 필요한 것이 아니다. 그것은 관계의 처음과 끝, 갈등과 화해의 경계, 일상의 작은 순간마다 빛을 발하는 태도다. 감사는 상대에게 존중과 애정을 확인시켜 줄 뿐 아니라, 말하는 사람 자신을도 더욱 성숙하게 만든다. 감사는 받는 사람의 마음을 움직이는 동시에, 말하는 사람의 마음을 다잡는 힘이 있기 때문이다.

말은 순간에 흘러가지만, 감사의 말은 오래 남는다. 한 번의 "고맙습니다"가 누군가의 하루를 밝히고, 그 작은 표현이 관계를 오래 지탱하는 기둥이 된다. 그래서 매너 스피치는 언제나 감사로 마무리되어야 한다. 감사는 말의 마지막 장식이 아니라, 상대의 마음에 남는 가장 따뜻한 선물이기 때문이다.

7. 실생활에서 적용할 수 있는 매너 스피치 훈련

매너 스피치는 특별한 사람이 타고나는 능력이 아니다. 누구나 생활 속에서 조금씩 훈련하고 다듬어 갈 수 있는 삶의 기술이다. 거창한 무대에 오르지 않아도, 일상에서 작은 습관을 만들어 가는 것만으로도 우리는 훨씬 더 따뜻하고 신뢰감 있는 화자가 될 수 있다. 중요한 것은 의식적으로 반복하는 연습이다. 작은 연습이 쌓이면 태도가 바뀌고, 태도가 바뀌면 결국 인격이 드러난다.

예를 들어 하루에 단 한 번이라도 긍정적인 말을 건네보자. "오늘 얼굴이 더 밝아 보이네요." "덕분에 일이 수월해졌어요." 이런 간단한 한마디가 상대의 하루를 바꾸고, 나 자신도 더 긍정적인 시선을 갖게 만든다. 아이러니하게도, 칭찬을 건네는 순간 가장 큰 선물을 받는 사람은 스스로다. 상대방의 기뻐하는 얼굴을 보는 순간, 내 마음도 밝아지기 때문이다.

경청 훈련도 빼놓을 수 없다. 대화 중에 단 30초만이라도 내 말을 멈추고 끝까지 들어주는 습관을 들여보자. 짧은 시간 같지만, 상대에게는 "내 이야기를 온전히 들어주는구나"라는 강한 인상을 남긴다. 회사 회의에서든, 가정에서든 이 30초는 말보다 훨씬 강력한 매너로 작용한다.

또 하나 흥미로운 훈련은 거울 앞에서의 연습이다. 미소를 지으며 "감사합니다."라고 말하는 모습을 매일 스스로 확인해 보라. 어색하게만 느껴지던 미소와 어투가 점점 자연스러워지고, 실제 상황에서 상대를 대할 때도 몸에 배게 된다. 사람들은 단순히 단어보다 그 말이 담긴 표정과 태도에 더 크게 반응한다는 사실을 잊지 말자.

시간 훈련도 실전에서 큰 힘을 발휘한다. 스톱워치를 켜고 1분 스피치를 연습해 보면, 내가 얼마나 군더더기 말을 하고 있는지 금세 드러난다. 핵심만 남기고 불필요한 말은 덜어내는 훈련을 반복하면, 어느 순간 회의 자리에서나 축사 자리에서 "짧지만 강렬한" 화법을 구사하게 된다. 사람들은 긴 말보다 짧고 밀도 있는 말을 오래 기억한다.

이처럼 생활 속에서 할 수 있는 작은 실천들이 쌓이면, 매너 스피치는 기술을 넘어서 태도로 자리 잡는다. 말투가 변하고, 태도가 변하면 결국 내 삶을 바라보는 시선까지 달라진다. 매너 스피치는 결국 화려한 언변이 아니라 따뜻한 마음과 진심을 담아내는 그릇이다. 일상 속 작은 훈련이 쌓여, 우리는 어느새 "말을 잘하는 사람"을 넘어 "말로 마음을 얻는 사람"으로 성장하게 된다.

매너 스피치는 삶의 품격이다. 이는 단순히 잘 말하는 기술이나 연설의 화려한 언변을 뜻하지 않는다. 매너 스피치는 결국 사람이 삶을 어떻게 대하는가, 상대를 어떻게 존중하는가에서 비롯된다. 따뜻한 언어를 고르는 습관, 바른 태도를 지키는 자세, 진심 어린 경청과 존중의 마음, 시간과 상황을 배려하는 균형, 그리고 마지막을 고운 감사의 말로 맺는 태도. 이 모든 요소가 한데 모여 우리의 스피치를 품격 있는 예술로 완성한다. 결국 말은 입에서 흘러나오는 소리가 아니라, 마음과 태도의 결이 담긴 울림이 되는 것이다.

말은 바람처럼 흘러가고 순간은 금세 사라지지만, 매너가 깃든 말은 사람의 마음속에 깊은 흔적을 남긴다. 청중은 연사의 지식과 수많은 데이터는 쉽게 잊어버린다. 그러나 "당신 덕분에 힘이 났습니다."라는 한마디, "경청해 주셔서 감사합니다."라는 마지막 인사 속에 담긴 존중과 배려는 오래도록 가슴에 남는다. 그것은 단순히 귀로 들리는 언어가 아니라, 존재 자체가 전해준 따뜻한 경험으로 기억되기 때문이다.

매너 스피치는 그래서 단순한 기술이 아니다. 그것은 마음을 얻는 힘이다. 한마디 말로 관계가 단단해지기도 하고, 반대로 한순간의 무례한 태도가 관계를 무너뜨리기도 한다. 매너가 깃든 말은 상대방에게 "나는 당신을 존중합니다."라는 메시지를 전하고, 이는 신뢰와 호감으로 이어진다. 이러한 경험은 상대의 삶뿐 아니라, 말하는 사람의 삶 역시 더 깊고 풍성하게 만든다. 결국 매너 스피치는 말을 통해 상대의 마음에 다리를 놓는 예술이자, 삶을 품격 있게 빚어가는 지혜이다.

작은 습관의 차이가 결국 사람들의 기억 속에 큰 차이를 만든다. 무심코 던진 한마디가 상처가 될 수도 있고, 신중하게 고른 한마디가 평생의 격려가 될 수도 있다. 매너 스피치는 이 작은 차이를 의식적으로 만들어가는 과정이다. 우리는 매일의 말과 태도를 통해 누군가의 하루를 밝힐 수도, 무너뜨릴 수도 있다. 그렇기에 매너 스피치는 단순히 "잘 말하는 사람"을 만드는 것이 아니라, 결국 "말로 마음을 얻는 사람"으로 우리를 성장시킨다. 그리고 그런 사람은 시간이 지나도 기억 속에 남아, 삶의 울림과 품격을 전하는 존재로 오래도록 살아남는다.

품격있는 스피치 커뮤니케이션

스피치의 품격은 단순히 말을 잘하는 기술에서 비롯되지 않는다. 발음이 정확하고 유창하게 말하는 것만으로는 충분하지 않다. 진정한 품격은 말을 담는 그릇, 즉 태도와 마음가짐에서 시작된다. 우리가 흔히 "말은 그 사람의 인격이다"라고 하는 이유가 바로 여기에 있다. 화려한 수사는 잠시 사람들의 귀를 사로잡을 수 있지만, 오래 기억되는 것은 언제나 그 말 속에 담긴 존중, 배려, 신뢰, 그리고 진심이다. 결국 스피치는 기술이 아니라 사람을 대하는 태도의 예술이다.

듣는 것으로 시작되는 존중과 공감

스피치의 품격은 '듣는 것'에서 출발한다. 세상에서 가장 강력한 화법은 말을 잘하는 것이 아니라, 상대의 말을 잘 들어주는 것이다. 누군가의 이야기를 끊지 않고 끝까지 들어주는 순간, 이미 대화의 절반은 성공한 것이다. 청중은 화려한 언변보다, 자신이 존중받고 있다는 경험에 더 큰 감동을 느낀다.

한 경영자는 회의에서 늘 직원들의 의견을 다 듣고 난 뒤에야 자신의 생각을 말했다. 그 결과, 직원들은 그의 말이 항상 설득력 있다고 느꼈다. 사실 그의 논리가 특별히 더 뛰어나서가 아니었다. 직원들이 이미 '내가 존중받았다'는 경험을 했기 때문에, 그의 말이 진심으로 다가왔던 것이다. 경청은 기술이 아니라 존재를 인정하는 예의이며, 상대의 마음을 열게 만드는 가장 강력한 도구다.

경청은 또한 공감으로 이어진다. "네 말이 틀렸어."라고 단정하기보다, "그렇게 생각할 수 있겠구나."라고 말하는 순간, 우리는 상대의 마음에 다리를 놓는다. 존중과 배려, 경청과 공감은 결국 하나의 뿌리에서 자란 나무처럼 얽혀 있다. 상대를 대하는 이 태도가 스피치의 첫인상을 결정한다.

침묵이 만들어내는 품격

많은 사람들이 스피치는 말하는 능력에서만 빛이 난다고 생각한다. 그러나 때로는 하지 않는 말, 즉 침묵이 훨씬 큰 울림을 남긴다. 침묵은 단순한 공백이 아니라 메시지다. 중요한 순간에 잠시 멈추는 여백은 오히려 청중의 집중을 끌어올린다.

예컨대 한 정치인의 연설에서 "저는 오늘… 여러분께 드릴 진심이 있습니다."라는 문장 중간에 잠시 침묵이 흘렀다. 그 순간 청중은 숨을 죽이고 다음 말을 기다렸다. 침묵은 긴장을 만들고, 말의 무게를 배가시킨다. 반대로 불필요한 뒷말을 이어가는 사람은 아무리 좋은 메시지를 가지고 있어도 설득력을 잃는다.

품격 있는 스피커는 침묵을 두려워하지 않는다. 그들은 확실한 사실만을 말하고, 말의 간결함 속에서 신뢰를 얻는다. 결국 침묵은 말보다 깊은 메시지를 전하는 세련된 도구다.

언행의 일치가 주는 신뢰

사람들은 말을 잘하는 사람보다 말과 행동이 일치하는 사람에게 끌린다. 연설에서 아무리 훌륭한 가치와 원칙을 이야기해도, 일상에서 그와 반대되는 행동을 보이면 청중은 금세 등을 돌린다.

존 F. 케네디가 "국가가 당신을 위해 무엇을 해줄 수 있는지 묻지 말고, 당신이 국가를 위해 무엇을 할 수 있는지 물으라."고 했을 때, 그의 말은 단순한 수사가 아니었다. 그는 실제로도 솔선수범하며 행동으로 보여주었기에 국민들의 신뢰를 얻을 수 있었다.

말과 행동이 일치할 때, 스피커는 단순한 화자가 아니라 신뢰를 주는 리더가 된다. 작은 약속 하나라도 지키는 태도, 자신의 실수를 인정하고 바로잡는 태도, 이런 일상의 모습들이 결국 연설의 무게를 결정한다. 신뢰는 하루아침에 얻어지지 않는다. 그러나 언행이 일치하는 순간, 청중은 "저 사람의 말은 믿을 수 있다."라는 확신을 가지게 된다.

상대를 세워주는 스피치

품격 있는 스피치는 '내가 잘 말하는 것'에서 끝나지 않는다. 오히려 상대를 어떻게 대하느냐에 의해 결정된다. 상대가 원하는 칭찬을 건네고, 공통의 관심사를 찾아 연결하며, 좋은 질문으로 분위기를 열어가는 순간, 스피커는 단순한 말하는 사람을 넘어 관계를 만드는 사람이 된다.

결혼식장에서의 축사를 떠올려 보자. 신랑 친구가 자기 자랑을 늘어놓는 대신, 신랑과의 우정을 이야기하며 "이 친구는 늘 남을 먼저 생각하는 사람이었어요. 그래서 오늘 이렇게 좋은 남편이 될 수 있는 겁니다."라고 말했을 때, 청중은 그의 진심에 감동한다. 관계를 존중하는 스피치, 상대를 세워주는 스피치야말로 진정한 품격이다.

품격 있는 스피치의 힘은 말 자체보다도 그 말을 담아내는 태도에서 비롯된다. 같은 한마디라도 어떤 마음으로, 어떤 자세로 전하느냐에 따라 울림의 크기는 달라진다. 목소리의 높낮이나 언어의 선택이 기술이라면, 그것을 뒷받침하는 내면의 태도는 본질이다. 결국 사람들은 우리의 화려한 문장을 기억하는 것이 아니라, 그 말 속에서 느낀 온도와 향기를 오래 간직한다.

한 번 떠올려보자. 누군가가 완벽한 논리로 발표를 이어갔지만, 청중의 표정에는 감동이 없었던 장면을. 반대로 말이 조금 서툴렀어도 진심 어린 눈빛과 겸손한 태도로 이야기를 건넨 사람에게서는 묘한 신뢰와 감동이 전해진다. 그 차이를 만드는 것이 바로 태도다. 말은 귀로 들어오지만, 태도는 마음에 새겨진다.

품격은 결코 단번에 완성되지 않는다. 일상의 작은 습관, 사람을 대하는 방식, 순간순간의 태도가 쌓여 비로소 품격 있는 스피커로 성장하게 한다. 웃으며 인사하는 습관, 상대의 말을 끝까지 듣는 인내, 필요 없는 순간에 굳이 말하지 않는 절제, 그리고 자신이 한 말을 책임지려는 진정성. 이 모든 것이 합쳐져 태도로 드러난다.

결국 품격 있는 스피치는 "어떻게 더 잘 보일까"를 고민하는 기술이 아니라, "어떻게 더 진심으로 다가갈까"를 묻는 태도에서 시작된다. 말은 시간 속에 흘러 사라지지만, 태도로 남은 말은 사람들의 기억 속에 오래 머문다. 그리고 그 기억이 쌓여 당신을 '말 잘하는 사람'이 아니라, '말을 통해 사람의 마음을 얻는 사람'으로 자리매김하게 만든다.

품격 있는 스피치 커뮤니케이션은 결국 기술을 넘어선다. 그것은 내면의 깊이와 태도의 진심에서 자라나는, 삶을 빛나게 하는 또 하나의 얼굴이다.

7장
프레젠테이션 디자인

설득의 무대

설득은 진실을 아름답게 포장하는 기술이다._아리스토텔레스

프레젠테이션의 이해

프레젠테이션은 단순히 화면에 띄운 슬라이드를 넘기며 설명하는 자리가 아니다. 그것은 곧 설득의 무대다. 발표자는 단순한 전달자가 아니라, 청중의 마음을 움직이는 연출자이며, 동시에 그들의 행동을 이끌어내는 조율자다. 내가 가진 아이디어와 경험, 정보를 공유하는 것에서 끝나지 않고, 청중이 내 말에 고개를 끄덕이고, 마음이 흔들려 결국 행동으로 이어지도록 만드는 것. 이것이 진정한 프레젠테이션이다. 다시 말해, 프레젠테이션은 단순한 발표가 아니라, 사람의 마음을 이해하고 움직이는 설득 커뮤니케이션이라고 정의할 수 있다.

그렇기에 성공적인 프레젠테이션은 언제나 교감을 전제로 한다. 내가 준비한 자료가 아무리 정교하고, 논리적이며, 수치와 데이터로 무장되어 있어도 청중의 마음이 닫혀 있다면 그것은 공허한 메아리에 불과하다. 반대로, 청중이 원하는 바를 정확히 짚어내고 그들의 기대와 관심사에 맞추어 메시지를 던질 때, 같은 내용도 배가된 힘을 얻는다. 설득의 힘은 화려한 언어가 아니라 청중의 마음을 얼마나 읽어내는가에 달려 있다. 청중이 고개를 끄덕이거나, 미소를 짓거나, 몸을 앞으로 기울이는 순간은 단순한 동작이 아니다. 그것은 "당신의 이야기를 받아들이고 있다"라는 무언의 사인이다. 진정한 설득은 바로 이런 미묘한 신호를 포착하는 데서 시작된다.

프레젠테이션은 또한 순간순간의 대화다. 우리는 흔히 프레젠테이션을 '일방적인 전달'이라고 생각하지만, 실제로는 무대 위와 청중석 사이에서 끊임없이 신호가 오가는 상호작용의 과정이다. 예를 들어, 발표 도중 청중이 기획서를 빠르게 넘겨보는 행동은 단순한 산만함이 아니다. 그것은 '진행 속도를 조금 더 올려 달라'는 무언의 메시지일 수 있다. 누군가 턱을 괴거나 팔짱을 끼고 있다면, 그 사람은 무관심해서가 아니라, 지금 듣는 말이 더 깊은 신뢰를 줄 만한 자료나 사례로 뒷받침되기를 기다리고 있는 것이다. 그때 연사는 데이터를 보완하거나 생생한 현장 사례를 꺼내야 한다. 그제야 청중의 표정은 닫힌 얼굴에서 열린 얼굴로 변한다.

또 다른 상황을 보자. 청중 두세 명이 옆 사람과 귓속말을 나누는 순간, 발표자는 당황하기 쉽다. 그러나 이때야말로 기회다. 그들에게 시선을 주고 해당 부분을 조금 더 힘주어 강조하면, 오히려 집중도를 높이는 계기가 된다. 이는 단순히 말 잘하는 기술이 아니라, 비언어적 신호를 읽고 대응하는 설득의 기술이다. 프레젠테이션은 말하는 행위인 동시에, 관찰과 해석, 그리고 즉각적 조율의 연속인 셈이다.

무엇보다 중요한 것은, 프레젠테이션은 단순히 '지식을 전하는 자리'가 아니라는 사실이다. 그것은 청중의 마음속에 작은 불씨를 심는 행위다. 누군가는 당신의 말로 새로운 가능성을 발견하고, 누군가는 오랫동안 망설였던 결정을 내리며, 또 누군가는 단순히 당신의 진심에서 위로와 용기를 얻는다. 발표자의 말은 잠깐의 순간에 흘러가지만, 그 말이 남기는 흔적은 청중의 삶 속에 오래 남는다.

결국 프레젠테이션을 이해한다는 것은, 단순히 발표 기법을 배우는 것이 아니라 사람을 이해하는 일이다. 설득은 청중을 변화시키는 과정이고, 그 변화는 관계를 바꾸고, 더 나아가 세상을 바꾸는 씨앗이 된다. 그러므로 프레젠테이션은 기술이 아니라 태도이고, 단순한 설명이 아니라 울림이다. 당신이 전달하는 슬라이드 한 장, 말 한 문장이, 누군가의 인생을 바꿀 수 있다는 사실. 그것을 기억하는 순간, 프레젠테이션은 더 이상 의무가 아니라, 사람과 세상을 잇는 가장 강력한 커뮤니케이션의 무대가 된다.

분석과 설계

프레젠테이션은 단순히 무대 위에서 말하는 순간에만 완성되는 것이 아니다. 그 뒤에는 보이지 않는 치밀한 준비와 설계가 숨어 있다. 아무리 뛰어난 화술과 자신감 있는 태도를 지녔다 해도, 제대로 된 분석과 설계 없이 무대에 오른다면 결국 메시지는 흩어지고 만다. 마치 지도를 펴지 않고 낯선 길을 걸어가는 것과 같다. 어디로 가야 할지 알 수 없고, 때로는 청중을 설득하기는커녕 잃어버리는 결과를 맞게 된다.

그래서 프레젠테이션에서 가장 중요한 것은 '준비된 즉흥성'이다. 겉으로는 자연스럽고 유연하게 보이지만, 사실 그 이면에는 철저한 분석과 전략적 설계가 깔려 있어야 한다. 설득은 우연히 이루어지지 않는다. 설득은 계획된 만남이고, 계산된 소통이며, 무엇보다 청중을 향한 세심한 배려에서 시작된다.

이 지점에서 우리는 반드시 질문을 던져야 한다. "나는 누구에게 말하는가? 무엇을 위해 말하는가? 어디에서 말하는가?" 이 세 가지 질문은 단순한 사전 준비가 아니라, 프레젠테이션의 방향과 성공을 결정짓는 나침반이다. 청중이 누구인지, 목적이 무엇인지, 그리고 장소와 환경이 어떤지를 파악하지 못한다면, 그 어떤 화려한 슬라이드와 웅변도 공허한 울림에 불과하다.

따라서 효과적인 프레젠테이션을 위해 필요한 것은 단순한 원고 작성이 아니라 철저한 분석과 전략적 설계다. 이를 흔히 3P 분석(People, Purpose, Place)이라고 부른다. 이 3P는 설득의 지도를 그리는 기본 도구이자, 발표자가 방향을 잃지 않도록 돕는 가장 확실한 기준점이다.

3P 분석: 설득의 지도

효과적인 프레젠테이션을 위해서는 철저한 분석과 설계가 필요하다. 이를 흔히 3P 분석(People, Purpose, Place)이라고 한다.

1. People — 청중을 분석하라

청중은 단순한 '관객'이 아니다. 그들은 언제나 어떤 욕구를 가지고 자리에 앉아 있다. 발표자의 말 속에서 새로운 지식을 얻고 싶거나, 문제 해결의 힌트를 얻고 싶거나, 단순히 확신을 확인하고 싶기도 하다. 중요한 것은 그 욕구를 읽어내는 일이다.

청중의 수준을 파악하는 것도 필수다. 전문가 그룹 앞에서는 차분하고 논리적인 접근이 효과적이지만, 대중을 대상으로 할 때는 직관적이고 감각적인 메시지가 더 와닿는다. 연령대 역시 관건이다. 연령이 높은 청중에게는 과거 경험과 안정성을 강조하는 스토리가 설득력이 있고, 젊은 청중에게는 미래와 가능성을 보여주는 메시지가 힘을 발휘한다.

성별도 무시할 수 없다. 남성 중심 청중은 체계적이고 결과 중심적인 이야기에 반응하는 경우가 많고, 여성 중심 청중은 감성적이고 관계적인 메시지에 더 쉽게 공감한다. 여기에 청중의 규모까지 고려해야 한다. 소규모 청중 앞에서는 논리와 이성이 힘을 발휘하지만, 대규모 청중에게는 감성과 스토리텔링이 훨씬 효과적이다.

무엇보다 중요한 것은 결정권자다. 발표를 듣는 이들 중 실제로 의사결정을 내릴 사람은 누구인지, 그 사람이 꼼꼼한 스타일인지, 큰 그림을 좋아하는 스타일인지에 따라 설득 방식은 달라져야 한다.

2. Purpose — 목적을 분석하라

프레젠테이션은 목적이 분명하지 않으면 산으로 간다. 발표자는 언제나 스스로에게 물어야 한다. “내가 이 자리를 통해 반드시 얻고자 하는 것은 무엇인가?” 단순히 정보를 알리는 것인지, 청중의 행동을 이끌어내는 것인지, 혹은 신뢰를 쌓는 것인지에 따라 전략이 달라진다.

예를 들어, 투자자 앞에서의 프레젠테이션이라면 숫자와 근거

중심으로 신뢰를 구축하는 것이 목적이다. 반면 학생들을 대상으로 한 강연이라면 동기 부여와 공감이 핵심 목적이 된다. 목적이 명확해야 메시지를 압축할 수 있고, 청중의 머릿속에 오래 남는 한 문장을 만들 수 있다.

3. Place — 환경을 분석하라

프레젠테이션의 완성도는 장소와 환경에 의해 크게 좌우된다. 아무리 훌륭한 원고와 자료를 준비했더라도, 음향이 불안정하거나 스크린이 잘 보이지 않으면 청중의 몰입은 깨지고 만다. 설득의 무대는 언제나 '현장' 위에 세워진다.

따라서 발표자는 사전에 반드시 환경을 점검해야 한다. 마이크의 상태, 조명, 스크린 크기, 좌석 배치까지. 단순히 장비 점검 차원을 넘어, 청중과의 물리적 거리를 어떻게 좁힐 수 있을지까지 고민해야 한다. 예컨대 무선 마이크를 활용해 청중 사이로 직접 들어가 질문을 받는다면, 프레젠테이션은 강의가 아니라 대화로 바뀌게 된다.

설득을 위한 디자인

분석과 설계 없는 프레젠테이션은 단순한 말하기에 그친다. 그러나 청중(People)을 이해하고, 목적(Purpose)을 명확히 하며, 장소(Place)를 세심히 점검한다면, 그 순간 프레젠테이션은 단순한 발표가 아니라 설득의 무대로 탈바꿈한다.

프레젠테이션은 결국 상대의 마음을 움직이는 디자인 작업이다. 듣는 이의 시선, 표정, 반응 하나하나를 읽고 그에 맞게 메시지를 조율하는 과정 속에서 설득의 힘은 완성된다. 따라서 진정한 프레젠터는 말을 잘하는 사람이 아니라, 청중의 마음을 설계하고 이끄는 사람이다.

프레젠테이션이라는 단어를 들으면 많은 사람들이 PPT 화면을 떠올린다. 깔끔한 도표, 멋진 디자인, 그리고 발표자가 준비해 온 스크립트. 그러나 진짜 프레젠테이션의 본질은 단순히 화면을 넘기는 것이 아니다. 그것은 사람의 마음을 움직이는 설득의 무대다. 말 몇 마디가 사람의 생각을 바꾸고, 생각이 행동을 바꾸며, 행동이 결국 세상을 바꾼다. 그래서 프레젠테이션은 기술이 아니라 힘이며, 단순한 전달이 아니라 변화의 시작이다.

프레젠테이션의 본질을 깊이 들여다보면, 단순한 설명이나 보고를 넘어 결국 설득에 있다는 사실을 알게 된다. 발표자는 정보를 전달하는 것처럼 보이지만, 사실은 청중이 새로운 시각을 받아들이게 하거나, 어떤 행동을 선택하도록 동기를 부여하는 과정을 이끌고 있다. 그래서 프레젠테이션은 언제나 '정보 전달'과 '설득'이 동시에 작동하는 무대다. 수치를 나열하는 것도, 사례를 보여주는 것도, 청중의 마음속에 "그래, 이 말이 옳다"라는 확신을 심기 위한 장치다. 다시 말해, 프레젠테이션이란 결국 사람의 생각을 바꾸는 기술이다.

이 지점에서 고대 그리스의 철학자 아리스토텔레스가 등장한다. 그는 무려 2,000년 전 이미 이렇게 말했다. "사람을 설득하는 힘은 세 가지에서 나온다. 로고스(논리), 파토스(감정), 에토스(인격)." 놀랍게도 이 원리는 오늘날 기업 보고나 학술 발표, 심지어 친구에게 부탁하는 짧은 말에도 그대로 적용된다. 프레젠테이션의 성공은 결국 이 세 가지를 어떻게 설계하고 조율하느냐에 달려 있다.

로고스 — 논리가 없으면 감동도 없다

먼저 로고스, 즉 논리의 힘이다. 우리는 누구나 합리적 근거를 들었을 때 마음이 움직인다. "이 사업은 성공할 겁니다!"라는 주장만으로는 투자자를 설득할 수 없다. 하지만 "3년간 시장 규모가 두 배 성장했고, 경쟁사 대비 우리의 점유율이 20% 더 높습니다"라는 데이터가 곁들여진다면 이야기는 달라진다. 숫자는 냉정하지만, 동시에 가장 강력한 설득 도구다.

로고스는 단순한 정보 나열이 아니다. 청중의 수준과 욕구를 분석하고, 목적을 분명히 한 뒤, 그들에게 필요한 근거를 구조적으로 제시하는 것이다. 이를 아리스토텔레스는 '이성적 설득'이라 불렀다. 오늘날 우리가 말하는 3P 분석 — People(청중), Purpose(목적), Place(장소) —도 사실 로고스를 세우는 과정이다. 청중이 대학생이라면 통계보다는 미래에 대한 전망을, 경영진이라면 숫자와 그래프를 보여줘야 한다. 결국 논리는 청중 맞춤형으로 디자인될 때 비로소 설득력이 생긴다.

파토스 — 감정은 논리를 살아 움직이게 한다

그러나 논리만으로는 부족하다. 사람은 숫자와 그래프만으로 움직이지 않는다. 바로 이 지점에서 파토스, 감정의 설득이 필요하다. 아리스토텔레스는 인간이 이성적 존재이면서 동시에 감정적 존재임을 간파했다.

예를 들어, 환경보호를 주제로 발표한다고 하자. "매년 수백만 톤의 플라스틱이 바다에 버려집니다"라는 데이터는 중요하지만, 청중의 가슴을 울리지는 않는다. 그러나 "어느 날 해변을 걸으며 본 작은 새 한 마리가 비닐에 갇혀 날개를 펴지 못한 채 죽어가고 있었습니다"라는 이야기를 들려준다면, 청중의 마음은 즉시 반응한다. 눈앞에 그림이 그려지고, 감정이 요동친다. 이것이 바로 파토스의 힘이다.

실제 기업 프레젠테이션에서도 파토스는 큰 힘을 발휘한다. 단순히 "이 서비스는 편리합니다"라고 말하는 대신, "한 어머니가 출근길에 아이를 안심하고 맡길 수 있어 얼마나 마음이 가벼워졌는지"를 이야기한다면, 청중은 단순한 기능이 아니라 삶의 변화를 느낀다. 감정은 논리를 따뜻하게 감싸는 옷이며, 청중을 몰입하게 만드는 열쇠다.

에토스 — 결국 사람을 믿게 만드는 것은 화자의 태도다

마지막은 에토스, 즉 화자의 인격과 신뢰다. 청중은 결국 '무엇을 말했는가'보다 '누가 말했는가'를 더 오래 기억한다. 발표자가 말을 잘해도 태도가 불성실하거나 신뢰감을 주지 못한다면, 메시지는 공허하게 흩어진다. 반대로 조금 서툴러도 진지하게 경청하고, 시간을 지키며, 태도에서 존중이 묻어나는 사람은 청중에게 큰 설득력을 갖는다.

예컨대 한 발표자가 PPT 자료를 완벽하게 준비했지만, 무대에서 눈을 마주치지 않고 빠르게만 읽어 내려간다면 청중은 집중하지 못한다. 반대로, 준비한 자료가 조금 부족해도 차분한 태도로 청중의 반응을 살피며 말한다면, 청중은 '이 사람은 진심으로 나와 소통하려 한다'고 느낀다. 에토스란 결국 발표자의 인격이 언어와 태도 속에서 드러나는 것이다.

설득은 시대를 초월한다

아리스토텔레스가 말한 로고스, 파토스, 에토스는 단순히 고대의 철학이 아니다. 오늘날의 프레젠테이션 무대에서도 그대로 살아 움직인다. 논리(로고스)로 신뢰를 쌓고, 감정(파토스)으로 몰입을 끌며, 인격(에토스)으로 메시지를 완성할 때, 청중은 단순히 발표를 '듣는 것'이 아니라 '경험하는 것'이 된다.

좋은 프레젠테이션은 언변의 화려함이 아니다. 그것은 청중을 이해하는 태도, 목적에 맞는 메시지, 그리고 사람의 마음을 움직이는 울림이다. 말은 순간에 흘러가지만, 논리와 감정, 인격이 조화를 이룬 말은 청중의 기억에 오래 남는다. 그리고 그 기억은 때로 한 사람의 행동을 바꾸고, 그 행동은 세상을 조금 더 나은 방향으로 이끌어 간다.

결국, 프레젠테이션은 단순히 기술이 아니라 예술이며, 고대의 지혜와 현대의 무대가 만나는 설득의 장이다. 당신이 무대 위에 설 때, 로고스와 파토스와 에토스를 어떻게 설계하느냐에 따라, 그 순간은 단순한 발표가 아니라 사람의 삶을 바꾸는 울림의 시작이 될 수 있다.

긴장 해소법

프레젠테이션의 순간, 우리는 언제나 긴장과 마주한다. 아무리 경험이 많은 사람도 무대에 오르기 직전, 손바닥에 땀이 차고 심장이 빨리 뛰는 경험을 한다. 마치 첫사랑에게 고백하러 가는 길처럼, 몸과 마음은 예민해지고 작은 실수에도 흔들릴 것만 같다. 하지만 여기서 중요한 사실이 있다. 긴장은 결코 적이 아니라는 것. 오히려 긴장은 내가 지금 중요한 일을 하고 있다는 증거이며, 제대로만 다스리면 집중력과 에너지로 바꿀 수 있는 자원이다. 문제는 그것을 어떻게 다루느냐다.

1. 몸의 긴장을 풀어내는 준비

첫 단계는 '몸을 비우는 일'이다. 무대에 오르기 전, 의자 깊숙이 앉아 보자. 등을 편안히 기대고, 두 어깨의 힘을 살짝 빼면 이미 숨결이 달라진다. 사람은 어깨만 내려도 마음이 반쯤 풀린다. 허벅지 위에 양손을 얹고 손바닥을 자연스럽게 펴는 것만으로도 안정감이 생긴다. 이때 중요한 건 억지로 "긴장 풀어야지!"라고 다그치지 않는 것이다. 오히려 몸의 무게를 느끼며 "나는 지금 준비되고 있다"라고 스스로에게 속삭이는 순간, 근육의 긴장은 조금씩 풀려나간다.

그리고 호흡. 긴장을 다스리는 가장 확실한 도구는 언제나 숨이다. 호흡은 마치 마음과 몸을 잇는 다리처럼 작동한다. 얕고 빠른 숨은 불안을 키우지만, 천천히 깊은 숨은 마음을 가라앉히고 집중을 불러온다. 무대 전, 눈을 감고 세 번만 천천히 들이마시고 내쉬어 보라. 마치 바다 파도가 밀려왔다가 잔잔히 물러가는 것처럼, 몸과 마음은 자연스럽게 균형을 되찾는다.

2. 마음을 단단하게 만드는 실행

몸이 준비되면 이제 마음을 정돈할 차례다. 이때는 스스로에게 말을 걸어야 한다. "가슴이 무겁다"라고 말하며 묵직한 중심을 세우고, "가슴이 따뜻하다"라고 말하며 친근함을 불어넣는다. "배가 따뜻하다"는 말은 단순한 암시 같지만, 실제로 복식호흡과 맞물리면서 마음에 안정감을 준다.

심장이 두근거릴 때는 "심장이 규칙적으로 뛰고 있다"라고 반복하라. 그러면 두근거림이 두려움이 아니라 '생동감'으로 바뀐다. 머리가 복잡할 때는 "머리가 시원하다"라고 말해 보라. 마치 창문을 열고 신선한 공기를 맞이하듯, 생각의 통로가 환해지는 경험을 하게 된다.

무대 위에서 집중해야 할 것은 단순하다. 어깨와 다리, 호흡과 위, 심장의 고동과 머리. 즉, 내가 지금 여기에 있다는 것을 몸으로 확인하는 것이다. 많은 사람들이 긴장을 풀기 위해 억지로 잡생각을 지우려 하지만, 사실 필요한 것은 지우는 것이 아니라 '집중하는 것'이다. 의식의 초점을 특정 부위에 두는 순간, 잡념은 자연스레 옅어진다.

3. 다시 현실로 돌아오는 소거 동작

준비와 실행이 끝났다면, 마지막은 '소거 동작'이다. 프레젠테이션 직전, 손을 가볍게 쥐었다 폈다 하며 혈액의 순환을 느껴보라. 가슴을 살짝 굽혔다가 펴는 동작은 마치 새가 날개를 펴듯 새로운 에너지를 불어넣는다. 그리고 천천히 눈을 뜨는 순간, 머릿속은 맑아지고 시야는 환해진다. 이 작은 루틴은 긴장을 단순히 없애는 게 아니라, 집중력으로 전환시킨다. 그래서 무대에 오를 때 이미 몸과 마음이 '준비 완료' 상태가 되는 것이다.

4. 실생활 속 작은 훈련

이 긴장 해소법은 무대 위에서만 쓰이는 것이 아니다. 일상에서도 충분히 활용할 수 있다. 중요한 면접을 앞두고 대기실에서, 상사에게 보고하기 전 잠깐의 공백에서, 혹은 친구와 다투고 마음이 흔들릴 때도 쓸 수 있다. 손바닥을 펴고, 호흡을 가다듬고, 스스로에게 "나는 편안하다"라고 말하는 것만으로도 감정의 폭풍은 잔잔해진다. 이렇게 작은 습관을 반복하다 보면, 프레젠테이션은 물론 인생의 수많은 긴장 순간들이 두려움이 아니라 나를 성장시키는 무대가 된다.

정리하자면, 긴장은 피해야 할 적이 아니라 다스려야 할 자원이다. 몸을 풀고, 마음을 다독이고, 작은 루틴으로 현실에 집중하는 순간, 우리는 긴장 속에서 오히려 최고의 집중력을 끌어낼 수 있다. 그러나 이 모든 것은 하루아침에 만들어지지 않는다. 철저한 준비와 반복된 연습, 그리고 수차례의 리허설이 쌓일 때 비로소 긴장은 통제 가능한 에너지로 바뀐다.

유명 연설가나 배우들도 무대에 오르기 전에는 늘 긴장을 한다. 하지만 그들이 청중 앞에서 당당하게 빛나는 이유는, 그 긴장을 예상하고 미리 대비했기 때문이다. 원고를 수십 번 다듬고, 거울 앞에서 표정과 손동작을 반복 확인하며, 빈 강의실에서 실제처럼 리허설을 거듭한 흔적이 무대 위에서 자연스러운 자신감으로 드러난다.

준비가 부족한 상태에서의 긴장은 공포가 되지만, 충분한 준비를 마친 뒤의 긴장은 오히려 '집중의 불꽃'이 된다. 작은 긴장은 오히려 무대를 진지하게 임하게 하고, 순간순간에 몰입할 수 있게 만든다. 결국 무대 위의 빛은 준비된 사람에게만 쏟아진다. 그 준비는 원고를 외우는 것을 넘어, 수없이 리허설하고, 청중의 반응을 미리 그려보고, 자신만의 긴장 해소법을 습관처럼 반복하는 데서 비롯된다.

그러므로 긴장은 우리를 방해하는 장애물이 아니라, 준비와 연습을 통해 길들일 수 있는 가장 강력한 동반자다. 그것을 어떻게 다루느냐에 따라 불안이 될 수도, 힘이 될 수도 있다. 준비된 자만이 긴장을 에너지로 바꿔 무대를 지배한다. 그리고 그 순간, 청중은 단순히 연설을 듣는 것이 아니라, 준비된 한 사람이 전하는 울림을 경험하게 된다.

준비의 비밀

프레젠테이션은 단순히 슬라이드 몇 장을 만들고 앞에서 읽어 내려가는 행위가 아니다. 그것은 상대의 마음을 열고, 생각을 움직이며, 결국 행동까지 이끌어내는 설득의 무대다. 그렇기 때문에 성공적인 프레젠테이션은 '순간의 재치'가 아니라, 치밀한 준비와 세밀한 설계에서 비롯된다. 무대에 오르기 전에 이미 승부는 절반 이상 갈려 있다는 말은 결코 과장이 아니다. 준비가 곧 비밀이며, 준비가 곧 무기다.

먼저 주제가 정해지면 큰 그림을 그려야 한다. 발표 시간이 10분인지 30분인지에 따라 전체 구성과 흐름은 완전히 달라진다. 제한된 시간 안에 어떤 메시지를 전달할지, 슬라이드를 몇 장으로 구성할지, 어떤 장면에서 청중의 시선을 붙잡을지부터 생각해야 한다. 이 단계는 마치 집을 짓기 전에 설계도를 그리는 과정과 같다. 설계가 허술하면 집은 금세 무너지듯, 기초 구상이 약하면 프레젠테이션 역시 청중의 기억에서 쉽게 사라진다.

두 번째 단계는 자료 수집이다. 주제와 상관없는 화려한 이미지는 오히려 독이 된다. 발표자의 말과 슬라이드의 메시지가 일치할 때 비로소 설득력이 생긴다. 따라서 자료는 주제에 꼭 맞아야 하고, 청중의 이해를 돕는 방향으로 가공되어야 한다. 예를 들어, 단순한 수치 나열 대신 "지난해 대비 30% 성장"이라는 문장을 그래프로 시각화하면 청중은 단번에 메시지를 받아들인다. 이때 중요한 것은 정보 자체보다 '어떻게 가공해 전달하느냐'이다.

세 번째 단계는 슬라이드 제작이다. 많은 발표자가 슬라이드를 '발표용 대본'처럼 만들지만, 사실 그것은 청중의 눈과 귀를 동시에 사로잡는 무대 장치다. 배포 자료라면 상세한 내용이 필요하겠지만, 발표 슬라이드는 한눈에 들어오는 간결함이 더 큰 힘을 발휘한다. 키워드 몇 개, 짧은 문장, 그리고 메시지를 강화하는 이미지. 이것이 이상적인 발표 슬라이드의 조건이다. 발표자가 직접 이야기를 더해야만 청중이 완성된 그림을 볼 수 있도록 설계하는 것이다.

네 번째 단계는 이미지와 배경 선택이다. 발표자는 종종 멋진 사진이나 화려한 배경에 눈이 멀어 본질을 놓치기도 한다. 하지만 좋은 이미지는 말보다 더 강력하게 메시지를 강화한다. 예를 들어 "성장의 기회"를 설명하며 싹이 트는 새싹 사진을 보여주면, 청중은 단순한 문장이 아닌 '생생한 비전'을 떠올린다. 이미지는 언어의 벽을 넘어, 감정에 직접 호소하는 힘을 가지고 있다.

다섯 번째 단계는 발표 노트 작성이다. 많은 사람들은 “나는 원고 없이 자유롭게 말하겠다”고 생각한다. 그러나 긴장이라는 변수가 등장하면 머릿속은 순식간에 공백이 된다. 발표 노트는 단순히 ‘종이 위의 대본’이 아니라, 발표자를 지탱해주는 안전망이다. 특히 청중 앞에서 긴장을 많이 하는 사람이라면, 키워드 중심의 발표 노트를 반드시 준비하는 것이 좋다. 이것은 스피치를 자연스럽게 이끌어주고, 갑작스러운 공백 상황에서도 자신감을 지켜주는 든든한 동반자가 된다.

마지막 단계는 전체 흐름 검토와 리허설이다. 슬라이드가 완성되었다고 발표 준비가 끝난 것은 아니다. 발표자는 반드시 전체 내용을 큰 소리로 말해보며 흐름을 점검해야 한다. 실제 발표처럼 리허설을 하다 보면, 예상치 못한 어색한 문장이나 설명의 공백이 드러난다. 이 과정을 거쳐야만 메시지가 자연스럽게 연결되고, 말과 몸짓, 시선까지 조율할 수 있다. 무대 위의 ‘자신감’은 결코 즉흥에서 오지 않는다. 수십 번의 연습과 점검이 쌓여야 비로소 청중 앞에서 편안한 미소를 지을 수 있다.

그렇다면 프레젠테이션 준비에서 가장 중요한 비밀은 무엇일까? 그것은 바로 청중의 마음을 움직이는 설계다. 단순히 “이것이 좋습니다”라고 말하는 것을 넘어, “이것을 선택하면 여러분에게 어떤 이익이 생깁니다”라는 그림을 그려야 한다. 효과를 구체적으로 설명하고, 다른 것과의 차이점을 분명히 제시하며, 왜 발표자인 ‘당신’이 가장 적합한 사람인지를 증명해야 한다. 청중은 언제나

"그래서 나에게 어떤 도움이 되지?"라는 질문을 품고 앉아 있다. 이 질문에 가장 명확하고 매력적으로 답할 수 있는 발표가 성공한다.

많은 전문가들이 프레젠테이션을 '러브레터'에 비유하는 이유도 여기에 있다. 사랑하는 사람을 향한 고백은 진심과 배려, 그리고 상대에 대한 깊은 이해 없이는 성공할 수 없다. 발표 역시 같다. 청중이 공감할 수 있어야 하고, 발표자에게서 진심이 느껴져야 하며, 청중의 상황과 필요를 세밀히 알고 있어야 한다. 무엇보다 발표자의 언어는 "내가 말하고 싶다"가 아니라 "당신이 들어야 한다"라는 태도에서 출발해야 한다.

결국 프레젠테이션은 목적에서 시작한다. 청중이 발표를 듣고 무엇을 기억해야 하는지, 어떤 행동을 하길 원하는지 명확히 정의해야 한다. "여러분이 오늘 발표장을 나설 때 단 한 가지를 기억한다면, 그것은 바로 ______입니다." 이 한 문장을 완성하는 것이 곧 발표의 본질이자 준비의 종착지다. 목적이 뚜렷하면 메시지는 단단해지고, 단단한 메시지는 결국 청중의 마음을 움직인다.

프레젠테이션 준비의 비밀은 화려한 기교가 아니다. 그것은 철저한 분석, 치밀한 설계, 반복된 연습, 그리고 무엇보다 청중을 향한 따뜻한 마음이다. 발표자는 무대를 차지하는 사람이 아니라, 청중의 시간을 빌려 쓰는 사람이다. 그렇기에 준비는 곧 예의이고, 준비는 곧 설득이다. 당신의 한 문장이 누군가의 행동을 바꾸고, 한 장의 슬라이드가 누군가의 미래를 바꿀 수 있다. 그 순간, 프레젠테이션은 단순한 발표가 아니라 진정한 설득의 무대가 된다.

구성과 기획의 디자인

프레젠테이션은 건축과 같다. 좋은 건물은 화려한 외관만으로 완성되지 않는다. 설계도가 치밀해야 하고, 기둥과 뼈대가 단단해야 한다. 프레젠테이션도 마찬가지다. 아무리 매력적인 아이디어와 멋진 목소리를 가졌다 해도, 구성과 기획이 허술하다면 청중은 곧 집중을 잃고 발표는 공허해진다. 반대로 잘 짜인 구성은 평범한 아이디어도 빛나게 만들고, 단순한 사실도 설득의 힘을 얻게 한다.

결국 프레젠테이션의 성패는 어떻게 말할 것인가가 아니라 어떻게 설계할 것인가에서 갈린다. 청중은 발표자의 태도와 자료보다 먼저 메시지의 흐름과 구조에서 신뢰를 느낀다. 그 흐름이 탄탄할 때, 발표자는 무대 위에서 단순한 전달자가 아니라 설득의 건축가로 거듭날 수 있다. 그리고 그때 비로소 프레젠테이션은 하나의 작품처럼 오래도록 기억에 남는다.

1. 오프닝 — 시작은 곧 승부다

청중은 발표자의 첫 30초에서 이미 마음의 문을 열지 닫을지를 결정한다. 그렇기 때문에 오프닝은 단순한 인사가 아니라, 청중의 주의를 붙잡는 승부의 순간이다.

***스토리텔링 오프닝**

사람들은 데이터보다 이야기를 더 오래 기억한다. 예컨대 "저는 오늘 10년 전 제 첫 실패 경험으로부터 이야기를 시작하려 합니다"라는 한 마디는, 곧바로 청중의 호기심을 불러일으킨다. 스티브 잡스가 스탠퍼드 졸업식 연설에서 화려한 업적 대신, 입양아 시절과 실패 경험으로 문을 연 이유도 여기에 있다. 청중은 공감할 수 있는 인간적 이야기에 귀를 기울인다.

***충격적 사실 오프닝**

숫자는 강력하다. "하루에 평균 3시간, 우리는 스마트폰을 들여다봅니다. 일 년이면 45일을 잃는 셈입니다." 이런 데이터는 청중의 뇌리에 강렬하게 남는다. TED 강연자들이 종종 "여러분은 아마 상상도 못 하실 겁니다"라는 말로 시작하는 것도 통계적 반전이 주는 힘을 알기 때문이다.

***도발적 질문 오프닝**

"왜 우리는 노력해도 늘 시간이 부족할까요?"라는 질문은 청중의 사고를 강제로 깨운다. 특히 '왜'로 시작하는 질문은 본능적 궁금증을 자극한다. 실제로 많은 명연설가들이 핵심 질문을 던진 뒤 발표를 이어가는 이유는, 청중이 이미 마음속에서 답을 찾기 시작하기 때문이다.

2. 본론 — 메시지를 구조화하는 힘

본론은 단순히 정보를 나열하는 시간이 아니다. 본론은 설득의 근육을 세우는 과정이며, 청중의 이해를 구조화하는 작업이다.

***핵심 메시지를 압축하라**

좋은 본론은 핵심을 2~3가지로 정리할 수 있다. 예를 들어 신제품 발표라면 “혁신성, 경제성, 사용자 편리성” 세 가지 키워드로 요약하는 식이다. 이 키워드가 뼈대가 되고, 그 위에 데이터와 사례가 살을 붙인다.

***스토리와 데이터의 균형**

데이터만 나열하면 청중은 지루해한다. 그러나 이야기만 있으면 신뢰가 부족하다. 따라서 “팩트-스토리-팩트”의 리듬이 필요하다. 예를 들어 매출 성장률을 보여준 뒤, 실제 고객이 그 제품을 어떻게 활용했는지 짧은 스토리를 들려주고, 다시 다음 데이터로 넘어가는 식이다.

***브릿지 단어 활용**

프레젠테이션은 흐름이 생명이다. “다음으로 넘어가 보겠습니다”, “이제 특히 중요한 점은…”과 같은 브릿지 단어는 발표의 리듬을 끊기지 않게 한다. 브릿지를 잘 쓰는 연사는 마치 강을 건너는 다리를 하나하나 놓듯이 청중을 자연스럽게 다음 단계로 이끈다.

***두괄식 구조**

논문은 서론-본론-결론 순으로 전개되지만, 프레젠테이션은 결론을 앞세우는 두괄식이 효과적이다. 청중은 처음 몇 분 안에 이미 발표를 '판단'해 버린다. "오늘 제가 말씀드릴 핵심은 단 한 가지입니다. 바로 시장의 변화에 적응하지 못하면 우리는 3년 안에 뒤처진다는 사실입니다."라고 선명하게 시작한다면, 청중은 그 뒤의 설명을 훨씬 집중해서 듣는다.

3. 클로징 — 기억에 남는 마지막 장면

클로징은 발표 전체의 5%에 불과하지만, 청중의 기억에는 95%의 영향을 남긴다. 좋은 클로징은 청중이 박수를 치며 마음속으로 이렇게 말하게 만든다. "아, 이 메시지는 오래 기억해야겠다."

***요점 재강조**

"오늘 우리가 배운 세 가지 키워드는 혁신, 협력, 실행입니다." 처럼 반복은 기억을 강화한다.

***서론으로 회귀**

처음 던진 질문으로 돌아가는 방식도 강력하다. "서두에 '왜 변화가 필요할까요?'라고 물었습니다. 이제 답은 분명합니다. 변화하지 않으면 생존할 수 없기 때문입니다." 이런 회귀는 발표를 원형 구조로 완성시키며, 메시지를 더 단단히 고정한다.

***행동 촉구**

클로징은 단순한 요약이 아니라 행동을 끌어내는 시간이다. "여러분, 오늘부터 단 한 가지, 하루 10분만 학습에 투자해 보십시오. 그것이 1년 후 여러분의 미래를 완전히 바꿀 것입니다." 이런 구체적인 제안은 청중의 움직임을 만들어낸다.

4. 논리와 기획 — 설득의 지도

좋은 기획은 단순히 내용을 '채우는 것'이 아니라, 불필요한 것을 덜어내는 과정이다. 흔히 초보 발표자가 범하는 가장 큰 실수는 '헤비 콘텐츠'다. 조사한 모든 자료를 다 보여주려는 욕심이다. 그러나 청중은 방대한 자료에 압도되면 집중을 잃고 핵심을 놓친다. 오히려 핵심 몇 가지를 간결하게 전달하는 편이 더 강력하다.

프레젠테이션은 결국 청중이 원하는 목표를 발견하고, 그 목표를 충족하는 솔루션을 설계하는 일이다. 이를 위해 시장 조사, 경쟁 분석, 고객 사례 연구 등이 반드시 뒷받침되어야 한다. 성공적인 프레젠테이션은 단순히 아이디어를 내세우는 것이 아니라, 청중이 "그래, 이게 바로 내가 원하던 답이다"라고 느끼게 만드는 것이다.

5. 제스처와 비언어 — 말의 그림자

프레젠테이션은 '보여주는 설득'이다. 따라서 말 못지않게 제스처와 표정이 중요하다.

***손바닥을 드러내라**

이는 무의식적으로 청중에게 개방성과 신뢰를 준다.

***시선을 분배하라**

한 사람만 바라보면 배제당한 느낌을 준다. 큰 강의실에서는 'Z자형 시선 이동'으로 전체를 아우른다.

***방어적 제스처를 피하라**

팔짱, 뒷짐, 흔들리는 다리는 모두 불안과 방어를 의미한다.

***자연스러운 움직임** — 무대 위를 걸어 다니며 포인트마다 앞으로 다가가면, 메시지의 강약이 살아난다.

실제로 TED에서 명연설을 한 연사들을 보면, 손짓은 과하지 않지만 메시지와 일치한다. 중요한 포인트에서 주먹을 쥐거나 손바닥을 활짝 펴는 순간, 말보다 강력한 설득이 이루어진다.

프레젠테이션은 종합예술이다

프레젠테이션은 말하기의 기술을 넘어, 구성과 기획, 스토리텔링, 논리, 감정, 제스처까지 모두 어우러진 종합예술이다. 오프닝에서 마음을 열고, 본론에서 메시지를 세우며, 클로징에서 행동을 촉구한다. 그 전 과정은 논리와 기획으로 받쳐지고, 몸짓과 표정이 생명을 불어넣는다.

결국, 프레젠테이션은 단순한 발표가 아니다. 그것은 설득의 무대이며, 청중의 마음을 움직이는 예술이다. 잘 설계된 프레젠테이션은 한순간을 빛내는 것이 아니라, 청중의 삶 속에서 오래 기억되고 행동을 바꾸는 씨앗이 된다.

원칙과 과정

프레젠테이션은 단순한 발표가 아니다. 그것은 하나의 무대를 설계하고, 연출하고, 완성하는 과정이다. 무대 위에서 어떤 말을 하느냐보다 더 중요한 것은 그 말을 어떻게 준비하고, 어떤 흐름으로 풀어내며, 어떤 태도로 마무리하느냐이다. 그래서 프레젠테이션에는 반드시 지켜야 할 원칙과, 차근차근 밟아가야 하는 과정이 있다. 이 원칙과 과정을 소홀히 하는 순간 발표는 쉽게 무너지고, 아무리 좋은 아이디어도 힘을 잃는다. 반대로 이를 충실히 지킨다면 평범한 내용도 설득력을 얻고, 청중은 발표자를 신뢰하게 된다.

첫 번째 원칙은 '시간'이다. 시간은 발표의 생명줄과 같다. 아무리 뛰어난 콘텐츠라도 시간이 초과되면 청중은 집중력을 잃고 불편함을 느낀다. 결혼식장에서 축사가 길어져 지루했던 경험이나, 회의 발표가 끝나지 않아 다들 시계를 보던 순간을 떠올려 보라. 시간은 곧 청중의 삶을 존중하는 태도다. 두 번째 원칙은 '이해'

다. 어려운 용어와 복잡한 전문적 설명은 발표자의 지식은 드러낼지 몰라도 청중과의 거리를 멀게 만든다. 청중이 고개를 끄덕이며 "아, 그렇구나" 하고 공감하는 순간, 진짜 교감이 시작된다. 마지막 원칙은 '구성과 강조'다. 탄탄한 구조와 시각적 자료는 주제를 뚜렷하게 하고, 핵심 메시지를 더 오래 남게 한다. 메시지가 물처럼 흘러가버리지 않고, 마음에 박히는 순간이 바로 강조의 힘이다.

이 원칙을 바탕으로 프레젠테이션의 기획 단계가 시작된다. 가장 먼저 해야 할 일은 '대상 분석'이다. 청중의 연령, 성별, 학력, 관심사를 고려하지 않고 발표를 준비하는 것은 지도 없이 항해를 떠나는 것과 같다. 예를 들어 중학생을 상대로 대학 수준의 통계를 늘어놓는 것은 설득이 아니라 괴롭힘에 가깝다. 반대로, 청중의 눈높이를 맞추면 발표는 편안하게 흘러간다. 다음은 '목적 파악'이다. 발표가 끝난 뒤 청중이 무엇을 느끼고, 어떤 행동을 하기를 원하는가? 그 목적이 뚜렷해야만 모든 구성 요소가 한 방향으로 모인다. 이어서 필요한 보조수단을 준비한다. 파워포인트, 영상, 음향, 스크린 같은 장비들은 발표의 날개다. 그리고 원고와 슬라이드를 작성하며, 마지막으로 예행연습을 통해 실전을 시뮬레이션한다. 리허설을 거친 발표는 무대 위에서 흔들림이 없다.

프레젠테이션의 원고는 단순한 대본이 아니다. 그것은 청중과의 대화 시나리오다. 원고를 쓸 때는 청중의 수준을 고려해 용어를 풀고, 복잡한 문장은 간결하게 다듬어야 한다. 또한 텍스트만 나열하기보다 차트와 이미지, 그림을 적절히 활용해 정보의 시각화를 꾀해야 한다. 무엇보다 발표자의 독창적인 시선이 들어가야 한다. 같은 자료를 사용해도 발표자가 어떤 관점으로 해석하느냐에 따라 발표는 완전히 달라진다.

준비 단계에서는 기술적인 부분도 중요하다. 청중 규모에 맞는 장소를 정하고, 컴퓨터와 프로젝터, 스크린, 마이크, 의자와 같은 기본 기자재를 미리 점검해야 한다. 장비가 제대로 작동하지 않아 발표가 중단되는 상황은 청중의 집중을 한순간에 무너뜨린다. 작은 디테일을 미리 챙기는 태도야말로 프레젠테이션의 품격을 지켜주는 장치다.

발표가 시작되면 모든 것이 드러난다. 발표자는 청중 앞에서 자신이 준비한 내용을 논리적으로 풀어내야 하고, 자신감 있는 태도로 메시지를 전해야 한다. 발음은 정확해야 하며, 준비한 시간은 반드시 지켜야 한다. 청중은 발표자의 지식보다 태도에서 신뢰를 읽는다. 작은 흔들림이나 무책임한 태도는 말보다 더 큰 소리로 청중에게 다가온다.

마지막으로, 프레젠테이션은 끝났다고 해서 끝난 것이 아니다. 진짜 의미는 결과 분석에서 나온다. 발표 후 청중의 반응을 분석하고, 설문이나 피드백을 통해 자신이 놓친 부분을 확인해야 한다. 청중의 질문 수준은 발표의 이해도를 가늠할 수 있는 중요한 지표다. 또한 실무에서 발표 후 실제로 어떤 변화가 일어났는지 점검하며, 그 결과를 바탕으로 다음 발표의 개선점을 찾는다면 프레젠테이션은 경험을 통해 점점 더 정교해질 수 있다.

결국 프레젠테이션의 원칙과 과정은 '해야 할 절차'의 목록이 아니다. 그것은 청중을 존중하는 마음의 표현이며, 메시지를 설득력 있게 빚어내는 창조적 과정이고, 발표자 스스로의 신뢰를 쌓아 올리는 성장의 무대다. 원칙은 단단한 기둥이고 과정은 그 위에 세워지는 정교한 건축물이다. 기둥만 있어도, 장식만 있어도 건물은 설 수 없다. 두 가지가 어우러질 때 비로소 그 안에 사람들이 모이고, 마음이 움직이며, 공감이 피어난다.

프레젠테이션의 힘은 단순히 자료를 잘 정리하는 능력에서 오지 않는다. 그것은 내가 얼마나 청중의 시간을 소중히 여기고, 그들의 눈높이에서 이야기를 풀어내며, 그들의 마음을 향해 다가가려 했는가에서 비롯된다. 즉, 원칙과 과정을 충실히 지켜낸다는 것은 결국 "나는 당신을 존중합니다. 나는 당신과 연결되고 싶습니다."라는 선언과도 같다. 이 선언이 무대 위에서 실현될 때, 프레젠테이션은 단순한 발표를 넘어 '사람의 마음을 움직이는 사건'으로 기억된다.

마지막 순간, 청중이 자리에서 일어나 박수를 치는 이유는 화려한 슬라이드나 유려한 언변 때문만은 아니다. 발표자가 보여준 태도, 준비 속에 담긴 정성, 과정 하나하나에 배어 있던 배려가 울림이 되어 가슴에 남는 것이다. 그래서 프레젠테이션은 정보의 나열이 아니라, 신뢰와 감동을 디자인하는 예술이다. 결국 발표자의 한마디, 한 장의 슬라이드, 한 번의 시선이 청중의 생각을 바꾸고, 때로는 삶을 바꿀 수도 있다.

프레젠테이션의 원칙과 과정은 그렇게 단순한 절차가 아닌, 마음을 움직이고 세상을 바꾸는 설득의 예술로 거듭난다. 당신이 준비하는 다음 무대에서, 원칙과 과정은 당신의 가장 든든한 무기가 될 것이다. 그리고 그 무기는 화려한 기술보다 오래 남아, 발표가 끝난 후에도 청중의 마음속에서 따뜻한 울림으로 살아 있을 것이다.

"프레젠테이션의 목적은 정보를 전달하는 것이 아니라,
마음을 움직이는 것이다."

- 낸시 두아르테 -

8장
강사 디자인

리더십과 자질

교육의 목적은 단순히 지식을 채워 넣는 것이 아니라, 마음을 여는 것이다.

_알버트 아인슈타인

강사의 능력

강의실에 서는 순간, 강사는 단순히 지식을 전달하는 사람이 아니라 청중의 마음을 움직이는 지도자가 된다. 지도란 단순한 방향 제시가 아니다. 그것은 타인에게 영향을 미치고, 그 사람을 변화시키며, 동시에 자신도 함께 성장하는 상호작용이다. 강사의 말 한마디, 몸짓 하나가 수강생의 사고방식을 바꾸고, 태도를 변화시키며, 삶의 전환점을 만들어낼 수도 있다. 그렇기에 진정한 강사는 자신이 던지는 말의 무게와 그 파급력을 누구보다 깊이 자각해야 한다.

그러나 이 과정이 결코 쉽지 않다. “말하고 싶다”는 마음과 “잘 말할 수 있다”는 능력 사이에는 거대한 간극이 있다. 머릿속의 추상적인 생각을 구체적이고 설득력 있는 언어로 옮겨내기 위해서는 끊임없는 훈련과 준비가 필요하다. 강사의 능력은 단순히 지식의 양으로 평가되지 않는다. 그것은 통찰력, 추리력, 기획력, 창조력, 표현력이라는 다섯 가지 힘이 서로 어우러질 때 비로소 빛을 발한다.

먼저, 통찰력은 강사의 눈을 깊고 멀리 열어주는 능력이다. 수강생이 겉으로 드러내지 않은 고민이나 집단의 분위기를 읽어내고, 강의 주제가 사회와 어떻게 연결되는지를 파악하는 힘이다. 예를 들어, 단순히 "시간 관리의 중요성"을 말하는 것이 아니라, 청년 수강생에게는 "취업 준비와 자기계발의 균형"으로, 직장인에게는 "성과와 삶의 조화를 이루는 기술"로 연결시킬 수 있어야 한다. 통찰력이란 결국 '그들의 눈높이에서, 그러나 한 발 앞서' 미래를 보여주는 힘이다.

다음으로 필요한 것은 추리력이다. 강의는 늘 예측 불가능한 질문과 상황 속에서 진행된다. 수강생이 "그건 왜 그렇습니까?"라고 물을 때, 강사는 단순한 정답을 내놓는 사람이 아니다. 오히려 "왜 그럴까?"라는 질문을 다시 던지고, 함께 생각의 실타래를 풀어나가는 사람이다. 강사의 추리력이 빛날수록 강의는 단순한 지식 전달이 아니라 사고의 확장과 탐구의 장으로 바뀐다. 이 과정에서 강의는 밀도를 얻고, 수강생은 강사의 사고법 자체를 배우게 된다.

세 번째 능력은 기획력이다. 아무리 좋은 지식도 엉성한 구조에 담기면 그 힘을 잃는다. 훌륭한 강사는 청중의 관심사에 따라 주제를 배치하고, 흐름을 설계하며, 이야기와 데이터를 적절히 엮어낸다. 이를테면, 발표 도입에서 흥미로운 사례를 던져 주의를 끌고, 중반부에는 논리적 근거와 자료로 설득하며, 마지막에는 감동적인 메시지로 기억에 남게 하는 것이다. 강의가 끝난 후에도 청중이 “오늘 들은 이야기 덕분에 내가 바로 행동해야겠다”라고 느낀다면, 그것은 뛰어난 기획력이 뒷받침되었기 때문이다.

네 번째로, 강사의 창조력은 강의의 차별성을 결정한다. 같은 내용을 가르치더라도, 어떤 강사는 청중의 마음을 열고, 어떤 강사는 지루함 속에 묻히고 만다. 이는 전달 방식에서 비롯된다. 강사는 단순히 책 속의 문장을 읽어주는 사람이 아니다. 사례를 새롭게 연결하고, 익숙한 개념을 전혀 다른 비유로 풀어내며, 수강생이 미처 생각하지 못한 시각을 제시해야 한다. 이를 통해 수강생은 ‘강의가 끝나면 잊어버리는 지식’이 아니라 ‘삶에 오래 남아 쓰이는 지혜’를 얻게 된다.

마지막으로, 이 모든 능력을 청중에게 실질적으로 전달하는 힘은 표현력에서 완성된다. 아무리 깊은 통찰과 탁월한 기획이 있어도 그것을 효과적으로 표현하지 못한다면 청중은 마음을 열지 않는다. 좋은 표현력이란 단순히 목소리를 크게 내거나 유창하게 말하는 것이 아니다. 청중의 반응을 읽고 즉각적으로 톤과 속도를 조절하는 것, 복잡한 개념을 누구나 이해할 수 있는 언어로 바꾸는 것, 그리고 무엇보다도 진심이 담긴 목소리로 말하는 것이다. 표현력은 강사의 지식과 청중의 이해를 연결하는 다리이자, 감정을 전하는 가장 직접적인 통로다.

강사의 능력은 단순한 재능이나 말솜씨의 문제가 아니다. 그것은 결국 사람을 향한 마음, 그리고 그 마음을 전달하기 위한 끝없는 준비와 성찰에서 비롯된다. 청중 앞에 서는 순간, 강사는 무대 위의 주인공이 아니라 청중을 빛나게 하는 조연이 된다. 강사가 가진 통찰력은 청중의 미래를 밝히는 등불이 되고, 추리력은 함께 길을 찾는 나침반이 되며, 기획력은 길을 따라 세워진 안내판이 된다. 창조력은 새로운 풍경을 보여주는 창문이 되고, 표현력은 그 풍경을 생생히 전달하는 바람이 된다. 결국 이 다섯 가지 능력이 하나로 모일 때, 강의는 단순한 시간이 아니라 청중의 삶을 바꾸는 경험으로 거듭난다.

진정한 강사는 말로만 가르치지 않는다. 그들의 눈빛과 태도, 그리고 청중을 존중하는 자세 속에서 더 큰 메시지를 전한다. 강사의 능력이란 곧 사람을 변화시키는 힘이며, 동시에 자신을 더 나은 사람으로 만들어가는 여정이다. 그렇기에 강의란 늘 양방향의 기적이다. 강사가 청중을 변화시키고, 청중의 눈빛은 다시 강사를 성장시킨다. 이 아름다운 순환이 이어질 때, 우리는 비로소 강사의 능력이 가진 진정한 의미를 깨닫게 된다.

강사의 리더십

강사는 단순히 지식을 전달하는 사람이 아니다. 강사는 수강생을 인도하는 리더이며, 교실이라는 무대를 이끄는 연출자이자, 때로는 학생들의 마음을 밝히는 등불이다. 한 사람의 말과 태도, 한 번의 시선과 제스처가 수강생의 태도와 삶에 파문을 일으킨다. 그렇기에 강사의 리더십은 단순한 기술이 아니라, 강의의 품격을 결정짓는 핵심 에너지라 할 수 있다.

아름다운 진주에는 반드시 단단한 핵이 있듯, 강사의 리더십에도 흔들리지 않는 중심이 필요하다. 그 중심이 곧 강사의 매력, 능력, 그리고 올바른 판단력이다. 아무리 화려한 언변이나 전문적인 지식이 있어도, 그 속에 사람을 이끄는 진심 어린 핵심이 없다면 청중은 마음을 열지 않는다. 강사의 리더십이란 바로 이 핵심을 단단히 세우고, 그 위에 지식과 경험, 그리고 인간미를 덧입히는 과정이다.

첫째, 리더십의 시작은 인간적 매력이다. 강사의 인간적 매력은 수강생과의 거리를 좁히는 다리다. 차가운 설명만 늘어놓는 강사는 쉽게 잊히지만, 미소 한 번, 따뜻한 농담 한 마디, 진심 어린 격려는 수강생의 가슴속에 오래 남는다. 예를 들어, 발표를 두려워하는 학생이 있을 때 강사가 "괜찮아, 나도 처음엔 목소리가 떨렸어."라고 말해준다면, 그것은 단순한 위로를 넘어 학생의 두려움을 녹이고 도전할 용기를 심어준다. 인간적 매력은 교실의 공기를 바꾸는 힘이며, 청중의 귀를 열고 마음을 열게 하는 열쇠다.

둘째, 강사의 리더십은 기술적 능력에서 완성된다. 리더는 단순히 친근하기만 해서는 부족하다. 강사가 전문 지식과 전달 기술을 갖추지 못하면, 수강생은 금세 흥미를 잃는다. 강단에 선 순간 강사는 스스로에게 질문해야 한다. "나는 이 내용을 충분히 이해했는가? 그리고 이 내용을 다른 사람들이 쉽게 이해할 수 있도록 전달할 수 있는가?" 지식은 뿌리이고, 표현력은 가지와 잎이다. 뿌리가 깊지 않으면 나무는 쉽게 쓰러지고, 잎이 생기지 않으면 나무는 청중의 눈길을 끌 수 없다. 탄탄한 준비와 매끄러운 전달은 강사의 신뢰도를 높이고, 청중을 끝까지 집중하게 만든다.

셋째, 리더십은 무엇보다 개념적 기능, 즉 올바른 판단력에서 드러난다. 강의는 단순한 정보 나열이 아니라, 정보들을 엮어 새로운 그림을 그려내는 과정이다. 청중이 듣고 싶어 하는 것은 단순한 사실의 나열이 아니라, "이 사실이 내 삶과 어떤 관련이 있는가"에 대한 명쾌한 답이다. 만약 강사가 잘못된 판단에 근거한 이야기를 한다면, 청중은 곧 혼란을 느끼고 강의 전체에 대한 신뢰를 잃는다. 반대로 명확한 통찰과 종합적인 시각을 보여주는 순간, 청중은 강사의 말에 고개를 끄덕이며 그를 신뢰하게 된다. 이는 단순한 지식의 전달을 넘어 청중의 삶에 영향을 주는 순간이다.

리더십을 가진 강사는 단지 "말 잘하는 사람"에 머물지 않는다. 그는 학생의 잠재력을 깨우고, 청중이 스스로 변화할 수 있는 동기를 부여한다. 강사의 리더십은 사람을 움직이고, 동시에 자신도 성장하게 만든다. 강의란 결국 양방향의 여정이다. 수강생이 변화할 때 강사도 함께 변화한다. 수강생이 성장할 때 강사의 리더십 또한 더 깊어지고 단단해진다.

결국, 강사의 리더십은 화려한 스킬이나 요란한 언변에서 나오지 않는다. 그것은 언제나 사람을 향한 진심에서 비롯된다. 인간적인 매력으로 청중의 마음을 열고, 기술적 능력으로 신뢰를 쌓으며, 올바른 판단력으로 메시지를 완성하는 순간, 강의는 단순한 지식의 나열을 넘어 사람의 삶을 바꾸는 울림이 된다. 강사의 말은 청중의 귀를 스쳐 지나가는 것이 아니라, 그들의 가슴에 새겨지고 행동을 일으키는 씨앗이 된다.

진정한 강사는 청중을 단순히 "듣는 사람"으로 두지 않는다. 그들을 함께 성장하는 동반자로 세운다. 그래서 강의실을 나서는 수강생은 더 큰 용기와 새로운 시선을 얻고, 강사는 그들의 눈빛 속에서 스스로의 사명을 다시 확인한다. 이때 강사는 단순한 강연자가 아닌, 누군가의 인생에 길을 비춰주는 리더로 남는다.

"리더십은 직함이 아니라, 마음을 움직이는 능력이다."라는 말처럼, 강사의 리더십은 자리를 지키는 힘이 아니라 사람을 이끄는 따뜻한 영향력이다. 말 한마디, 눈빛 하나, 태도 하나가 청중의 인생을 바꾸는 순간, 강사는 단순히 말하는 사람이 아니라, 누군가의 기억 속에 평생 남는 '빛'이 된다.

태도와 자세

강의는 단순히 정보를 나누는 시간이 아니다. 그것은 청중의 마음과 시간을 맡아 책임지는 장엄한 순간이다. 그렇기에 강사의 태도와 자세는 기술 이전에 사람을 대하는 태도의 본질에서 출발해야 한다. 강의실에서 강사는 지식의 전달자이자, 메시지를 퍼포먼스로 구현하는 배우이며, 동시에 청중의 이야기를 들어주는 상담자이기도 하다.

무엇보다 강사의 말은 언제나 신중해야 한다. 말은 강사의 무기가 되기도 하지만, 때로는 칼처럼 상대를 베어버릴 수도 있다. 부주의하게 던진 농담 한마디, 가볍게 내뱉은 비아냥은 수강생의 마음을 닫히게 한다. 반대로 따뜻한 배려가 담긴 언어, 청중의 상황을 고려한 말투는 긴장을 풀고 신뢰를 쌓는다. 강사는 언제나 스스로에게 질문해야 한다. “내가 지금 하려는 말이 청중의 마음을 세워주는가, 아니면 무너뜨리는가?” 이 신중함이 강사의 권위를 만들고, 신뢰를 단단히 한다.

그러나 말만으로는 충분하지 않다. 스피치는 언제나 몸짓 언어와 함께 완성된다. 강사의 자세는 곧 그의 정신적 준비상태와 침착성을 비추는 거울이다. 두 발을 어깨너비로 벌리고 허리를 곧게 펴고 머리를 바르게 든 기본 자세는 준비된 연사라는 인상을 주며, 청중의 시선을 집중시킨다. 반대로 몸이 비딱하게 기울어져 있거나 탁자에 기대어 서 있는 모습은 무대 이전에 이미 신뢰를 잃게 만든다. 중요한 것은 단호하면서도 편안한 균형이다. 자세가 지나치게 꼿꼿하면 청중도 긴장하고, 지나치게 흐트러지면 권위가 무너진다. 편안하면서도 정신을 바짝 차린 인상, 그것이 가장 이상적인 스피치 자세다.

경험이 많은 강사들은 안다. 같은 자세로 오래 서 있으면 단조로움이 생기고, 청중의 집중도도 떨어진다는 것을. 그래서 때때로 한 발을 살짝 내딛거나, 체중을 부드럽게 바꾸는 변화가 필요하다. 그러나 그 움직임은 반드시 자연스러워야 한다. 무의미하게 몸을 흔들거나, 손을 만지작거리거나, 무게중심을 계속 바꾸는 것은 오히려 청중의 집중력을 분산시킨다. 몸짓에는 늘 목적과 절도가 있어야 하며, 움직임은 메시지를 보완할 때만 쓰여야 한다.

특히 팔과 손은 강사에게 가장 다루기 어려운 부분이다. 많은 초보 강사들이 손을 어디에 두어야 할지 몰라 불안해한다. 그러나 팔은 억지로 붙들어 매는 것이 아니라, 대화하듯 자연스럽게 흐르도록 두는 것이 최선이다. 손을 아랫배 앞에 가볍게 모으거나, 필요할 때 제스처로 메시지를 강조하는 정도면 충분하다. 중요한 것은 손이 불안의 신호가 아니라 메시지의 확장 도구가 되어야 한다는 점이다. 두 손을 과도하게 교탁에 누르거나, 호주머니에 넣거나, 팔짱을 끼는 자세는 모두 폐쇄적인 신호로 읽힌다. 손은 늘 열려 있어야 하고, 청중을 향한 문이 되어야 한다.

강사의 태도와 자세를 이야기할 때 경청은 반드시 짚고 넘어가야 한다. 우리는 흔히 '말 잘하는 강사'를 떠올리지만, 진정 매력적인 강사는 '잘 들어주는 사람'이다. 청중의 질문을 끊지 않고 끝까지 듣고, 고개를 끄덕이며 "좋은 질문이에요"라고 반응하는 순간, 강사는 단순한 전달자가 아니라 소통자가 된다. 청중의 표정과 몸짓 역시 중요한 메시지다. 팔짱을 끼고 멀어진 태도는 강의의 리듬을 바꿔야 한다는 무언의 신호이고, 고개를 끄덕이며 공감하는 태도는 더 깊이 나아가도 좋다는 초대다. 경청하는 강사는 이 신호를 읽고 흐름을 조율하며, 강의의 품격을 한 단계 끌어올린다.

강의는 또한 퍼포먼스의 무대다. 목소리의 톤과 속도를 조절해 긴장감을 만들고, 몸짓과 표정으로 메시지를 살아나게 하는 순간, 강의는 단순한 말의 나열을 넘어 하나의 체험이 된다. 강조하고 싶은 대목에서 살짝 몸을 앞으로 기울이고, 목소리를 낮추어 속삭이듯 전하면 청중은 본능적으로 집중한다. 때로는 적절한 침묵조차 강력한 메시지가 된다. 연극에서처럼, 짧은 멈춤이 수많은 말보다 더 큰 울림을 남기는 것이다.

다만 중요한 것은 과장된 연기가 아니라 진정성이다. 화려한 퍼포먼스는 잠시 흥미를 끌 수 있지만 오래 기억되지는 않는다. 반대로 담백하지만 진심이 담긴 태도는 시간이 지나도 청중의 마음속에 남는다. 강사의 자세란 결국 퍼포먼스와 진정성의 균형을 찾는 일이다.

결론적으로, 강사의 태도와 자세는 단순히 올바른 몸가짐을 유지하는 차원을 넘어선다. 그것은 신중한 언어와 열린 귀, 메시지를 드라마처럼 살려내는 퍼포먼스, 그리고 청중의 마음을 끝까지 집중시키는 연기력의 절묘한 균형 속에서 비로소 완성된다. 강사의 말은 지식을 전달할 수 있지만, 그 말이 어떤 울림을 남기느냐는 태도와 자세에서 결정된다.

말이 흘러간 자리에는 정보가 남는다. 그러나 태도가 머물렀던 자리에는 기억과 감동이 남는다. 청중은 강사가 들려준 사실이나 통계는 잊어도, 강사가 보여준 따뜻한 눈빛, 자신감 있는 몸짓, 진심이 담긴 한마디는 오래도록 가슴 속에 간직한다. 그래서 진정한 강사는 강의실을 단순히 지식을 주고받는 학습의 공간으로 머무르게 하지 않는다. 그곳을 마음이 움직이고, 삶이 전환되는 무대로 바꿔낸다.

그리고 그 무대 위에서 강사는 더 이상 한 사람의 연사가 아니다. 그는 누군가에게는 용기를, 누군가에게는 희망을, 또 누군가에게는 새로운 길을 비춰주는 빛이 된다. 강사의 자세는 결국 “나는 당신을 존중합니다"라는 무언의 선언이며, 그 선언이 반복될 때 강의는 단순한 수업을 넘어 청중의 인생에 잊을 수 없는 흔적을 남긴다. 진정한 강사는 말로 머리를 채우는 사람이 아니라, 태도로 마음을 밝히는 사람이다. 그것이 강사의 궁극적인 품격이며, 시대가 어떤 변화를 겪더라도 변치 않을 리더십의 본질이다.

강사의 제스쳐

스피치라고 하면 우리는 흔히 '말'을 먼저 떠올린다. 그러나 진정한 스피치는 입에서 흘러나오는 문장만으로 완성되지 않는다. 말이 빛을 발하기 위해서는 반드시 몸짓이 따라야 한다. 이를 우리는 흔히 '바디랭귀지'라 부른다. 제스처는 단순한 부속물이 아니라, 메시지를 살아 움직이게 하는 두 번째 언어다. 강사가 어떤 몸짓을 하느냐에 따라 청중은 말의 의미를 새롭게 해석하고, 때로는 말보다 더 강한 감동을 받는다.

첫째, 제스처는 말의 의미를 해석할 힌트를 제공한다. 같은 문장이라도 당당한 자세와 확신에 찬 표정으로 말하면 "이것은 사실이며 반드시 믿을 만하다"라는 울림이 담기지만, 청중을 외면하거나 굳은 얼굴로 전하면 자신도 확신하지 못하는 메시지로 받아들여진다. 청중은 말의 내용보다 말하는 태도와 몸짓에서 더 많은 것을 읽어낸다.

둘째, 제스처는 연사의 감정을 고스란히 드러낸다. 두 손을 어디에 둘지 몰라 허둥대는 강사, 시선을 이리저리 흩뿌리는 강사는 불안함을 감추지 못한다. 반대로 굳건히 서서 청중과 눈을 맞추고, 명확하고 힘 있는 손동작으로 메시지를 강조하는 강사는 자신감과 신뢰를 전달한다. 말보다 빠르게, 몸은 강사의 내면을 고백하고 있는 것이다.

셋째, 제스처는 메시지를 보완하고 확장한다. 단순히 목소리만으로는 전달되지 않는 강조, 반복, 분명한 의미 부여를 몸짓이 대신한다. 청중의 시선은 언제나 말과 손의 조화를 따라 움직인다. 따라서 적절한 제스처는 청중의 집중을 끌어모으는 강력한 자석이 된다.

그렇다면 좋은 제스처란 무엇일까? 핵심은 '자연스러움'이다. 제스처는 억지로 만들어내는 연기가 아니라, 말의 흐름에 따라 무의식적으로 흘러나오는 몸짓이어야 한다. 일상 대화 속에서 손과 팔이 자연스럽게 움직이듯, 강의실에서도 제스처는 말의 일부처럼 보완적이고 유기적으로 이어져야 한다. 두 손을 호주머니 속에 묶어두거나 교탁을 움켜쥐고 있으면 손은 자유를 잃는다. 자유로운 손에서만 자연스러운 제스처가 태어난다.

제스처는 크고 분명해야 한다. 특히 다수의 청중 앞에서는 손끝의 작은 움직임이 닿지 않는다. 팔 전체를 유기적으로 움직이며 어깨, 팔꿈치, 손이 함께 살아 있어야 한다. 크다고 해서 과장되게 흔드는 것은 금물이다. 중요한 것은 분명하게 시작해 분명하게 마무리하는 완결성이다. 주춤거리다 멈춘 제스처는 오히려 자신감 부족을 드러낸다. 한 번 움직였다면, 끝까지 힘 있게 밀고 나가야 한다.

또한 제스처는 말과 타이밍을 맞추어야 한다. 말보다 늦거나 먼저 나온 손동작은 오히려 어색함만 남긴다. "여러분, 지금이 바로 변화의 순간입니다."라는 말과 동시에 손을 앞으로 내밀 때 청중은 직관적으로 메시지를 받아들인다. 그러나 말이 끝난 뒤에 손이 뒤늦게 움직인다면 메시지의 힘은 반감된다.

상황에 따라 제스처의 크기와 빈도도 달라져야 한다. 정치 연설이나 대규모 강연에서는 크고 빈번한 제스처가 필요하지만, 연구 보고나 회의 발표에서는 절제된 손동작이 더 설득력을 갖는다. 중요한 것은 '청중의 거리와 상황'이다. 큰 청중 앞에서는 멀리서도 보이도록 확대해야 하고, 가까운 청중과는 차분하면서도 명확하게 표현해야 한다.

제스처는 단조로워서는 안 된다. 처음부터 끝까지 같은 크기, 같은 모양만 반복되면 아무리 정열적인 강의라도 청중은 금세 피로를 느낀다. 강조할 때는 크게, 설명할 때는 부드럽게, 질문을 던질 때는 열린 손동작으로. 손과 팔의 각도와 움직임은 다양하게 변화해야 청중의 눈과 마음이 살아 움직인다.

결국, 강사의 제스처는 단순한 손놀림이 아니다. 그것은 메시지를 시각적으로 번역해 보여주는 또 하나의 언어다. 적절한 제스처는 말보다 빠르게 청중의 마음에 닿아 신뢰와 감동을 심는다. 청중은 강사의 말은 잊을 수 있어도, 강사의 몸짓에서 전해진 확신과 열정은 오래 기억한다. 그러므로 강사의 제스처는 단순히 '움직임'이 아니라, 말에 생명을 불어넣는 숨결이며, 청중의 마음을 흔드는 보이지 않는 다리다.

강사의 이미지메이킹

강사의 이미지는 단순한 외양의 문제가 아니다. 그것은 곧 강사의 신뢰와 공신력으로 직결된다. 단정한 복장과 깔끔한 태도로 무대에 선 강사는, 말 한마디를 꺼내기 전부터 이미 청중에게 "이 사람은 준비된 사람이다"라는 인상을 심어준다. 반대로 허술하고 너저분한 모습으로 등장하면, 청중은 강사의 메시지를 듣기도 전에 그의 말을 가볍게 여기게 된다. 결국 강사의 외모와 태도는 강의의 첫인상, 즉 신뢰의 문을 여는 열쇠다.

물론 이미지란 단순히 멋을 부리는 것이 아니다. 그것은 정중함과 진정성을 담아내는 표현이어야 한다. 중요한 자리에서는 정장이 필요하고, 소탈함을 드러내야 하는 순간에는 격식을 조금 내려놓을 수도 있다. 그러나 어떤 경우에도 '단정함'이라는 원칙은 포기할 수 없다. 캐주얼함이 소탈함이 될 수 있지만, 지저분함은 결코 매력으로 포장되지 않는다. 강사의 이미지는 언제나 '품격 있는 단정함'을 기본으로 해야 한다.

좋은 이미지메이킹의 첫걸음은 자기 자신을 아는 일이다. 브랜드가 시장에서 자신의 위치를 정하듯, 강사도 자신만의 포지셔닝을 분명히 해야 한다. 나는 어떤 마인드를 가진 사람인가? 나의 비주얼은 어떤 메시지를 전달하고 있는가? 나의 말투와 태도는 청중에게 어떤 느낌을 주고 있는가? 이런 질문을 통해 자기 분석을 하고, 자신의 아이덴티티를 확립해야 한다. 이미지란 겉모습만의 문제가 아니라, 내면과 외면이 조화를 이루는 총체적 정체성이기 때문이다.

또한 강사의 이미지는 '상황 맞춤형'으로 디자인되어야 한다. 웃는 얼굴이 언제나 좋은 것은 아니듯, 강사의 이미지는 시간, 장소, 상황에 맞게 변화할 수 있어야 한다. 기업 강연이라면 전문성과 신뢰가 강조되는 이미지가 필요하고, 청소년 대상 강의라면 따뜻함과 유머가 묻어나는 이미지가 적절하다. 중요한 것은 어떤 상황에서든 '최상의 나'를 보여주려는 의식적인 노력이다. 이미지는 결코 우연히 만들어지지 않는다. 끊임없이 의식하고 관리하는 습관에서 비롯된다.

강사의 이미지는 연구와 성찰을 통해 완성된다. 겉모습을 아무리 멋지게 꾸며도 강의 내용이 허술하면 이미지는 곧 무너진다. 반대로 차분하고 소박한 외모를 가졌더라도, 깊이 있는 지식과 설득력 있는 메시지를 전달한다면 청중은 그를 신뢰한다. 강사는 단순히 잘 보이는 사람이 아니라, 타인의 생각과 행동을 바꾸는 사람이다. 그렇기에 이미지를 만드는 과정에는 지식의 깊이와 태도의 진정성이 반드시 포함되어야 한다.

이미지는 결국 '첫인상'에서 출발하지만, '행동'에서 완성된다. 아무리 잘 차려입어도 무심한 태도, 불친절한 말투 하나가 전체 이미지를 무너뜨릴 수 있다. 반대로 따뜻한 미소, 상대방의 말을 존중하는 경청, 거울처럼 상대의 몸짓을 따라주는 미러링은 강사의 이미지를 더욱 매력적으로 만든다. 작은 행동이 큰 이미지를 결정짓는 것이다.

그리고 잊지 말아야 할 것이 바로 '말하기'다. 강사의 말은 단순히 정보를 전달하는 도구가 아니다. 그것은 곧 그의 인격과 태도를 드러내는 거울이다. 설득력 있는 언어, 호감을 주는 대화법, 자신감 있는 스피치는 강사의 이미지를 한층 더 빛나게 한다. "저 사람의 말은 믿을 수 있다"는 인상을 심어줄 때, 강사의 이미지는 단순히 외양을 넘어 신뢰의 상징으로 자리 잡는다.

강사의 이미지메이킹은 외모와 복장을 넘어선다. 그것은 태도와 언어, 지식과 성실함이 어우러진 총체적 그림이다. 청중은 강사의 지식을 기억하지 못할 수도 있다. 그러나 강사가 풍기는 이미지, 즉 단정함 속에 담긴 진정성과 신뢰는 오래도록 마음에 남는다. 강사는 강의실에 들어서는 순간부터, 청중에게 단순한 연사가 아니라 '신뢰할 수 있는 사람', 나아가 '따라가고 싶은 리더'로 기억되어야 한다.

강사의 이미지는 하루아침에 만들어지지 않는다. 그것은 매 순간의 태도와 습관, 그리고 청중을 존중하는 마음이 쌓여 만들어지는 것이다. 결국, 진정한 강사의 이미지는 외모가 아니라, 그가 남기는 울림 속에 있다.

자기계발 디자인

강사라는 직업은 단순히 강단 위에서 지식을 전하는 사람이 아니다. 그는 청중의 생각을 흔들고, 마음을 움직이며, 때로는 삶을 바꾸는 길잡이다. 그렇기 때문에 강사의 자기계발은 선택이 아니라 필수다. 강사가 멈추는 순간, 청중은 더 이상 그에게서 배울 이유를 찾지 못한다. 강사가 자신을 새롭게 디자인하는 과정은 곧 강의의 품격을 결정짓는 과정이다.

미래학자들은 현대인에게 반드시 필요한 세 가지 덕목으로 자신감, 전문성, 그리고 스피치 커뮤니케이션을 꼽는다. 흥미로운 점은 이 세 가지가 서로 긴밀하게 연결되어 있다는 것이다. 전문성이 뒷받침될 때 자신감이 나오고, 자신감 있는 말은 설득력을 가지며, 그것이 결국 효과적인 스피치로 완성된다. 강사의 자기계발은 이 세 축을 고르게 다듬고 확장하는 과정이다.

전문성, 강사의 뿌리

전문성 없는 강의는 뿌리 없는 나무와 같다. 순간적으로는 화려해 보일지 몰라도 오래 버티지 못한다. 강의 경험이 쌓일수록 스킬은 일정 수준에서 멈추지만, 전문성은 한계 없이 깊어진다. 꾸준한 독서와 연구, 현장 경험은 새로운 아이디어를 낳고, 지식의 융합은 강사의 메시지를 더욱 빛나게 만든다. 그래서 스킬만 뛰어난 강사보다, 다소 어색하더라도 깊이 있는 지식을 가진 강사가 결국 더 오래 청중에게 사랑받는다. 강사는 단순한 오락 제공자가 아니라, 학습자에게 삶에 필요한 의미 있는 정보를 전하는 사람이라는 사실을 잊지 말아야 한다.

말투와 매너, 강사의 표정

말은 강사의 얼굴이다. 같은 내용이라도 어떤 말투와 태도로 전달하느냐에 따라 청중의 마음은 전혀 다른 방향으로 움직인다. 신중한 말은 신뢰를 쌓고, 따뜻한 말은 위로가 되며, 경솔한 말은 단 한순간에 관계를 무너뜨린다. 사투리든 표준말이든 상관없다. 중요한 것은 그 말 속에 담긴 태도와 매너다. 청중을 존중하는 말은 목소리의 색깔부터 달라진다.

강사의 조건, 유연함과 진정성

좋은 강사는 청중의 수준과 환경을 고려하여 유연하게 강의를 이끈다. 어린 학생 앞에서 쓰는 언어와, 기업 임원 앞에서 쓰는 언어는 다를 수밖에 없다. 또 강사는 청중을 지목해 폄하하지 않고, 대신 칭찬과 격려로 동기를 북돋운다. 무엇보다 자신의 색깔과 열정을 솔직하게 드러내어 청중이 신뢰할 수 있는 분위기를 만든다. 강의는 지식을 주고받는 시간이 아니라 사람과 사람이 연결되는 순간이기 때문이다.

자기계발의 방법 — 강사의 끝없는 훈련장

강사의 성장은 결코 우연히 주어지지 않는다. 그것은 매일같이 자신을 갈고닦는 과정에서 만들어진다.

첫째, 용감하게 강단에 서라. 아무리 이론을 공부해도 직접 무대에 서지 않는다면 한계가 있다. 청중 앞에 서는 순간, 나의 지식과 태도, 목소리와 표정이 진짜로 시험대에 오른다. 두려움은 연습의 무대 위에서만 극복된다.

둘째, 강사의 함정을 경계하라. 강의가 마음에 들지 않아도 청중은 강사의 권위 때문에 불만을 드러내지 않는 경우가 많다. 그 침묵을 '성공의 신호'로 착각하는 순간, 성장은 멈춘다. 또 강사라는 자리에 안주하면 발전은 없다. "이 정도면 됐다"는 순간, 청중의 마음은 이미 멀어져 있다. 초심의 열정을 끝까지 붙잡는 것이 강사의 가장 큰 자기계발이다.

셋째, 자기 성격을 파악하라. 논리적인가, 감성적인가, 적극적인가, 소극적인가. 자신의 성격적 강점과 약점을 알면 강의 스타일을 설계할 수 있다. 장점은 더욱 살리고, 단점은 연구와 실천으로 보완하는 것, 그것이 곧 강사 자신의 표현력을 키우는 길이다.

넷째, 타인의 장점을 관찰하라. 다른 강사의 강의를 보며 배우는 것만큼 좋은 훈련은 없다. 그들의 장점을 본받고, 단점을 반면교사로 삼는 순간, 나의 강의는 한층 더 성숙해진다.

다섯째, 특정 분야에 전념하라. 모든 것을 다 잘할 수는 없다. 자신이 좋아하고 잘할 수 있는 분야에 집중하는 순간, 강사는 독창적이고 차별화된 색깔을 갖게 된다. 청중은 '다 아는 사람'보다 '한 가지를 깊이 아는 사람'에게 더 큰 신뢰를 보낸다.

여섯째, 동료의 충고에 귀 기울이라. 스스로 보지 못하는 나의 모습을 동료는 쉽게 본다. 때로는 아픈 지적이라도 성장의 계기가 된다. 강사는 혼자 성장하는 존재가 아니라, 끊임없이 타인과 교류하며 성장하는 존재다.

마지막으로, 끊임없이 훈련하라. 강의는 하루아침에 완성되지 않는다. 기회가 주어질 때마다 발표하고, 실수하면서 배우고, 실패 속에서 다시 다듬어져야 한다. 청중 앞에서 쌓은 경험만이 진짜 실력을 만들어낸다.

강사의 성장은 평생 프로젝트

강사의 자기계발은 단순한 기술 향상이 아니다. 그것은 평생에 걸친 성장 프로젝트다. 전문성을 넓히고, 말투와 매너를 가꾸며, 자신을 끊임없이 돌아보는 과정에서 강사는 조금씩 더 깊어지고 단단해진다. 그 과정은 결코 쉽지 않지만, 청중의 눈빛이 반짝이고 누군가의 인생이 바뀌는 순간, 그 모든 노력이 보상받는다.

"강의는 지식을 전하는 일이 아니라, 사람을 성장시키는 일이다." 그렇다면 강사의 자기계발은 곧 자기 자신을 성장시키는 가장 확실한 길이다. 강사가 변화할 때, 그의 강의도 변하고, 결국 청중의 삶도 변한다. 자기계발은 강사의 가장 강력한 무기이자, 그를 '평생 배우는 사람'으로 남게 하는 힘이다.

- 스피치 지도사가 갖추어야 할 구성요소 -

구성요소	하위차원	측정항목
언어적 요소	음성적 요소 & 유사언어	1. 안정되고 떨림 없는 소리를 낸다. (발성과 호흡) 2. 명료하고 바르게 발음한다. (발음) 3. 편안하고 듣기 좋은 목소리이다. (음색) 4. 말의 속도가 적절하다. (빠르기) 5. 말의 크기가 상황에 따라 적절하다. (크기) 6. 대화하듯이 자연스런 억양으로 말한다. (높이, 억양) 7. 음절의 긴 소리와 짧은 소리를 적절히 발음한다. (길이, 장단음) 8. 스피치 중간에 적당한 숨을 쉰다. (쉬기) 9. 강조할 곳에 힘을 주어 말한다. (강세)

언어적 차원	콘텐츠 요인	1. 적절한 첫마디로 시작한다. 2. 적절한 맺음말을 한다. 3. 준비를 많이 한 것처럼 보인다. 4. 체계적으로 말한다. (기승전결) 5. 내용이 참신하고 기발하다. 6. 표현력이 뛰어나다. 7. 생각과 논지를 명확히 말한다. 8. 구체적인 상황과 맥락에 맞는 내용을 말한다. 9. 간결하게 말한다. 10. 반대편 혹은 상대방의 입장도 이야기한다. 11. 논리적으로 말한다. (주장과 근거제시) 12. 실례, 증거 등을 제시한다.

구성요소	하위차원	측정항목
비언어적 차원	외모	1. 상황에 맞는 단정한 옷차림이다. 2. 액세서리를 적절히 잘 착용한다. 3. 화장이 자연스럽다. 4. 헤어스타일이 어울린다.
	몸짓언어 & 공간언어	1. 제스처를 적절히 활발하게 사용한다. 2. 자세가 안정적이며 바르다. 3. 적절하게 몸을 움직이며 말한다. 4. 얼굴표정이 다양하며 적절하다. 5. 눈 맞춤을 잘하며 따뜻하다. (시선처리) 6. 이야기할 때 다른 사람과의 신체거리를 적절히 유지한다.

9장
강의 디자인

명강의의 조건

훌륭한 강의는 교과서의 지식을 전달하는 것이 아니라,
새로운 질문을 품게 하는 것이다._칼 세이건

명강의란 무엇인가

명강의는 특별한 사람의 전유물이 아니다. 직함이 교수든, 팀장이든, 동아리 선배든 상관없이, 누군가 앞에 서서 무언가를 설명하고 설득해야 하는 순간이 우리의 삶에 불쑥 찾아온다. 그런데 여기엔 자주 오해가 따라붙는다. "많이 알면 잘 가르칠 수 있다." 실제 강의의 현장은 그렇지 않다. 머릿속에 빼곡한 지식이 입 밖으로 나오는 순간, 그것은 청중의 언어로 다시 태어나야 한다. 복잡함을 단순하게, 낯섦을 친숙하게, 건조함을 생생하게 바꾸는 힘. 그 힘이 명강의를 만든다.

명강의의 문은 보통 웃음으로 열린다. 재미는 사소한 양념이 아니라, 뇌를 '수용 모드'로 전환시키는 스위치다. 한 번쯤 이런 경험이 있을 것이다. 초반 몇 분의 미묘한 농담과 따뜻한 에피소드에 청중의 어깨가 툭 풀리는 순간. 그때부터 정보는 벽을 덜 부딪치고 마음속으로 스며든다. 그러나 재미만으로는 오래 가지 않는다. 청중은 곧 속으로 묻기 시작한다. "그래서 내게 무엇이 유익

한가?" 명강의는 이 질문에 정확히 답한다. 청중의 니즈를 읽고, 그들의 일과 삶에 닿아 있는 문제를 정면으로 다룬다. 그리고 마지막에는 조용한 울림 하나를 남긴다. 강의가 끝나고도 집으로 가는 길, 지하철 손잡이를 잡은 손에 남아 있는 따뜻한 여운. 명강의는 웃게 하고, 이해하게 하고, 움직이게 한다. 그래서 우리는 이를 FUN, NEEDS, MOVE의 삼박자라고 부른다. 재미로 문을 열고, 필요로 길을 걷고, 감동으로 끝을 맺는다.

이 삼박자가 무대 위에서 제대로 작동하려면 무형의 설계가 필요하다. 첫째는 강사 자신에게서 나온다. Personal Resources, 즉 강사의 철학과 가치관, 세월이 남긴 경험과 실패, 현장에서 길어 올린 노하우가 강의의 원재료다. 같은 주제를 다뤄도 왜 어떤 강의는 귀에 걸리고, 어떤 강의는 가슴에 박힐까? 말 속에 살아 있는 사람 냄새, 그 삶의 질감이 청중의 신뢰를 부른다. 둘째는 Process, 흐름의 예술이다. 재료가 좋아도 레시피가 엉키면 맛이 없다. 명강의는 도입에서 기대를 만들고, 본론에서 길을 명확히 열고, 결말에서 한 줄로 정리해 기억을 단단히 묶는다. 정보의 순서를 바꾸는 것만으로도 이해도가 달라지는 이유다. 셋째는 Performance다. 여기엔 화려한 쇼가 필요 없다. 다만 메시지에 힘을 싣는 목소리, 리듬을 바꾸는 침묵, 핵심에서 한 걸음 다가가는 제스처 같은 미세한 퍼포먼스가 질서를 만든다. 이 세 가지—사람, 설계, 퍼포먼스—가 삼각형처럼 서로를 지지할 때, 강의는 무너지지 않는다.

명강의의 구조는 더 단순하게 말하면 '왜, 무엇, 어떻게, 그리고 어디로'의 여정이다. Why는 고개를 들게 한다. "왜 지금 이 이야기를 들어야 하는가?" 이유가 설득되면 집중은 스스로 생긴다. What은 지도를 펼친다. 핵심 개념과 기준점을 분명하게 제시하면 청중의 머릿속에 좌표가 찍힌다. How에서 발이 땅을 딛는다. 할 수 있는 방법, 바로 오늘 해볼 수 있는 행동절차가 제시되는 순간, 강의는 '좋은 이야기'에서 '가능한 변화'로 변신한다. 그리고 Vision. "이걸 지속하면 당신의 현장은 어떻게 달라지는가?"를 그려 보이는 장면이 필요하다. 내일 아침이, 한 달 뒤 팀의 회의가, 6개월 뒤 커리어의 방향이 조금 달라지는 그림. 그 비전은 과장된 약속이 아니라, 작은 성취의 축적이 만든 현실적인 풍경이어야 한다.

가령, 직장인 대상의 시간관리 강의를 떠올려 보자. Why에서 "시간은 관리 대상이 아니라 선택의 기록입니다. 오늘의 선택이 내일의 내가 됩니다."라는 한 문장으로 방향을 잡는다. What에서는 '우선순위 매트릭스'와 '몰입 블록' 같은 핵심 개념을 두세 개만 고르게 뽑아 준다. How에선 '내일 오전 10시부터 25분, 메신저를 끄고 가장 중요한 한 일을 끝내자'처럼 손에 잡히는 실습을 즉석에서 돌린다. 그리고 Vision에선 "3주만 지나면, 퇴근길 지하철에서 밀린 일을 걱정하기보다 오늘의 한 줄 성취에 미소 짓는 자신을 보게 됩니다"라는 장면을 그려 준다. 그 순간 청중의 눈빛이 미세하게 달라진다. 명강의의 흔적이다.

물론 무대 뒤의 준비가 이를 가능하게 만든다. 명강의는 우연의 산물이 아니다. 강사는 긴 원고 대신 한 장짜리 '뼈대'를 만든다. 핵심 문장, 전환 문구, 사례의 첫 문장만 적어둔 채 수십 번 리허설을 돌린다. 문장을 외우지 않되, 메시지를 잊지 않기 위한 훈련이다. 녹화해서 본인의 말속도와 호흡을 체크하고, 강약을 바꿔가며 같은 문장을 다섯 가지 톤으로 연습한다. "~다."로 단정할 때와 "~죠?"로 함께 확인할 때의 공기 차이를 몸으로 익힌다. 현장에서는 음향을 꼭 점검한다. 마이크 볼륨이 10%만 낮아도 핵심 문장이 공중에 흩어진다. 제스처와 시선은 청중의 가장 먼 자리부터, Z자 동선으로 골고루 건드린다. 이 모든 준비가 과잉처럼 보일지 모르지만, 실제 현장에서는 그 차이가 '설명'과 '설득'을 가른다.

명강의의 본질은 화려함이 아니다. 친절한 구조와 단단한 메시지, 그리고 '진짜'의 온도다. 한 IT교육 현장에서 있었던 일이다. 강사는 복잡한 알고리즘을 설명하기 전에 초등학생 아이와 레고를 조립했던 이야기를 들려주었다. "단계가 헷갈릴수록 나는 설명서를 더 자주 보게 되더군요. 오늘 우리는 그 '설명서'를 만드는 법을 배웁니다." 청중은 웃었다. 강의가 끝난 뒤, 한 수강생이 말한다. "어제까진 코드가 무서웠는데, 오늘은 설계가 먼저 떠오릅니다." 지식은 같았지만, 구조와 이야기, 퍼포먼스가 달랐기 때문이다.

무엇보다 명강의는 청중을 존중하는 태도에서 완성된다. 질문을 기다리는 침묵 3초, 뒤에 앉은 사람을 위해 한 걸음 앞으로 다가가는 선택, 이해가 더딘 표정을 향해 "좋습니다, 여기서 한 번 더 천천히 가 보겠습니다"라고 말하는 배려. 이런 순간들이 모여 강의의 품격을 만든다. 그리고 그 품격은 강의가 끝난 뒤에도 오래 남는다. 어느 날 강사가 받은 메시지. "오늘 퇴근길에 '왜'를 떠올렸더니, '어떻게'가 보이더군요. 감사합니다." 그 한 줄이 강의자의 다음 준비를 더 치열하게 만든다.

결국 명강의란, 재미로 마음을 열고, 필요로 방향을 잡고, 감동으로 행동을 일으키는 설계된 경험이다. 강사의 삶이 녹은 이야기와, 흐름을 다듬은 구조, 메시지를 살리는 퍼포먼스가 한 무대에서 조화롭게 춤출 때, 청중은 강의실을 들어올 때와 다른 사람으로 나간다. 메모 몇 줄을 챙겼다는 의미가 아니다. 내일의 작은 선택 하나가 달라지는 것, 어쩌면 그 작은 변화가 한 사람의 궤도를 조금 바꾸는 것. 명강의는 그렇게, 조용하지만 분명하게 사람을 움직인다. 그리고 그 움직임이 쌓여, 한 팀, 한 조직, 한 사회가 조금 더 나아지는 길을 연다. 지금 당신의 차례다. 당신의 이야기, 당신의 설계, 당신의 퍼포먼스가 누군가의 내일을 바꿀 수 있다.

스피치 내용 구성하기

스피치는 단순히 무대 위에서 말을 꺼내는 행위가 아니다. 그것은 청중의 마음에 씨앗을 심는 과정이며, 한 편의 드라마를 쓰듯 구조와 리듬을 담아야 완성된다. 그런데도 많은 사람들이 스피치 앞에서 좌절한다. 왜일까? 이유는 단순하다. 첫째, 무대에만 서면 긴장되고 떨리기 때문이다. 둘째, 말할 거리가 없다고 느끼기 때문이다. 셋째, 하고 싶은 말은 많은데 조리 있게 정리하지 못하기 때문이다. 이 세 가지는 누구나 겪는 공통된 어려움이지만, 사실은 모두 '구성의 힘'을 알면 극복할 수 있다.

스피치를 잘한다는 것은 곧 '내용을 어떻게 배열할 것인가'를 아는 것이다. 아무리 좋은 메시지도 무질서하게 쏟아내면 흩어진 모래알처럼 청중의 마음을 스쳐 지나간다. 반대로 단순하고 명료한 구조만 잡아도 평범한 말은 명연설로 변신한다. 가장 기본적이면서도 강력한 구조는 바로 A-B-A' 3단계다.

먼저 A(시작)에서 핵심 주제를 던진다. 스피치는 시작이 곧 청중의 마음의 문을 여는 순간이다. 이때 던지는 한 문장은 강렬하고 분명해야 한다. “저는 반드시 사투리를 고칠 것입니다.”와 같은 단정적인 한 줄은, 그 자체로 앞으로 이어질 이야기를 기대하게 만든다.

그다음은 B(본론)이다. 주제를 뒷받침할 근거나 스토리를 배치하는 단계다. 스토리가 들어가면 스피치는 생명을 얻는다. 전주 토박이로 살아온 아나운서 지망생이 부모님과도 전화를 하지 않고 사투리를 버리기 위해 문자로만 대화했다는 이야기는 단순한 다짐보다 훨씬 강력하다. 청중은 그 사람의 꿈과 고뇌, 눈물이 고스란히 담긴 이야기 속에서 공감하고 몰입한다. 본론은 언제나 ‘이야기’라는 다리를 건너야 한다. 데이터와 사실만으로는 설득이 어렵지만, 이야기는 감정을 움직이고 기억을 남긴다.

마지막으로 A’(마무리)에서 주제를 다시 강조한다. “아나운서라는 꿈에 한 발짝 더 다가서기 위해서라도 반드시 사투리를 고칠 것입니다.” 시작과 끝이 같은 메시지로 맺어지면, 말은 하나의 원을 그리듯 완결성을 갖게 된다. 이 반복의 힘은 청중의 기억 속에 오래 남는다.

특히 시작과 마무리는 결코 가볍게 다뤄서는 안 된다. 첫 인상은 단 몇 초 만에 결정되지만, 그 몇 초를 위해 강사는 수십 시간, 때로는 수백 번의 연습을 해야 한다. 영화 감독들이 처음 5분에 모든 에너지를 쏟아붓는 것도 같은 이유다. 관객의 마음을 처음에 사로잡지 못하면 끝까지 집중시키기 어렵다. 아나운서 시험 역시 마찬가지다. 고작 30초, "안녕하십니까? 수험번호 256번 OOO입니다"라는 말 한마디에 합격 여부가 갈린다. 스피치도 다르지 않다. 첫머리에서 이미 청중의 눈빛은 결정을 내린다.

마무리 또한 스피치의 품격을 좌우한다. 많은 연사가 본론을 다 말한 후 흐지부지 끝내는 실수를 한다. 그러나 청중이 마지막에 기억하는 것은 당신의 표정, 당신의 목소리, 그리고 마지막 문장이다. 그래서 강력한 마무리 한 줄이 필요하다. "오늘 제 이야기가 여러분의 내일을 조금 더 단단하게 만들기를 바랍니다." 이런 한 문장이 청중의 마음속에 여운을 남긴다.

결국 스피치의 구성은 단순하다. 시작에서 주제를 분명히 던지고, 본론에서 스토리로 살을 붙이고, 마무리에서 다시 한 번 핵심을 강조한다. 그러나 단순한 구조 속에서도 강렬한 진심과 이야기가 담길 때, 스피치는 단순한 발표가 아니라 누군가의 삶을 움직이는 경험으로 바뀐다. 스피치는 말의 기술이 아니라, 메시지를 어떻게 짜고 엮어내느냐의 예술이다. 그리고 이 예술은 누구나 훈련할 수 있고, 누구나 자신의 목소리로 완성할 수 있다.

서론과 클로징 전략

강의는 하나의 공연이자 작품이다. 아무리 훌륭한 본론을 준비했더라도 시작과 끝이 힘을 잃으면, 강의 전체는 빛을 잃는다. 반대로 서론과 클로징이 탄탄하다면, 본론의 미흡함조차 품격 있게 감싸줄 수 있다. 강의의 시작은 문을 여는 순간이고, 클로징은 마음에 불씨를 남기는 마지막 장면이다. 따라서 서론과 클로징은 단순히 앞뒤를 장식하는 요소가 아니라, 청중의 관심을 붙잡고 끝까지 이끌어가는 가장 핵심적인 기술이다.

서론: 청중의 마음을 여는 열쇠

많은 강사들이 본론부터 서두르지만, 청중은 본론이 아니라 서론에서 이미 마음을 열거나 닫는다. 그래서 서론은 단순한 소개가 아니라, 청중이 "이 강의는 들어볼 만하다"라는 확신을 갖게 하는 시간이다. 이를 위해 활용할 수 있는 몇 가지 기술이 있다.

첫째, 질문으로 시작하는 법이다. "여러분은 오늘 하루 몇 번 웃으셨습니까?" "최근 일주일 동안 가장 힘들었던 순간은 언제였

나요?"와 같은 질문은 청중을 수동적인 청자가 아니라 적극적인 참여자로 전환시킨다. 질문은 뇌를 즉각적으로 활성화시키며, 답을 찾으려는 과정에서 청중은 이미 강의의 주제 속으로 걸어 들어오게 된다.

둘째, 개인적 경험을 꺼내는 것이다. 인간적인 실수담이나 성장의 순간, 혹은 실패와 도전의 이야기는 청중의 마음을 단번에 사로잡는다. "저도 사실 여러분처럼 발표가 두려워 무대에 서는 걸 피했던 사람입니다."라는 한마디는 강사가 청중과 같은 위치에서 출발했다는 공감대를 형성한다. 강의는 지식의 전달만이 아니라 사람과 사람 사이의 신뢰 구축이기에, 개인적 경험은 그 신뢰의 다리 역할을 한다.

셋째, 우화와 일화, 혹은 역사적 이야기를 활용하는 방법이다. 간단한 우화 하나가 강의의 주제를 단번에 설명해주기도 하고, 역사 속 인물의 일화는 주제에 무게와 깊이를 더해준다. 예컨대 링컨이 짧고도 강력한 게티즈버그 연설로 청중의 마음을 사로잡았던 사례를 언급하면, 청중은 강사의 메시지와 역사적 교훈을 동시에 받아들이게 된다.

넷째, 공감대를 형성하는 방식이다. "요즘 우리 모두가 겪고 있는 변화 속에서, 같은 고민을 하고 있지 않습니까?"라는 말은 청중이 "맞아, 내 얘기야"라고 느끼게 만든다. 강의는 일방적 전달이 아니라 대화이며, 공감은 그 대화의 첫 문을 열어주는 황금 열쇠다.

다섯째, 인용을 활용하는 방법이다. 유명 인사의 말이나 역사적 교훈은 강의의 권위를 높이고 주제의 진지함을 각인시킨다. "소크

라테스는 말했습니다. '교육은 불을 붙이는 일이지, 그릇을 채우는 것이 아니다.' 오늘 제가 여러분과 함께 나누고 싶은 것도 바로 그 불씨입니다."라는 식으로 시작하면, 청중은 강사가 단순한 말쟁이가 아니라 사상과 철학을 가진 사람이라고 인식한다.

마지막으로, 격려와 감사로 시작하는 것도 훌륭하다. "이렇게 뜻깊은 자리에 함께할 수 있어 영광입니다."라는 말은 청중에게 존중받고 있다는 감각을 심어준다. 강의는 정보 이전에 관계다. 관계가 열리면 정보는 자연스럽게 스며든다.

클로징: 청중의 마음에 남는 마지막 한 줄

클로징은 강의의 종착역이자, 청중의 기억 속에 남는 마지막 인상이다. 본론이 아무리 훌륭했더라도 끝이 흐지부지하면 강의 전체가 힘을 잃는다. 그래서 클로징은 '정보의 마무리'가 아니라 '감정의 절정'이어야 한다.

첫째, 명언을 활용하는 것이다. 명언은 간결하지만 울림이 크다. "잠을 자는 사람은 꿈을 꾸지만, 잠을 이기는 사람은 꿈을 이룬다.", "행복해서 웃는 것이 아니라, 웃어서 행복하다." 이런 문장은 강의의 주제를 응축한 보석 같은 언어로 청중의 마음에 박힌다. 적어도 열 개 이상의 명언을 준비해 두고 상황에 맞게 활용하면, 강의는 한층 깊이를 더한다.

둘째, 감성적 스토리로 마무리하는 방법이다. 실제 사례나 짧은 감동적인 이야기로 끝을 맺으면 청중의 눈과 마음에 여운을 남길 수 있다. 예를 들어, 한 수강생이 강의를 듣고 작은 변화를 시작해 결국 큰 성취를 이뤘다는 이야기는, 단순한 정보 전달이 아닌 희망과 비전을 남긴다.

셋째, 핵심 메시지를 재강조하는 것이다. “오늘 제가 여러분께 드리고 싶은 메시지는 단 하나입니다. 변화는 거대한 도약에서 시작되지 않습니다. 지금 이 자리에서의 작은 결심에서 시작됩니다.”와 같은 문장은 청중의 뇌리에 깊이 각인된다. 강의 전체가 아무리 복잡하더라도 마지막에 던진 이 한 줄이 청중의 행동을 움직인다.

넷째, 성공 사례를 소개하며 희망을 불어넣는 것이다. “이 자리에 앉아 계셨던 한 분이 지금은 회사를 이끌며 수백 명의 직원을 거느리고 있습니다. 여러분도 오늘 작은 결심을 한다면 다음 주인공이 될 수 있습니다.”라는 메시지는 청중이 강의를 자신의 이야기로 연결하도록 돕는다.

마지막으로, 퍼포먼스적 마무리도 효과적이다. 목소리를 낮춰 속삭이듯 전하며 긴장감을 주거나, 잠시 침묵을 통해 여운을 남기는 방식이다. 때로는 침묵이 가장 강력한 클로징이 된다. 강사가 한마디도 하지 않고 미소 지으며 퇴장하는 순간, 청중의 가슴속에는 수많은 말보다 더 큰 메시지가 남는다.

기술적 팁과 준비 전략

강의의 서론과 클로징을 완성하기 위해서는 몇 가지 기술적 준비가 필요하다. 먼저, 스크립트 작성이다. 본론은 어느 정도 즉흥성이 허용되더라도 서론과 클로징은 반드시 대본처럼 준비해야 한다. 첫인상과 마지막 인상은 결코 우연에 맡겨서는 안 된다.

둘째, 타이밍 연습이다. 서론은 너무 길어서는 안 되고, 클로징은 너무 짧아서는 안 된다. 보통 강의 전체의 1015%를 서론에, 510%를 클로징에 배정하는 것이 이상적이다.

셋째, 목소리와 제스처의 조율이다. 서론에서는 밝고 힘 있는 목소리로 청중을 끌어들이고, 클로징에서는 톤을 조절해 여운을 남긴다. 제스처 역시 서론에서는 개방적이고 역동적으로, 클로징에서는 절제되고 단호하게 사용하는 것이 효과적이다.

넷째, 리허설의 중요성이다. 강의 전체를 연습할 때 특히 서론과 클로징은 여러 번 반복해 말해봐야 한다. 리허설에서 청중을 상상하며 감정을 실어 말하면, 실제 현장에서 훨씬 자연스럽게 나온다.

정리하자면, 서론은 청중의 귀를 열고, 클로징은 청중의 마음을 남긴다. 서론에서 긴장된 공기를 깨고 호기심을 자극하는 순간, 청중은 이미 강사의 편이 된다. 클로징에서 울림과 여운을 남기는 순간, 청중은 강의를 단순한 정보가 아니라 기억할 만한 경험으로 저장한다.

서론은 시작이지만 단순한 도입이 아니며, 클로징은 끝이지만 단순한 마무리가 아니다. 이 두 순간이 강의의 운명을 결정짓는다. 아무리 훌륭한 본론이라도 서론에서 시선을 사로잡지 못하면 청중은 집중하지 않고, 클로징에서 감동을 남기지 못하면 그 내용은 금세 잊히고 만다. 반대로 시작과 끝이 빛나면 강의 전체가 살아나고, 평범한 내용조차도 특별한 경험으로 승화된다.

결국 명강의란 지식의 나열이 아니라, 시작부터 끝까지 청중의 감정과 사고를 설계하는 하나의 작품이다. 강사가 서론에 혼을 담고, 클로징에 진심을 새긴다면, 청중은 강의실을 나서며 단순히 정보를 얻었다는 만족을 넘어, 마음속에 작은 변화의 불씨를 안고 돌아간다. 그 불씨가 결국 새로운 도전과 성장으로 이어질 때, 우리는 비로소 강의가 단순한 전달을 넘어 인생을 바꾸는 힘이 될 수 있음을 깨닫는다.

따라서 명강의를 꿈꾼다면 본론에만 몰두하지 말고, 서론과 클로징을 예술의 영역으로 끌어올려라. 그 순간 강의는 더 이상 하나의 수업이 아니라, 누군가의 인생을 밝혀주는 강력한 메시지가 될 것이다.

강의 요령과 방법

스피치 요령과 방법은 단순히 무대 위에서 말 잘하는 기술을 넘어, 청중의 마음을 사로잡고 감동을 남기는 예술에 가깝다. 강사는 투철한 프로의식과 전문지식을 바탕으로, 정확하고 논리적인 의사 표현을 해야 한다. 글은 눈으로 읽을 수 있기에 이해하지 못하면 다시 읽을 수 있지만, 말은 다르다. 말은 공기 중에 흘러가 버리면 다시 붙잡을 수 없기 때문에, 그 순간 청중이 단번에 이해할 수 있도록 전달해야 한다. 이것이 바로 강사의 언어가 특별히 더 섬세해야 하는 이유다.

청중을 향한 스피치는 길고 복잡할 필요가 없다. 오히려 길게 늘어진 문장은 집중을 방해하고, 전문용어는 청중의 마음을 가로막는다. 스피치는 짧고 간결해야 한다. 그러나 그 짧음 안에 울림이 있어야 하고, 단순히 정보를 던지는 말이 아니라 청중이 공감할 수 있는 삶의 언어로 다가가야 한다. 멘트는 아름답고 리듬감 있어야 하며, 발음은 정확해야 한다. 한 마디 한 마디가 청중의 귀와 마음에 분명하게 꽂히도록 하는 것이 스피치의 본질이다.

이를 위해 강사가 기억해야 할 기본 원칙은 여섯 가지다. 첫째, 천천히 또박또박 자연스럽게 말해야 한다. 서두르다 보면 실수가 생기고, 불안한 기색이 드러나기 때문이다. 둘째, 말끝을 흐리지 않고 명확한 어조로 마무리해야 한다. 말의 끝이 흐려지면 메시지 자체가 모호해진다. 셋째, 이야기에는 리듬이 있어야 한다. 음악이 강약과 템포로 감정을 이끌어내듯, 말에도 고저와 완급이 있어야 한다. 넷째, 중요한 부분은 의도적으로 천천히 말하라. 그 순간 청중은 저절로 귀를 기울이게 된다. 다섯째, 말과 말 사이에는 적절한 쉼이 있어야 한다. 쉼은 단순한 공백이 아니라, 메시지를 곱씹게 하는 힘이다. 여섯째, 올바른 어휘를 어법에 맞게 사용해야 한다. 아무리 좋은 메시지도 어휘가 어설프면 신뢰가 흔들린다.

프로는 결과가 아니라 태도에서 시작된다. 계획을 충실히 실행하고 목표를 끝까지 붙드는 사람, 바로 그가 프로다. 스피치 역시 마찬가지다. 프로 강사는 즉흥적이지 않다. 끊임없는 준비와 자기 다듬음을 통해 무대 위에서 빛나는 자신감을 보여준다. 그 자신감이 청중을 사로잡고, 설득을 가능하게 한다.

스피치 요령은 결국 태도의 문제다. 변명하지 말라. 실수가 있더라도 변명은 신뢰를 깎아내린다. 오히려 담담히 인정하고, 메시지로 회복하는 것이 강사의 품격이다. 당황하지 말라. 청중은 강사의 말뿐 아니라 몸짓, 표정, 눈빛에서 강한 인상을 받는다. 작은 실수에 당황해 태도가 흐트러지면 메시지보다 부정적인 인상이 남는다. 청중을 부정하지 말라. 청중과의 신뢰와 존중이 없다면 아무리 지식이 많아도 마음의 문은 열리지 않는다. 자만하지 말라. 청중은 성공담보다 실패담에 더 귀를 기울인다. 인간적인 약점을 나누고 교훈을 나누는 순간, 오히려 강사의 말은 힘을 얻는다. 마지막으로, 마음을 닫지 말라. 열린 마음에서 나오는 진실한 언어만이 사람의 마음을 움직인다. 권위나 체면으로 마음을 닫으면 말은 공허해진다.

결국 스피치는 단순한 언어 전달이 아니다. 그것은 태도와 철학, 그리고 인간적인 따뜻함이 어우러진 소통의 예술이다. 변명 대신 솔직함으로, 당황 대신 침착함으로, 부정 대신 존중으로, 자만 대신 겸손으로, 닫힌 마음 대신 열린 마음으로 무대에 선 강사만이 진정한 설득과 감동을 만들어낸다. 그리고 그 순간, 스피치는 단순한 말하기가 아니라 청중의 삶을 흔드는 힘이 된다.

스피치의 방법은 단순히 '말 잘하는 법'을 넘어서, 인간의 성격을 다듬고 마음을 단련하며 지혜를 쌓는 과정 그 자체다. 우리는 흔히 말을 고친다는 것을 단순히 발음이나 억양을 바로잡는 것이라고 생각하지만, 사실 그것은 내면의 태도와 성격을 교정하는 일이기도 하다. 말이 곧 사람을 비추는 거울이기 때문이다. 서툰 말투를 다듬는 것은 곧 자기 자신을 정제하는 일이요, 새로운 말을 배우는 것은 마음을 새롭게 가꾸는 일이다. 그리고 꾸준히 훈련하며 말을 익혀나가는 것은 결국 삶의 지혜를 터득하는 길이 된다.

그래서 "말이 변하면 인생이 변한다"는 말은 결코 과장이 아니다. 말은 생각의 깊이를 드러내고, 마음의 넓이를 보여주며, 행동의 높이를 결정짓는 힘을 가진 우주의 에너지다.

좋은 스피치를 하기 위해서는 다섯 가지 기본 원칙이 있다. 첫째, 멋있게 말하는 것이다. 멋있게 말한다는 것은 단순히 겉모습이 아니라 준비와 훈련을 통해 세련된 흐름을 만들어내는 것을 뜻한다. 둘째, 아름답게 말하는 것이다. 아름다운 말은 긍정과 감사에서 태어난다. "고맙습니다" "괜찮습니다" 같은 짧은 말이 사람의 마음을 위로하고 세상을 환하게 한다. 셋째, 흥미롭게 말하는 것이다. 유머와 미소는 청중의 긴장을 풀고, 말에 생동감을 불어넣는다. 넷째, 세련되게 말하는 것이다. 발음이 정확하고 음성이 안정적이면 그 자체로 신뢰가 생긴다. 다섯째, 우아하게 말하는 것이다. 말투는 태도와 직결된다. 시선이 정직하고 태도가 품격 있게 유지될 때, 말은 단순한 언어가 아니라 설득과 감동의 도구가 된다.

스피치의 힘을 키우기 위해 우리는 다섯 가지 오감을 활용할 수도 있다. 먼저 시각으로 자신을 바라보라. "나는 위대하고 귀한 존재다"라는 자기확신이 표정과 자세에 담긴다. 청각으로 자신을 격려하라. "한 사람이 해낸 일은 누구나 해낼 수 있다"는 믿음이 목소리에 힘을 준다. 후각은 자신만의 향기를 상징한다. 독창적이고 개성 있는 매력은 말 속에서도 은은히 풍겨야 한다. 미각은 말에 정성을 더하는 태도를 의미한다. 요리를 하듯 하나의 문장에도 정성을 담을 때, 청중은 그 맛을 알아챈다. 마지막으로 촉각은 관계를 여는 따뜻한 손길이다. 먼저 다가가 손을 내밀 듯, 청중에게 마음을 열고 다가가는 것이야말로 최고의 스피치 자세다.

좋은 스피치를 완성하는 네 가지 요소도 잊어서는 안 된다. 첫째는 열정이다. 배우려는 열의가 없는 사람은 아무리 많은 이론을 들어도 성과가 없다. 반면, 열정으로 무대에 선 강사는 그 에너지 하나만으로도 청중의 마음을 사로잡는다. 둘째는 자신감이다. 무대 위에서 눈을 피하지 않고, 첫 마디를 힘 있게 내뱉는 순간, 청중은 그 강사의 말에 집중한다. 셋째는 정확한 목적이다. 왜 이 이야기를 하는지, 무엇을 전달하고 싶은지를 명확히 해야 한다. 목적이 분명하지 않으면 메시지는 흐려지고, 청중은 길을 잃는다. 마지막은 연습이다. 어떤 이론도 반복되는 훈련 앞에서는 힘을 잃는다. 매일 입으로 말해보고, 작은 발표라도 꾸준히 경험해야 한다. 꾸준한 연습만이 자신감을 키우고, 완성도 높은 스피치를 만들어낸다.

스피치에 자신을 갖는 법

1. 자신감의 시작 — 메시지에 집중하라

스피치의 자신감은 "나는 못할지도 몰라"라는 자기 의심이 아니라, "내 이야기가 누군가에게 도움이 될 것이다"라는 믿음에서 비롯된다. 자기 자신을 의식하기보다 메시지와 청중에게 줄 영향에 집중할 때, 목소리에는 힘이 실리고 시선에는 자신감이 깃든다.

2. 준비와 연구 — 자기화의 과정

철저한 준비는 자신감의 토대다. 주제를 깊이 연구하고, 사고의 흐름을 자기 것으로 만들어야 한다. 이는 단순한 암기가 아니라 삶의 일부처럼 내재화하는 과정이다. 이럴 때 무대 위에서는 어떤 돌발 상황에도 흔들리지 않는다.

3. 과대평가하지 말라 — 완벽보다 진심

스피치의 중요성을 지나치게 과장하면 오히려 긴장이 커진다. 청중은 완벽한 언어보다 강사의 태도와 진심을 더 크게 본다. 작은 실수조차 인간적인 매력으로 비칠 수 있다. 때로는 짧은 유머와 웃음이 분위기를 부드럽게 풀어주기도 한다.

4. 훈련과 불안의 관리

큰소리로 자주 연습하고, 무대에서는 몸의 동작을 담대하게 써야 한다. 약간의 떨림은 부끄러운 것이 아니라 청중을 존중하는 마음의 표현이다. 중요한 것은 불안을 다스리며 끝까지 메시지를 밀고 나가는 용기다.

스피치를 잘 하는 비결

1. 공감대를 형성하라

좋은 스피치는 상대방의 입장에서 말하는 것이다. 청중의 눈빛과 표정을 읽고 그들의 언어로 메시지를 전할 때 설득력이 생긴다. 공감은 청중의 마음을 여는 열쇠다. 공감이 형성되면 청중은 내용이 부족해도 끝까지 귀를 기울인다.

2. 이야기를 담아라

건조한 정보보다 한 편의 드라마처럼 이야기를 풀어내는 것이 훨씬 더 오래 기억된다. 할머니의 옛날이야기처럼 서사 구조가 있는 이야기는 청중을 사로잡는다. 스피치의 서두에 짧은 에피소드나 흥미로운 사건을 곁들이면 논리 전개가 훨씬 자연스럽다.

3. 경청의 기술 — 입을 닫고 귀를 열라

스피치는 쌍방향 소통이다. 상대의 말에 고개를 끄덕이고 질문을 던지며 적극적으로 경청하는 태도는 청중의 신뢰를 만든다. 듣기란 단순히 정보를 수집하는 것이 아니라 마음을 읽는 것이다.

4. 자기 노출 — 진심의 다리

적절한 자기 노출은 강력한 설득의 도구다. 실패와 아픔을 진솔하게 나누는 순간, 청중은 강사와 자신을 동일시한다. 다만 수위 조절이 필요하다. 가벼운 취미 이야기에서 시작해 점차 목표나 두려움 같은 깊은 이야기를 나눌 때, 청중은 부담 없이 마음을 연다.

5. 발표 불안증 극복

불안은 준비 부족을 알리는 신호일 뿐이다. 철저한 준비와 경험을 쌓아가면 긴장은 자신감으로 바뀐다. 긴장될수록 몸을 풀고 스스로를 격려하라. 불안은 사라지지 않지만, 다스릴 수 있다. 오히려 긴장 속에서 최고의 집중력이 나온다.

6. 상위인지 능력 — 즉석에서 조율하는 힘

스피치의 흐름을 점검하고 돌발 상황을 침착하게 대처하는 능력이다. 지식과 경험을 기반으로 한 상위인지 능력이 뛰어난 강사는 마이크가 꺼져도, 예상치 못한 질문이 나와도 흔들리지 않는다. 이는 지식적 깊이와 경험적 훈련에서 길러진다.

스피치에서 가장 강력한 기술은 의외로 '말하기'가 아니라 '듣기'다. 많은 사람들이 좋은 연사란 말을 잘하는 사람이라고 생각하지만, 진정한 명강사는 청중의 마음을 제대로 들어주는 사람이다. 효과적인 듣기는 단순히 귀로 소리를 받아들이는 소극적 행위가 아니다. 그것은 적극적으로 상대의 의도를 파악하고, 감정을 공감하며, 마음의 문을 여는 과정이다.

듣기에도 여러 층위가 있다. 먼저 적극적 듣기는 상대의 말을 이해하려는 태도에서 출발한다. 고개를 끄덕이거나 질문을 던지며 "당신의 말을 귀 기울여 듣고 있다"는 신호를 보내는 것이다. 청중은 이런 순간에 연사가 자신을 존중하고 있다는 확신을 얻는다. 공감하며 듣기는 한 단계 더 깊다. 단순히 '무슨 말인지' 이해하는 것을 넘어 '어떤 마음으로 말하고 있는지'를 읽어내는 것이다. 누군가가 "힘들다"라고 말했을 때, 단어가 아니라 목소리의 떨림, 표정의 주름, 눈빛의 흐림까지 받아들이는 것, 바로 이것이 공감적 듣기다. 개방적으로 듣기는 편견을 내려놓고 상대의 이야기를 있는 그대로 받아들이는 훈련이다. 청중은 다양한 배경과 경험을 지닌 사람들이다. 그들의 이야기를 선입견 없이 열어둘 때, 연사는 비로소 다층적인 반응을 얻을 수 있다. 마지막으로 인식하며 듣기는 상대의 말이 자신이 이미 알고 있는 내용과 어떻게 연결되는지를 확인하면서 듣는 것이다. 이 과정은 연사의 메시지를 더욱 정교하게 조율할 수 있는 기반이 된다. 듣기는 결국 말보다 더 많은 메시지를 전하는 힘을 지니고 있다.

스피치를 성공으로 이끄는 또 하나의 강력한 도구는 '자기 노출'이다. 그러나 많은 연사들이 이 지점을 두려워한다. 자신의 약점을 드러냈을 때 청중이 실망하거나 비난하지 않을까 걱정하기 때문이다. 하지만 진정한 울림은 완벽함에서 나오지 않는다. 오히려 눈물, 실패, 두려움 같은 인간적인 결핍이 청중의 마음을 움직인다. 예를 들어, 힘든 시간을 견뎌낸 경험을 솔직하게 나눌 때 청중은 그 속에서 자신을 발견한다. 자기 노출은 "나도 당신과 같은 인간입니다"라는 가장 강력한 메시지다. 다만 수위 조절이 필요하다. 가벼운 성격 이야기에서 시작해 취미, 신념, 그리고 꿈과 두려움으로 점차 깊어지는 자기 노출은 부담 없이 청중을 몰입시킨다. 연사의 상처가 때로는 청중의 치유가 된다.

하지만 무대 앞에 서면 누구나 긴장한다. 가족이나 친구와 대화할 때는 자유롭지만, 마이크 앞에서는 손이 떨리고 목이 마른다. 이를 '발표 불안증'이라 부른다. 불안은 잘못이 아니다. 오히려 내가 전하려는 말이 중요하다는 것을 몸이 먼저 인식한 결과다. 문제는 그 불안을 다스리는 방법이다. 철저한 준비와 반복적인 연습은 불안을 자신감으로 바꾼다. 또한 무대 위에서 약간의 긴장은 오히려 집중력을 높이는 자산이 될 수 있다. 중요한 것은 불안을 부정하지 않고, 그것을 하나의 에너지로 전환하는 것이다. 큰소리로 자주 연습하고, 무대에 오르기 전 심호흡과 근육 이완 운동을 반복하는 습관은 자신감을 강화하는 확실한 도구다. 결국 불안을 이겨내는 힘은 스스로를 믿는 마음, 즉 자신감이다.

이 모든 것을 가능하게 하는 핵심 역량이 바로 '상위인지 능력'이다. 상위인지란 자신의 스피치를 객관적으로 점검하고, 돌발 상황에도 순발력 있게 대응할 수 있는 능력이다. 쉽게 말하면 애드리브의 힘이다. 예를 들어, 마이크가 꺼지거나 청중이 예상치 못한 질문을 던졌을 때 당황하지 않고 자연스럽게 넘어갈 수 있는 힘, 이것이 상위인지 능력이다. 이 능력은 하루아침에 생기지 않는다. 지식적 기반과 기능적 경험이 동시에 쌓일 때 비로소 발휘된다. 풍부한 독서와 연구는 연사에게 언제든 꺼내 쓸 수 있는 재료를 제공한다. 수많은 강의와 실전 경험은 이 재료들을 상황에 맞게 조율하는 기술을 길러준다. 마치 운동선수가 끊임없는 훈련을 통해 경기 중 돌발 상황에도 침착하게 대처하는 것과 같다.

결국, 듣기와 자기 노출, 불안의 극복, 그리고 상위인지 능력은 스피치를 단순한 말하기에서 '설득의 예술'로 끌어올리는 네 개의 기둥이다. 귀로 청중의 마음을 듣고, 가슴으로 진심을 나누며, 자신감을 무대 위에서 빛으로 바꾸고, 상황을 통제할 수 있는 지혜를 가질 때, 스피치는 단순한 언어의 나열이 아니라 청중의 삶을 움직이는 살아 있는 경험이 된다.

꼭 알아야 할 비법

스피치를 잘하고 싶다고 마음먹는 순간, 누구나 한 번쯤은 '비법'을 찾는다. 하지만 진정한 비법은 마법처럼 갑자기 솟아나는 것이 아니라, 기본기를 차곡차곡 다지고 무대 위에서 진심을 전달하려는 태도 속에서 생겨난다. 누군가는 천성적으로 말에 재능이 있다고 생각할지 모르지만, 실상 무대 위에서 빛나는 사람들을 자세히 들여다보면 공통점이 있다. 바로, 기본을 소홀히 하지 않고 철저히 준비하며 자신만의 무기를 단련해온 사람들이다. 강사와 연사라면 반드시 알아야 할 다섯 가지 비법을 지금부터 하나씩 살펴보자.

첫 번째 비법은 바로 발성이다. 사람들은 흔히 말을 잘한다는 것을 "내용이 좋다"로만 생각하지만, 실제로 청중이 받아들이는 인상의 70% 이상은 목소리와 표정, 태도 같은 비언어적 요소에서 비롯된다. 미국의 사회심리학자 메라비언의 연구 결과도 이를 뒷받침한다. 내용보다 목소리 톤, 표정, 몸짓이 훨씬 더 큰 영향을 준다는 것이다. 그렇다면 가장 기본이자 강력한 무기는 바로 발성이다. 발성이 제대로 훈련되지 않은 연사는 아무리 좋은 메시지를 준비했더라도 청중의 귀에 닿지 못하고 사라져 버린다. 반대로 안정된 호흡에서 울려 나오는 힘 있는 발성은 단순한 말조차도 청중에게 확신을 심어주고, 때로는 감동을 안겨준다. 무대 위에서 발성은 단순한 기술이 아니라, 연사의 존재감을 드러내는 가장 확실한 무기다.

두 번째 비법은 목소리의 강약 조절이다. 같은 내용을 말하더라도 단조로운 목소리로 전하면 금세 청중의 집중은 흐트러진다. 반면, 강약과 속도, 높낮이가 적절히 조절된 목소리는 듣는 이의 귀를 사로잡는다. 강의에서 중요한 메시지를 강조하고 싶다면 목소리를 낮추어 조용히 말해보라. 청중은 저절로 귀를 기울인다. 반대로 분위기를 환기시키고 싶다면 힘 있게 톤을 올려 말하면 된다. 이처럼 목소리는 단순히 소리를 내는 도구가 아니라, 청중의 감정을 흔드는 악기와도 같다. 연사는 그 악기를 다루는 연주자다.

세 번째 비법은 스피치 내용의 구성과 흐름이다. 스피치에 경험이 없는 사람들은 대본을 통째로 외워야 한다고 생각한다. 하지만 진짜 노련한 강사들은 대본을 달달 외우지 않는다. 전체적인 흐름과 이야기의 골격만 머릿속에 넣어두고, 무대에서는 상황에 따라 유연하게 풀어낸다. 이것이 바로 스피치가 살아 숨 쉬는 순간이다. 청중은 기계적인 암송이 아닌, 눈앞에서 즉석에서 빚어지는 듯한 생생한 이야기에 감동한다. 스피치의 기본은 '외운 문장'이 아니라 '흐름을 기억하는 힘'이다.

네 번째 비법은 스피치 환경 설정이다. 청중을 모르는 상태에서 무대에 오르는 것은 맨손으로 전쟁터에 나서는 것과 같다. 청중의 연령대, 직업군, 관심사, 심지어 그들이 좋아하는 드라마나 유행하는 콘텐츠까지 미리 분석한다면, 강사의 말은 곧바로 그들의 일상과 연결된다. "나를 위해 준비된 강의구나"라는 느낌을 주는 순간, 청중은 이미 강사의 편이 된다. 또한 장소의 환경 점검도 필수다. 마이크, 조명, 스크린, 의자 배열까지 꼼꼼히 확인하는 습관은 강의의 안정감을 배가시킨다. 작은 돌부리에 걸려 넘어지는 것 같은 불편한 상황을 미리 제거해두는 것이야말로 명강의의 보이지 않는 비법이다.

마지막 다섯 번째 비법은 티쳐 포지셔닝이다. 무대에 서는 순간, 강사는 단순한 발표자가 아니라 하나의 '교사'다. 교사라는 포지셔닝은 단지 권위를 내세우는 것이 아니다. 오히려 청중을 진심으로 이끌고, 그들의 사고를 확장시키는 책임을 짊어진다는 선언이다. 티쳐 포지셔닝은 일방적인 전달이 아니라 상호작용을 전제로 한다. 강사가 질문을 던지고, 청중이 대답하며, 그 속에서 강의는 단순한 '발표'가 아닌 '학습의 과정'으로 바뀐다. 강사가 청중을 존중하며 리드하는 순간, 청중은 자연스럽게 배우고 따라오게 된다.

스피치의 세계에서 비법은 결코 특별한 마법이 아니다. 그것은 기본을 지키는 힘, 목소리로 사람의 마음을 흔드는 힘, 청중을 연구하고 준비하는 힘, 그리고 무대 위에서 책임 있게 청중을 이끌어가는 힘이다. 이 다섯 가지 비법을 꾸준히 단련한다면, 누구든 명강의의 문을 열 수 있다. 결국 스피치란 기술이 아니라 태도의 문제다. 무대를 대하는 태도, 청중을 바라보는 태도, 그리고 자기 자신을 믿는 태도가 곧 최고의 비법이 된다.

스피치를 잘한다는 것의 의미

스피치를 잘한다는 것은 단순히 유창하게 말하거나 사람들을 웃기고 울리는 기술을 의미하지 않는다. 그 본질은 옳고 바르게 말하는 데 있다. 잘한다는 것은 곧 바르게 한다는 뜻이며, 스피치에서도 마찬가지다. 올바른 스피치는 상대를 설득하기에 앞서 먼저 존중을 담고, 정보를 전달하기에 앞서 먼저 진실을 담는다. 아무리 유려한 언변도 진실이 빠져 있으면 공허한 수사가 되고, 아무리 화려한 기교도 바른 뜻이 없다면 결국 신뢰를 잃는다. 그렇기 때문에 스피치를 잘한다는 것은 단순한 말하기 능력이 아니라, 청중 앞에서 윤리적 책임을 다하고 바른 마음으로 서는 일이다.

옳고 바른 스피치의 첫 번째 원칙은 간결함이다. 핵심을 명확히 전하지 못하면 아무리 길게 이야기해도 청중의 마음에 닿지 않는다. 하고 싶은 말을 모두 늘어놓는 것이 아니라, 반드시 해야 할 말을 선택하고 나머지는 덮어두는 용기가 필요하다. 불필요한 말로 청중의 시간을 낭비하지 않는 것, 이 또한 바른 태도다. 간결한 말은 단순히 짧은 말이 아니라, 불필요한 장식을 걷어내고 본질을 드러내는 힘을 가진 말이다.

시작은 진실한 질문에서 출발하는 것이 좋다. 호기심을 자극하는 질문, 청중이 공감할 수 있는 질문, 역사 속에서 길어 올린 교훈적인 질문은 단번에 마음을 열어준다. 작은 농담 하나도 분위기를 부드럽게 만들 수 있지만, 그것이 누군가를 상처 입히는 농담이 되어서는 안 된다. 올바른 스피치는 모두가 참여할 수 있는 장을 만들고, 누구도 소외되지 않도록 배려한다. 예를 들어, "혁신적인 약이 있습니다. 치매를 예방하고, 우울증을 막으며, 성인병까지 예방합니다. 심지어 무료입니다. 자, 그 약은 무엇일까요?"라는 질문은 청중의 귀를 열고 호기심을 자극한다. 정답이 운동이라는 사실이 밝혀질 때, 청중은 함께 웃으며 깨달음을 나누게 된다. 이것이 바로 바른 스피치가 주는 기쁨이다.

언어 선택 또한 스피치의 윤리와 깊이 맞닿아 있다. 어려운 전문 용어를 남발해 청중을 압도하는 것은 지식의 과시일 뿐, 전달의 책임을 다하는 태도는 아니다. 진정으로 바른 스피치는 누구나 이해할 수 있는 언어를 고르고, 청중이 공감할 수 있는 비유를 찾으며, 일상 속 사례로 메시지를 풀어낸다. 스티브 잡스가 아이팟을 설명할 때 "천 개의 노래를 주머니 속에 넣다"라는 표현을 쓴 것도 같은 맥락이다. 기술적 사양이 아니라 청중의 삶의 변화를 이야기했기에 전 세계가 단번에 이해할 수 있었던 것이다.

스피치를 잘한다는 것은 순간의 기술이 아니라 끊임없는 준비와 자기 성찰에서 비롯된다. 청중 앞에 서기 전, 강사는 시대의 흐름을 공부하고 청중의 관심사를 탐구하며 끊임없이 콘텐츠를 다듬는다. 올바른 스피치를 위해서는 단순히 말을 다듬는 것을 넘어, 세상과 호흡하며 바른 정보를 전하고 청중에게 책임 있게 다가가는 태도가 필요하다. 바르게 말하려면 먼저 바르게 알아야 한다. 그래서 명강사들은 늘 책을 읽고, 현장을 경험하며, 청중의 삶과 맞닿은 사례를 준비한다. 청중 앞에 서는 순간은 단순한 공연이 아니라, 누군가의 삶에 영향을 미칠 수 있는 소중한 책임의 순간이기 때문이다.

결국 스피치를 잘한다는 것은 잘 꾸며낸 말이 아니라 바른 말을 전하는 것이고, 멋있는 말이 아니라 책임 있는 말을 하는 것이다. 바르게 말할 때, 스피치는 단순한 기술을 넘어 감동이 되고, 그 감동은 다시 신뢰로 이어진다. 신뢰야말로 청중의 마음을 움직이는 가장 강력한 힘이다. 잘하는 스피치란 청중의 귀에만 남는 말이 아니라, 마음에 남아 오래도록 울림을 주는 말이다. 그리고 바로 그 순간, 스피치는 말하기를 넘어 한 사람의 인생을 바꾸는 힘이 된다.

파워스피치 기법

파워스피치란 단순히 크고 웅장한 목소리를 내는 것이 아니다. 그것은 청중의 귀를 사로잡고, 마음을 흔들며, 결국 삶의 행동까지 변화시키는 힘을 가진 말하기다. 많은 이들이 '스피치를 잘한다'라는 말을 기술적인 능력으로만 생각한다. 하지만 진정한 파워스피치는 기술 너머에 있다. 그것은 심리적 안정에서 비롯되고, 효과적인 전달능력으로 확장되며, 감정이입과 이미지 메이킹으로 완성된다. 무엇을 어떻게 말할 것인지를 설계하는 과정에서 화자는 단순한 전달자가 아니라 사람들의 마음에 흔적을 남기는 창조자가 된다.

심리적 안정감 - 두려움을 뚫고 서는 용기

스피치는 언제나 긴장과 압박을 동반한다. 한정된 시간 안에 하고 싶은 이야기를 다 전해야 한다는 부담, 실수 없이 완벽하게 해내야 한다는 강박은 화자를 불안과 초조 속으로 몰아넣는다. 많은 사람들이 이 긴장을 두려워하지만 사실 긴장은 자연스러운 것이다. 오히려 긴장이 없다면 그것은 청중에 대한 존중심이 부족하다는 뜻일 수도 있다. 중요한 것은 이 긴장을 어떻게 다스리느냐다.

심리적 안정감을 기르는 가장 좋은 방법은 반복적인 경험이다. 작은 자리라도 무대에 서고, 청중 앞에 자신을 노출하며, 스스로 두려움에 면역을 길러야 한다. 친구 결혼식 사회, 소모임에서의 발표, 회사에서의 짧은 보고 모두가 최고의 훈련장이 된다. 경험이 쌓일수록 긴장은 두려움에서 설렘으로 바뀌고, 불안은 집중으로 전환된다. 누군가가 말했듯, 진정한 용기란 두렵지 않은 것이 아니라 두려움을 끌어안고도 행동으로 옮기는 힘이다.

효과적인 전달능력 - 목소리와 몸짓의 설득력

심리학자 메라비안은 의사소통에서 말의 내용보다 목소리와 태도 같은 비언어적 요소가 더 큰 영향을 준다고 했다. 실제로 청중이 같은 이야기를 듣더라도 어떤 목소리 톤으로, 어떤 제스처와 표정으로 전달되는지에 따라 전혀 다른 메시지로 받아들인다. 그러므로 스피치에서 목소리는 단순한 소리가 아니라 화자의 이미지를 규정하는 강력한 도구다.

목소리를 다루기 위해서는 체계적인 훈련이 필요하다. 단계적인 발성 연습을 통해 고저, 강약, 장단을 자유롭게 조절할 수 있어야 하며, 복식호흡을 생활화하여 안정된 울림을 만들어야 한다. 목소리의 억양과 속도에 변화를 주고, 문장을 어구 단위로 끊어 띄어 말하는 습관을 들이면 말은 생동감을 얻게 된다. 신문 사설을 소리 내어 읽으며 강약과 속도를 조절하는 훈련은 좋은 시작이 될 수 있다. 중요한 것은 글을 읽는 것이 아니라, 친구에게 이야기를 건네듯 자연스럽게 말하는 감각을 체득하는 것이다.

전달력은 목소리만으로 완성되지 않는다. 화자의 표정, 손동작, 몸의 움직임은 메시지를 강화시키는 또 다른 언어다. 같은 말이라도 두 손을 활짝 펴며 전할 때와 팔짱을 낀 채 전할 때 청중의 마음은 전혀 다르게 반응한다. 손을 올리고 내리는 작은 제스처조차 말의 설득력을 두 배로 높일 수 있다. 결국 몸 전체가 말과 함께 호흡할 때, 스피치는 단순한 소리가 아니라 살아 있는 경험으로 변한다.

감정이입 – 말에 영혼을 불어넣는 힘

스피치에서 가장 강력한 힘은 감정이다. 아무리 논리적으로 잘 짜인 내용이라도, 말하는 이가 자신의 말에 감정을 담지 않으면 청중은 곧장 그 공허함을 감지한다. 반대로 화자의 눈빛과 표정, 목소리에 진심이 실릴 때 청중은 무의식적으로 마음을 연다. 감정 없는 말은 정보에 불과하지만, 감정을 담은 말은 울림과 여운을 남긴다.

감정이입은 단순히 과장된 감정을 드러내는 것이 아니다. 그것은 말하고자 하는 주제에 대해 화자 스스로 진심으로 공감하고, 그 마음을 목소리와 표정에 담아내는 것이다. 화자가 자신의 이야기에 몰입할 때 청중은 저절로 빨려 들어가며, 함께 웃고 함께 울고 함께 움직인다. 감정이입은 메시지를 단순한 이해를 넘어 경험으로 승화시키는 힘이다.

연단의 매너와 이미지 – 보이는 스피치의 힘

무대 위에 선 순간, 화자는 말만이 아니라 자신의 전 존재로 메시지를 전한다. 표정, 시선, 제스처, 걷는 모습까지 모두가 청중에게 강력한 인상을 남긴다. 청중은 말의 진정성을 화자의 태도에서 먼저 읽어내기 때문이다.

따라서 스피치의 절반은 연단 매너와 이미지에서 결정된다. 미소는 청중의 마음을 열고, 당당한 자세는 신뢰를 심는다. 거만하지 않으면서도 자신감 넘치는 태도, 따뜻한 눈빛과 유연한 몸짓은 그 자체로 설득의 언어다. 강사는 자신을 하나의 브랜드처럼 관리해야 한다. 자신이 누구인지, 어떤 강점을 지녔는지, 어떤 메시지를 줄 수 있는지를 명확히 알고 그것을 표현해야 한다. 이는 곧 스피치의 메시지와 직결된다.

무엇을 말할 것인가 - 설계된 스피치의 힘

스피치의 본질은 결국 '무엇을 말할 것인가'에 달려 있다. 하고 싶은 말을 다 하는 것이 중요한 것이 아니라, 꼭 필요한 메시지를 어떻게 구조화해 전달할 것인가가 관건이다. 이를 위해서는 철저한 설계가 필요하다. 주제를 정하고, 논리적인 구조를 세우며, 적절한 에피소드를 배치하는 과정이 없이는 감동적인 스피치도, 설득력 있는 강의도 존재할 수 없다.

스피치는 음악과도 같다. 음악이 감성적인 영역이지만 사실은 철저히 계산된 수학적 구조 위에 세워지듯, 명강의도 단단한 구조 위에서 감동을 만든다. 설득력 있는 에피소드는 이야기의 혈관이 되어 청중을 주제 안으로 끌어들이고, 손과 눈빛은 메시지의 날개가 되어 감동을 확장시킨다. 결국 스피치란 단순한 언어가 아니라, 메시지를 살아 움직이게 만드는 종합예술인 것이다.

요약하자면, 파워스피치란 단순한 기술의 조합이 아니라, 기술과 감정, 구조와 진심이 하나로 어우러져 빚어내는 살아 있는 예술이다. 심리적 안정감이 뿌리를 내려 흔들리지 않는 기반이 되고, 효과적인 전달능력이 줄기로 뻗어 메시지를 멀리까지 전하며, 감정이입과 연단 매너가 푸른 잎이 되어 청중의 시선을 머물게 한다. 그리고 마지막으로 철저히 설계된 메시지가 꽃을 피워, 그 향기가 오래도록 청중의 마음을 감싼다.

그 순간 스피치는 단순히 입에서 흘러나오는 언어가 아니라, 사람의 마음에 씨앗을 심고 변화를 이끄는 살아 있는 힘이 된다. 잘 짜인 한 편의 연설은 청중에게 지식을 남기는 것을 넘어, 태도의 변화를 촉발하며, 삶의 방향을 바꾸는 울림이 될 수 있다.

결국 파워스피치의 본질은 '말하는 행위' 그 자체에 있지 않다. 그것은 마음과 마음을 잇는 다리이며, 보이지 않는 벽을 허물고 사람을 움직이게 하는 동력이다. 기술은 기억에서 사라질 수 있지만, 진심은 마음에 남는다. 그리고 진심 어린 스피치만이 청중의 기억 속에서 지워지지 않는 흔적이 되어, 강사의 목소리를 넘어 그들의 삶 속에서 울려 퍼지게 된다.

따라서 파워스피치를 꿈꾸는 이라면 반드시 기억해야 한다. 스피치의 목표는 화려한 말솜씨가 아니라, 누군가의 삶을 밝히는 작은 불빛이 되는 것이다. 그 불빛이 모여 청중의 마음을 움직일 때, 그 순간 우리는 진정한 스피치의 예술을 완성하게 된다.

10장
스토리 디자인

공감과 감동을 만드는 기술

세상에서 가장 강력한 사람은 이야기꾼이다._스티브 잡스

스토리텔링이란?

스토리텔링이란 무엇일까? 단순히 '이야기한다'는 뜻을 넘어, 인류가 살아온 모든 순간 속에 스며 있는 가장 본질적인 소통 방식이다. 인간은 말을 배우기 전에도 몸짓과 그림으로 이야기를 전했다. 동굴 벽화에 남겨진 사냥 장면은 단순한 기록이 아니라, 공동체를 하나로 묶고 다음 세대에 지혜를 전하기 위한 스토리였다. 고대 신화와 전설은 단순한 오락거리가 아니라, 공동체의 가치와 삶의 규칙을 가르치는 교육이었다. 이렇게 이야기는 인간의 탄생과 함께 시작되어 지금까지도 여전히 사람과 사람 사이를 연결하는 가장 강력한 끈이 되고 있다.

오늘날 스토리텔링은 더욱 다양하게 확장되었다. 영화, 드라마, 애니메이션, 만화, 게임, 광고 등 거의 모든 콘텐츠의 중심에는 이야기가 있다. 기업의 브랜딩 전략도 스토리텔링으로 풀어내야 힘을 가진다. "우리는 무엇을 파는가?"라는 질문보다 "우리는 어떤 이야기를 전하는가?"라는 질문이 더 강력해진 이유다. 정치, 교육,

경영, 심리학 등 거의 모든 영역에서 스토리텔링은 가장 설득력 있는 커뮤니케이션의 도구로 자리 잡았다. 데이터와 논리만으로는 움직이지 않던 마음이, 진솔한 이야기 한 편에 흔들리고 감동하며 결국 행동하게 되는 것을 우리는 자주 경험한다.

강의 현장에서 스토리텔링은 필수다. 아무리 뛰어난 지식과 논리를 갖춘 강사라도, 그것을 건조하게 나열한다면 청중은 금세 집중력을 잃고 만다. 반대로 한 편의 이야기, 진솔한 경험담, 작은 일화 하나가 청중의 마음을 단숨에 열게 한다. 예를 들어 역사적 사건을 설명하는 대신 그 시대를 살았던 한 인물의 생생한 삶을 들려준다면, 청중은 머리로만 이해하는 것이 아니라 마치 그 현장에 있는 듯한 몰입을 경험하게 된다. 그때 강의는 단순한 '설명'이 아니라 청중이 직접 '체험하는 장'으로 바뀐다.

스토리텔링의 위력은 기억력에서도 드러난다. 청중은 수많은 데이터와 용어는 쉽게 잊어버리지만, 이야기로 전해진 메시지는 오래도록 가슴 속에 남는다. 한 명강사가 수업에서 자신의 실패담을 솔직하게 풀어낸다면, 청중은 그 실패를 단순히 '정보'로 듣는 것이 아니라 '자기 삶과 겹쳐보는 경험'으로 받아들인다. 그때 비로소 강의는 지식을 넘어 감동으로 승화된다.

또한 스토리텔링은 교감을 강화한다. 이야기를 나눈다는 것은 단순히 정보 전달이 아니라 관계를 맺는 행위다. 강사가 자신의 경험을 들려줄 때 청중은 "나만 그런 게 아니었구나"라는 공감과 위로를 얻게 된다. 청중의 표정과 호흡이 달라지고, 고개가 끄덕여지고, 미소가 번지기 시작한다. 이야기를 통해 강사와 청중은 '연사와 청중'이라는 경직된 관계를 넘어, '함께 웃고 느끼는 동행자'로 변한다.

스토리텔링의 기술은 생각보다 간단하다. 이야기는 탄탄한 구조를 가진다. 시작이 있고, 전개가 있으며, 전환이 있고, 마침내 결말에 도달한다. 강사가 강의 속에 이 구조를 녹여내면, 청중은 이야기를 따라가면서 자연스럽게 논리를 이해한다. 단순히 "이렇습니다"라고 설명하는 것보다, "저에게도 이런 일이 있었습니다. 그때 이런 선택을 했고, 이런 결과가 있었습니다"라고 말하면 청중은 더 빠르고 깊이 이해한다. 이야기는 논리를 입체적으로 살아 움직이게 한다.

스토리텔링은 또한 강의의 매력을 높인다. 단조로운 설명 속에서는 청중의 눈빛이 흐려지지만, 이야기가 시작되면 청중은 다시 귀를 세운다. 유머가 담긴 이야기, 감동을 불러일으키는 일화, 놀라운 반전이 있는 사례는 청중을 끝까지 몰입하게 만든다. 더 나아가 이야기를 잘 활용하는 강사는 단순히 지식을 전하는 사람이 아니라, 청중의 삶에 의미를 던져주는 안내자가 된다.

스토리텔링의 본질은 결국 '사람을 움직이는 힘'에 있다. 이야기는 논리를 넘어 감정을 흔들고, 감정은 행동을 바꾼다. 강사가 전하는 이야기가 청중의 마음에 닿는 순간, 강의는 단순한 정보 전달이 아니라 삶을 변화시키는 경험으로 변모한다.

결론적으로, 스토리텔링은 강의의 숨은 엔진일 뿐 아니라 강사의 진정성을 증명하는 무기다. 단순한 지식 전달로는 청중의 머리만 채울 수 있지만, 이야기를 얹으면 청중의 마음이 움직이고 삶이 흔들린다. 이야기를 담으면 강의는 맛있어진다. 이야기를 곁들이면 지식은 감동이 된다. 그리고 그 순간, 강의는 일회적인 경험을 넘어 청중의 가슴 속에 각인된다. 그들은 강사의 이야기를 통해 자신의 삶을 돌아보고, 새로운 선택을 꿈꾸며, 다시 한 발짝 나아갈 힘을 얻는다.

스토리텔링은 결국 강사가 청중에게 줄 수 있는 가장 인간적인 선물이다. 화려한 기술이나 거창한 언변보다, 솔직한 경험과 따뜻한 스토리가 더 큰 울림을 남긴다. 명강사가 되는 길은 지식을 얼마나 많이 아느냐가 아니라, 그 지식을 얼마나 살아 숨 쉬는 이야기로 풀어내느냐에 달려 있다. 청중은 강사의 이야기를 통해 공감하고, 웃고, 때로는 울며, 결국 변화를 선택한다.

따라서 스토리텔링은 강의를 단순한 '설명'의 장에서 '경험과 감동의 무대'로 바꾸는 힘이다. 강사의 이야기가 청중의 삶 속에서 계속 살아 움직이는 순간, 강의는 끝나도 메시지는 끝나지 않는다. 그것이 바로 스토리텔링이 가진 진짜 마법이며, 명강사가 남기는 가장 깊은 유산이다.

스토리 구성 요소

스토리텔링의 매력은 단순히 이야기를 나열하는 데서 끝나지 않는다. 그것은 청중의 마음을 흔들고, 머릿속에 깊은 인상을 남기며, 때로는 인생의 방향을 바꾸는 힘을 갖고 있다. 그런데 이런 힘 있는 스토리는 우연히 만들어지지 않는다. 반드시 네 가지의 핵심 요소 — 메시지, 갈등, 등장인물, 흐름 — 이 유기적으로 얽히며 살아 숨쉬어야 한다. 이 네 가지가 탄탄히 자리 잡을 때 비로소 이야기는 단순한 말이 아니라 감동의 드라마로 거듭난다.

첫째, 스토리의 심장은 바로 메시지다. 이야기에 담기는 메시지는 하나여야 한다. 두 개, 세 개로 갈라지는 순간 청중의 집중은 흩어지고 이야기의 힘은 반감된다. 메시지는 단순하면서도 강렬해야 한다. "도전은 두려움을 이기는 순간 시작된다"처럼 짧지만 선명한 문장이 사람의 마음을 움직이는 법이다. 강사가 강단에 서서 긴 강의를 해도, 청중의 뇌리에 남는 건 결국 이 한 줄의 메시지다. 마치 영화가 끝난 후에도 관객의 머릿속에 오래 남는 대사가 있듯, 강의 속 메시지는 강사의 영혼과 청중의 심장을 연결하는 다리다.

둘째, 갈등은 이야기의 엔진이다. 갈등 없는 이야기는 무미건조한 보고서와 같다. 인간은 본능적으로 드라마를 원한다. 누군가 목표를 세우고, 그 앞에 커다란 벽이 놓이고, 그 벽을 어떻게 넘어서는지를 보는 순간 우리는 숨을 죽이며 몰입한다. 그래서 갈등은 단순한 장애물이 아니라 메시지를 드러내는 거울이 된다. '이 주인공이 어떤 어려움을 겪고 어떻게 극복했는가?' 이 질문에 답하는 과정에서 청중은 자신을 대입하고, 스스로도 극복할 수 있다는 희망을 얻는다. 갈등이 커질수록, 이야기는 더 단단해지고 메시지는 더 선명해진다.

셋째, 이야기를 살아 움직이게 하는 것은 등장인물이다. 인물이 없는 스토리는 마치 그림자가 없는 풍경과 같다. 등장인물은 꼭 사람이 아니어도 된다. 꿈을 향한 열망, 실패의 그림자, 혹은 그저 한 권의 책이 주인공이 될 수도 있다. 중요한 것은 그것이 청중과 연결될 수 있는 '의지와 의미'를 품고 있어야 한다는 점이다. 예컨대 "한 권의 책이 내 인생을 바꿨다"는 이야기는 책이라는 사물을 하나의 강렬한 등장인물로 만든다. 인물이 가진 소망과 선택, 그리고 책임이 곧 이야기를 이끌어 가는 힘이 된다. 청중은 인물을 통해 웃고, 울고, 공감하며 결국 자신을 발견한다.

넷째, 이야기는 반드시 흐름을 가져야 한다. 강사의 말이 아무리 명언처럼 빛나도 흐름이 없으면 청중은 길을 잃는다. 이야기는 시작이 있어야 하고, 목표가 있어야 하며, 수혜자가 있어야 한다. 즉, "누가, 왜, 무엇을 향해 가는가"가 분명해야 한다. 이 흐름 속에서 갈등이 터지고, 인물이 성장하며, 마침내 메시지가 드러난다. 강의에서 이야기의 흐름을 자연스럽게 풀어낼 수 있다면 청중은 단순히 듣는 것이 아니라 함께 여정을 걷는 듯한 체험을 하게 된다. 그 과정 속에서 강사의 메시지는 지식이 아니라 감동으로 변모한다.

결국, 스토리텔링은 네 가지 요소가 조화를 이루는 하나의 교향곡과 같다. 메시지가 멜로디라면, 갈등은 긴장과 해소를 만들어내는 화성이고, 등장인물은 악기의 음색이며, 흐름은 전체 곡을 지탱하는 리듬이다. 이 네 가지가 어우러질 때 이야기는 청중의 가슴 속에서 울리고, 오래 기억되며, 삶을 바꾸는 힘을 가진다. 스토리텔링의 비밀은 이 단순하지만 깊은 원칙을 얼마나 진정성 있게 풀어내느냐에 달려 있다.

사례와 예시

스토리텔링은 단순한 장식이 아니다. 그것은 하나의 사실을 감정이라는 포장지로 감싸서 사람들의 마음속 깊은 곳에 도달하게 하는 가장 오래된, 그리고 가장 강력한 소통의 도구다. 인류는 언어를 갖기 전부터 이미 이야기를 통해 소통했다. 동굴 벽화도, 모닥불 앞의 구전도 모두 스토리텔링의 원형이었다. 그만큼 이야기는 인간의 본능과 직결된 커뮤니케이션 방식이다. 오늘날 강의실에서, 기업의 회의장에서, 혹은 친구와의 대화에서도 스토리텔링은 여전히 가장 큰 설득의 힘을 발휘한다.

스토리텔링이 중요한 이유는 단순하다. 사실만 나열하면 머리에만 남지만, 이야기는 마음에 남는다. 그리고 마음에 남은 것은 결국 행동으로 이어진다. 예를 들어 "나는 오늘 저녁, 태어나서 최고의 식사를 했다."라는 문장은 듣는 사람에게 단순한 정보 이상을 주지 못한다. 그러나 "나는 송중기와 저녁을 먹었다."라는 말은 단 한 줄의 사실임에도 불구하고 듣는 이의 상상력을 폭발시킨다.

그 자리의 분위기, 무슨 대화를 나눴는지, 어떤 표정을 지었을지, 듣는 사람은 저절로 궁금해진다. 이야기의 힘은 이렇게 단순한 사실을 감정과 기대감으로 확장시키는 능력에 있다.

하지만 좋은 이야기는 단순히 감정을 과잉으로 드러내는 것이 아니다. 무대 위 가수가 자기 감정을 통제하지 못하고 지나치게 과잉 분출하면 오히려 듣는 이들이 피곤해지듯, 스토리텔링도 감정의 균형이 필요하다. 절제된 감정 속에서 진심이 묻어날 때, 청중은 편안하게 몰입하며 그 이야기를 자신의 이야기로 받아들인다. 과한 감정은 벽을 만들지만, 절제된 감정은 다리를 놓는다.

스토리텔링은 길어야만 감동을 주는 것도 아니다. 오히려 한 문장, 한 장면, 한 마디가 긴 강의나 보고서보다 더 깊은 여운을 남긴다. 의사가 병상에 누운 환자의 손을 잡고 "당신은 혼자가 아닙니다."라고 말하는 순간, 그 짧은 문장은 책 한 권 분량의 설명보다 훨씬 더 큰 힘을 발휘한다. 짧은 이야기라도 진심과 사실이 담겨 있다면 그것은 청중의 가슴속에 오랫동안 살아남는다.

또한 이야기는 꼭 말로만 전달되는 것이 아니다. 사진 한 장, 짧은 영상 하나, 혹은 한 번의 몸짓이 때로는 수많은 단어보다 더 강력한 이야기를 들려준다. 전쟁 속 아이의 눈빛, 길거리에서 서로를 껴안은 노인의 모습은 그 자체로 강력한 스토리다. 언어를 초월한 스토리텔링은 보는 이의 상상력을 자극하고, 그 상상 속에서 자신만의 이야기를 다시 쓰게 만든다. 그래서 스토리텔링은 문학이나 연설만의 영역이 아니라, 예술과 디자인, 심지어 마케팅과 리더십까지 모든 분야에서 활용된다.

무엇보다 스토리텔링에서 중요한 것은 타이밍이다. 같은 이야기라도 언제, 어떤 상황에서 꺼내느냐에 따라 전혀 다른 효과를 낸다. 분위기가 가라앉은 회의 자리에서 리더가 "제가 예전에 크게 실패했던 경험이 있습니다."라며 진솔한 이야기를 꺼내는 순간, 팀원들의 긴장감은 풀리고, 그 자리는 신뢰와 공감의 공간으로 변한다. 적재적소의 이야기는 단순한 대화가 아니라 행동을 바꾸는 계기가 된다. 마치 열쇠 하나가 잠긴 문을 열 듯, 알맞은 순간의 이야기는 사람들의 닫힌 마음을 열어젖힌다.

스토리텔링은 우리 스스로의 삶을 정의하고, 세상을 통제하는 방식이기도 하다. 우리는 매일 자신에게 이야기를 들려주며 살아간다. "나는 할 수 있다", "이번엔 꼭 성공할 거야"라는 자기 내적 이야기에서부터, "나는 늘 운이 없다"라는 자기 한계의 이야기까지, 우리는 이야기로 자기 삶을 설계하고 제한한다. 그렇기에 좋은 스토리텔링은 단순히 청중을 즐겁게 하는 도구가 아니라, 누군가의 인생을 새롭게 써 내려가는 시작이 된다. 강사가 강의실에서 전하는 이야기, 부모가 자녀에게 들려주는 이야기, 리더가 팀원에게 전하는 이야기는 모두 단순한 말이 아니라 인생을 바꾸는 설계도가 될 수 있다.

결국 스토리텔링은 사실을 감정으로 감싸서 전달하는 행위다.

그러나 그 힘은 재미를 넘어선다. 그 안에는 위로가 있고, 공감이 있으며, 듣는 사람으로 하여금 행동으로 나아가게 만드는 촉매제가 숨어 있다. 그래서 스토리텔링을 잘하는 사람은 단순히 말을 잘하는 사람이 아니라, 세상을 변화시키는 사람이다. 스티브 잡스가 스탠퍼드 졸업식에서 전한 "점들을 연결하라"는 이야기는 단순한 자기 경험담이었지만, 수많은 청중에게 꿈을 향해 나아갈 용기를 심어주었다. 말랄라가 유엔에서 "한 권의 책과 한 자루의 펜이 세상을 바꿀 수 있다."고 외쳤을 때, 그것은 단순한 연설이 아니라 전 세계 소녀들의 마음을 움직이는 불씨가 되었다.

스토리텔링은 결국 우리 모두가 가져야 할 삶의 기술이다. 이야기를 잘 전하는 사람은 마음을 움직이고, 마음을 움직이는 사람은 세상을 바꾼다. 따라서 명강사가 되는 길은 얼마나 많은 지식을 전하느냐가 아니라, 얼마나 진정성 있는 이야기를 생생하게 들려줄 수 있느냐에 달려 있다. 이야기가 있는 강의는 정보가 아니라 경험이 되고, 그 경험은 사람들의 삶을 바꾸는 동력이 된다. 이것이 바로 스토리텔링의 본질이며, 우리가 반드시 배워야 할 가장 오래된 미래의 기술이다.

스토리에 담긴 열정

스토리에는 언제나 열정이 흐른다. 이야기가 청중을 매혹시키고, 단순한 말이 아니라 살아 있는 경험으로 각인되기 위해서는 반드시 뜨거운 에너지가 필요하다. 그 에너지는 곧 열정이다. 아무리 화려한 수사와 멋진 문장이 동원된다 해도 화자의 열정이 실리지 않으면 이야기는 금세 빛을 잃고 만다. 반대로 말이 서툴고 표현이 투박하더라도, 화자의 눈빛과 목소리, 몸짓에서 진심 어린 열정이 느껴지면 청중은 자연스럽게 이야기에 빨려 들어간다. 스토리텔링이 기술이라면, 열정은 그 기술을 살아 움직이게 만드는 심장이다.

좋은 이야기는 단순히 사건을 나열하는 것이 아니다. 왜 이 이야기를 해야 하는지, 왜 이 경험을 전하고 싶은지에 대한 화자의 동기와 진심이 깔려 있어야 한다. "내가 왜 이 이야기를 했을까?"라는 질문에 스스로 답할 수 있을 때, 이야기는 방향을 얻고, 청중은 그 방향성에 설득된다. 강의 현장에서 학생들에게 단순히 지식을 전달하는 것과, 자신의 삶 속에서 그 지식이 왜 중요한지, 그것이 어떻게 자신의 삶을 바꾸었는지 진심을 담아 들려주는 것에는 천지 차이가 있다. 전자는 기억 속에서 쉽게 지워지지만, 후자는 오래 남아 행동으로 이어진다.

스토리에는 언제나 영웅, 즉 주인공이 등장한다. 청중은 이야기를 따라가며 자신도 어느 순간 그 영웅의 입장이 된다. 영웅은 거창한 인물이 아닐 수도 있다. 평범한 학생, 작은 회사를 운영하는 직장인, 혹은 한 가정의 부모일 수도 있다. 중요한 것은 그들의 여정을 통해 청중이 스스로의 이야기를 대입해 볼 수 있다는 점이다. “나는 누구의 이야기 속에서 주인공을 보았는가?” “그 주인공은 어떻게 내 관점을 흔들었는가?” 이 질문에 청중이 답할 수 있을 때, 이야기는 진정으로 성공한다.

그러나 영웅만으로는 이야기가 완성되지 않는다. 이야기를 흥미롭게 만드는 것은 언제나 악당, 즉 장애물이다. 갈등 없는 이야기는 밋밋하다. 주인공이 직면한 문제, 극복해야 할 시련이야말로 이야기를 움직이는 동력이다. 청중은 주인공이 맞서는 갈등 속에서 긴장하고 몰입한다. 때로는 외적인 적(사회적 문제, 불공정한 상황)일 수도 있고, 때로는 내적인 적(두려움, 자신감 부족, 죄책감)일 수도 있다. 강사가 자신의 실패담을 솔직히 들려주는 순간, 청중은 그 갈등 속에서 인간적인 공감을 느끼고 자신만의 도전과 맞닿게 된다.

스토리의 흐름에서 반드시 따라오는 것은 깨달음이다. 주인공은 시련을 겪고 나서야 새로운 통찰을 얻는다. 그 깨달음은 단순한 반전이 아니라, 청중에게도 울림을 주는 순간이다. 예를 들어, 사업 실패 후 다시 일어나기까지의 과정을 이야기하는 강사가 있다면, 그 이야기의 가치는 '실패했다'는 사실이 아니라 그 속에서 얻은 교훈과 깨달음이다. "포기하지 않는 한 실패는 끝이 아니다."라는 메시지가 담길 때, 청중은 단순히 이야기를 듣는 것이 아니라 그 교훈을 자기 삶의 지혜로 받아들이게 된다.

마지막으로 스토리에는 반드시 변화가 있어야 한다. 변화 없는 이야기는 미완성이다. 주인공이 성장하거나 세상이 달라지거나, 최소한 청중의 마음이 움직여야 한다. 변화는 이야기의 결론이자 목적이다. 한 아이가 두려움을 극복하고 무대에 서는 이야기, 실패한 도전 끝에 새로운 길을 찾은 사람의 이야기, 혹은 작은 친절이 공동체를 바꾼 이야기. 이런 변화가 있을 때, 이야기는 단순한 경험담이 아니라 청중을 행동으로 이끄는 불씨가 된다.

스토리에 담긴 열정은 결국 이야기꾼의 진심에서 비롯된다. 청중은 화려한 기법보다 화자의 진정성을 본다. 진심이 담긴 열정은 메시지를 불씨처럼 심고, 갈등을 불꽃처럼 타오르게 하며, 깨달음을 빛처럼 비추고, 변화를 불길처럼 확산시킨다. 그래서 스토리텔링은 단순한 전달이 아니라, 사람의 삶을 바꾸는 힘이 된다.

공감 효과

강의와 스피치는 단순히 정보를 전달하는 행위가 아니다. 진정한 강의는 지식을 '이해'하게 만들고, 마음을 '움직'이게 하는 과정이다. 이때 필요한 것이 바로 공감 효과다. 공감은 단순한 감정의 나눔이 아니라, 청중의 뇌와 마음을 동시에 자극하여 메시지를 깊이 각인시키는 힘이다. 특히 스토리텔링은 좌뇌와 우뇌를 동시에 작동하게 만들어 지식과 감정이 함께 살아 숨 쉬게 한다. 그렇기에 스토리 디자인에서 공감 효과는 강의를 설득의 차원을 넘어 감동과 몰입의 차원으로 끌어올리는 핵심 기술이라 할 수 있다.

먼저 좌뇌, 즉 논리와 이성을 담당하는 영역이다. 청중의 좌뇌는 언제나 방어적이다. '이 말이 정말 맞을까?', '과연 증거가 있는 걸까?' 끊임없이 분석하고 비판하며 의심한다. 좌뇌는 사실과 근거를 바탕으로 평가하기 때문에, 강사의 이야기가 논리적이지 못하면 금세 신뢰를 잃는다. 그렇기에 스토리텔링은 단순한 감성 자극에 머물러서는 안 된다. 메시지 속에는 반드시 합리적 근거와 설득력 있는 데이터, 체계적인 구조가 담겨 있어야 한다. 그래야 청중의 좌뇌가 "이 이야기는 믿을 만하다"라고 납득하게 된다. 좌뇌는 즉각적이고 순간적인 판단을 내리지만, 그 판단이 긍정적일 때 청중은 강사의 말을 신뢰하며 귀 기울이게 된다.

그러나 좌뇌만 움직여서는 강의가 오래 남지 않는다. 사람들의 기억은 언제나 감성적 흔적을 따라간다. 여기서 중요한 것이 우뇌, 즉 감성과 직관의 세계다. 우뇌는 오감을 자극하는 순간에 반응하며, 청중의 기억에 오래 남게 하고 결국 행동으로 이어지게 만든다. 강의에서 스토리텔링이 효과적인 이유도 바로 여기에 있다. 논리적 근거만 제시하면 사람들은 머리로 이해할 뿐, 가슴으로 움직이지 않는다. 하지만 감각적 언어, 생생한 묘사, 구체적인 장면을 통해 청중의 우뇌가 자극되면 메시지는 지식이 아니라 체험으로 자리한다. 예를 들어, "환경을 지켜야 합니다"라는 단순한 문장보다 "오늘 아이들이 뛰어놀던 공원이 내일은 쓰레기로 뒤덮여 있다면 어떨까요?"라는 장면적 표현은 우뇌를 자극해 훨씬 강렬한 공감을 불러일으킨다.

여기에 더해 스토리텔링은 독창성이라는 날개를 단다. 새로운 교육이나 강의를 접할 때 청중은 처음에는 낯설고 어려워한다. 하지만 스토리 속에 독창적인 발상이 녹아 있으면 학습자는 금세 몰입한다. 이는 인간이 본능적으로 '새로운 이야기'를 갈망하기 때문이다. 반복된 이론과 익숙한 설명은 지루하지만, 독창적인 이야기는 좌뇌의 분석을 자극하면서도 동시에 우뇌의 호기심을 불러일으킨다. "저런 관점도 있구나!", "이건 정말 특별한데?"라는 감탄이 나오는 순간, 청중은 스토리에 깊이 빠져든다.

사람들이 스토리에 몰입하는 또 다른 이유는 이야기의 본능적 매력 때문이다. 인류는 오랜 세월 불가 앞에서, 공동체 안에서 이야기를 통해 삶을 나눴다. 그래서 우리는 여전히 이야기에 끌린다. 이야기가 담긴 물건을 소중히 여기고, 이야기가 있는 장소를 찾아가며, 때로는 단순한 제품에도 이야기를 입혀 더 큰 가치를 느낀다. '초코파이를 먹으며 정을 나눈다'는 소비자들의 인식은 단순한 과자가 아니라 관계와 감정을 사고 있는 것이다. 강의도 마찬가지다. 스토리가 담긴 강의는 단순한 정보전달이 아니라 청중의 경험이 된다.

무엇보다 중요한 것은 스토리텔링이 교수와 학습자 사이의 공감대를 형성한다는 점이다. 사람들은 본능적으로 방어막을 두른 채 강의장에 앉는다. 낯선 공간, 낯선 강사, 낯선 내용. 그러나 이야기는 그 보호막을 걷어내는 열쇠다. 강사가 자신의 경험, 실패, 도전을 담아 진심으로 이야기를 시작하는 순간 청중은 "이 사람도 나와 같은 고민을 했구나"라는 공감을 느낀다. 공감은 관계를 형성하고, 관계는 신뢰를 만든다. 결국 강의는 정보 전달이 아니라 신뢰 위에 세워지는 것이다.

공감 효과는 스토리텔링의 심장과도 같다. 좌뇌를 통해 논리적 신뢰를 얻고, 우뇌를 통해 감성적 울림을 주며, 독창성으로 몰입을 이끌고, 이야기를 통해 보호막을 허무는 순간, 강의는 단순한 수업이 아니라 청중의 삶을 흔드는 사건으로 변모한다. 그때 청중은 단순히 강사의 말을 '듣는 존재'가 아니라, 강사와 함께 '이야기를 살아가는 존재'가 된다.

스토리 디자인은 지식보다 마음을 남기고, 지시보다 변화를 남기며, 결국 공감을 통해 감동과 설득이라는 두 날개를 완성한다.

그것은 청중이 강의장을 떠난 후에도 오래도록 가슴에 남아 스스로를 돌아보게 하고, 때로는 행동을 바꾸게 만드는 힘이 된다. 우리가 기억하는 강의, 우리가 평생 잊지 못하는 말은 결국 지식의 양 때문이 아니라, 그 속에 담긴 공감과 울림 때문이라는 사실이다.

따라서 명강사가 되고자 한다면, 기술적 화려함보다 진정성 있는 공감을 우선해야 한다. 이야기를 통해 청중의 눈물을 이끌어내고, 미소를 머금게 하며, 결국 용기를 북돋워 삶의 한 걸음을 내딛게 하는 것, 그것이 바로 스토리텔링이 가진 가장 위대한 힘이며, 공감 효과가 빛나는 순간이다.

스토리를 만드는 방법

스토리텔링은 단순히 재미있는 이야기를 늘어놓는 기술이 아니다. 그것은 청중의 마음속에 그림을 그리고, 감정을 흔들며, 행동의 변화를 이끌어내는 가장 강력한 커뮤니케이션 도구다. 잘 짜인 이야기는 강의실을 마치 영화관처럼 몰입하게 만들고, 때로는 한 편의 드라마처럼 감동의 눈물을 불러일으킨다. 그렇다면 어떻게 해야 살아 숨 쉬는 스토리를 만들 수 있을까?

1. 스토리의 기본 원칙

스토리를 만들 때 가장 중요한 것은 '생생함'이다. 막연한 이야기보다 청중이 머릿속에 장면을 떠올릴 수 있도록 세부적인 묘사가 필요하다. 예를 들어, "어느 날 힘든 경험을 했다"라고 말하는 대신 "겨울 새벽 차가운 공기를 가르며 텅 빈 강의실에 들어섰을 때, 내 숨소리만 메아리치던 그 순간"이라고 표현한다면 청중은 한 장면의 영화를 보는 듯 생생한 경험을 공유하게 된다.

하지만 이야기가 단순히 재미만 있어서는 안 된다. 반드시 교훈이 담겨 있어야 한다. 경험을 통해 얻은 지혜, 실패 속에서 길어 올린 교훈, 혹은 작은 깨달음이라도 이야기에 녹아 있어야 청중이 공감하고 감동할 수 있다. 더불어 이야기는 청중의 상황과 목적에 맞아야 한다. 대학생 청중에게 기업 CEO의 사례를 그대로 전하는 것은 효과가 떨어진다. 그들의 환경과 고민을 반영한 맞춤형 스토리일 때, 청중은 "저건 내 이야기 같아"라는 공감을 느낀다.

그리고 가장 중요한 한 가지—이야기는 긍정의 힘을 담고 있어야 한다. 청중은 이미 세상 속에서 수많은 어려움과 부담을 안고 살아간다. 그들이 강의를 듣고 나서 조금이라도 용기를 얻고, 따뜻한 마음을 회복할 수 있도록 스토리에는 희망과 긍정이 담겨야 한다. 무엇보다 강사 자신이 그 이야기를 말하며 즐거워하고 감동해야 한다. 연사가 진심으로 울고 웃을 때, 청중도 함께 울고 웃는다.

2. 활용하기 좋은 스토리 타입

스토리는 형식이 다양하다. 정보 전달형 짧은 이야기는 강의의 시작이나 마무리에서 메시지를 강조할 때 효과적이다. 여기에 유머가 담긴 이야기는 청중의 경직된 분위기를 단숨에 풀어주며, 웃음과 함께 마음의 문을 열게 한다. 또 신화나 전설, 민담 속에는 시대를 초월한 지혜와 교훈이 담겨 있어 청중에게 오래 남는 여운을 선물한다.

책이나 신문기사, 혹은 TV에서 접한 공신력 있는 이야기는 강의에 신뢰감을 더한다. 하지만 무엇보다 강력한 스토리는 '나만의 경험'이다. 연사의 삶에서 길어 올린 독창적인 이야기는 그 어떤 권위 있는 자료보다 청중에게 설득력 있게 다가온다. 여기에 숫자에 스토리를 입히는 기법은 기억의 포인트를 만들어낸다. 단순한 숫자가 매력적인 이야기와 연결되는 순간, 청중은 오랫동안 그 연사를 잊지 못한다.

3. 스토리텔링 사례

스토리텔링의 진정한 힘은 같은 말이라도 어떻게 전달하느냐에 따라 청중의 마음을 움직이는 깊이가 완전히 달라진다는 데 있다. 사실만을 나열하는 답변은 딱딱한 정보에 머무르지만, 진정성 있는 경험과 감정을 담은 이야기는 그 자체로 메시지를 살아 숨 쉬게 만든다.

첫 번째 사례는 면접 장면이다. 면접관이 "왜 기자가 되고 싶습니까?"라고 물었을 때, 많은 지원자들은 준비된 듯한 대답을 내놓는다. "기자는 가난하고 소외된 이들에게 빛과 소금 같은 존재라고 생각합니다." 이 말은 틀리지 않다. 그러나 듣는 사람의 마음을 사로잡기에는 어딘가 부족하다. 왜냐하면 이 문장은 지원자의 진짜 삶과 연결되어 있지 않기 때문이다.

그러나 여기에 자신만의 경험을 얹어 스토리로 풀어낸다면 상황은 전혀 달라진다. "어릴 적 제 고향 마을에는 외부로 알려지지 않은 사건들이 많았습니다. 억울한 피해자들이 있었지만, 목소리를 낼 방법이 없었죠. 그때 우연히 한 기자가 취재를 오셨고, 작은 신문 기사 한 줄이 사람들의 시선을 바꾸고, 마을에 변화를 가져왔습니다. 저는 어린 나이였지만, 그 순간 '진실을 기록하는 기자'라는 존재가 얼마나 큰 힘인지 가슴 깊이 새기게 되었습니다. 그래서 저 역시 누군가에게 그런 빛이 되는 기자가 되고 싶습니다."

이 대답은 단순한 직업적 이상이 아니라 삶 속에서 뿌리내린 열망을 보여준다. 듣는 사람은 지원자의 진심을 읽고, 그의 진정성을 느낀다. 단순한 답변은 정보에 그치지만, 스토리가 담기면 공감과 감동으로 확장된다.

두 번째 사례는 자기소개다. 많은 사람들이 자기소개에서 긴 이력과 경력을 나열하지만, 듣는 이는 쉽게 잊어버린다. 그러나 작은 장치 하나가 이야기를 특별하게 만든다. "저를 기억하실 때 숫자 3을 떠올려 주십시오."라는 말은 청중의 호기심을 자극하고 곧바로 주의를 집중시킨다. 이어서 "저는 부산, 대전, 서울 세 도시에서 살며 세 가지 사투리를 구사할 수 있습니다. 그 덕분에 제주 방언 말하기 대회에서 대상을 받았고, 또 저를 딱 세 번만 만나면 제 매력에 빠지실 겁니다. 첫 번째는 제 미소에, 두 번째는 제 말솜씨에, 세 번째는 제 마음씨에 감탄하시게 될 겁니다."라고 풀어낸다면 단순한 자기소개는 매력적인 스토리로 바뀐다.

이 자기소개가 특별한 이유는 단순히 숫자를 활용했기 때문만이 아니다. 그 안에는 삶의 여정이 녹아 있고, 청중이 미소 지을 수 있는 유머가 있으며, 마지막에는 사람의 마음을 붙잡는 따뜻한 진심이 담겨 있다. 숫자라는 기억 장치 덕분에 소개의 내용은 오래 기억되고, 이야기를 통해 전달되는 에너지는 사람들 마음속에 긍정적인 여운을 남긴다.

결국 스토리텔링은 거창한 것이 아니다. 내가 직접 경험한 사실을 바탕으로, 진심 어린 감정과 작은 장치를 더하는 것만으로도 충분히 사람의 마음을 움직일 수 있다. 중요한 건 얼마나 잘 꾸미느냐가 아니라, 얼마나 진실하게 들려주느냐다. 스토리가 있는 답변은 듣는 이의 머릿속에만 남는 것이 아니라, 마음속에 오래 남아 행동을 바꾸는 씨앗이 된다.

스토리텔링은 강의와 스피치를 '정보의 나열'에서 '기억할 만한 경험'으로 바꿔준다. 생생한 세부 묘사, 삶의 교훈, 청중과의 적합성, 긍정의 메시지, 그리고 진정성 있는 전달이 스토리를 완성한다. 여기에 다양한 스토리 타입과 사례를 적절히 활용한다면, 강의는 단순히 지식을 전달하는 시간이 아니라 청중의 마음에 불씨를 심는 시간이 된다. 결국 좋은 스토리는 청중의 귀가 아니라 가슴에 닿아, 그들의 삶을 움직이는 힘이 된다.

11장
무대 디자인

강의 단계와 도구 활용

단순히 집중하는 행위만으로도 멀리 갈 수 있다._키아누 리브스

강의 준비 단계

강의는 우연히 흘러가는 말의 나열이 아니라, 치밀한 준비와 진정성 있는 설계에서 시작된다. 무대에 오르는 강사는 단순한 전달자가 아니다. 그는 수강생들의 생각과 태도, 나아가 삶의 변화를 이끌어내야 하는 사람이다. 그렇기에 강의 준비는 강사의 프로의식과 사명감이 가장 먼저 드러나는 순간이다. 준비 없는 강의는 설득력이 없고, 준비된 강의는 청중의 마음에 씨앗을 뿌린다.

강사가 주제를 확립하고 내용을 교안화하는 일은 건물을 세우기 전 설계도를 그리는 과정과 같다. 설계도가 없는 건물은 언제든 무너질 수 있듯, 준비 없는 강의는 쉽게 잊히고 만다. 반대로 세심한 준비는 청중을 존중하는 태도의 표현이며, 강사의 신뢰를 단단하게 쌓는 기초가 된다.

교수계획의 수립

교육은 우연이 아닌 의도적 노력이다. 그 목적은 학습자에게 바람직한 변화를 이끌어내는 것이다. 따라서 성실한 교수계획은 강사에게 필수적이다. 변호사가 법정에서 사건을 변론하기 전에 수많은 판례와 자료를 조사하고 전략을 짜듯이, 강사 역시 강의 전 치밀한 준비 과정을 거쳐야 한다. 교수계획이 탄탄해야 강사는 자신감을 가지고 강의에 임할 수 있고, 청중 또한 배움의 만족과 성과를 얻을 수 있다.

교수계획은 단순히 교재를 나열하는 것이 아니라, 교육의 큰 그림을 그리는 작업이다. 강사는 수강생들의 수준과 필요를 분석하고, 그들의 삶에 긍정적인 변화를 불러일으킬 수 있는 내용을 선택해야 한다. 즉, 교수계획은 강의의 청사진이자 나침반이다. 청사진이 명확할 때 강의는 길을 잃지 않고, 청중의 마음을 올바른 방향으로 이끌 수 있다.

교육과정표 단계

강의 준비에서 가장 먼저 해야 할 일은 강의 목적을 설정하는 것이다. 목적은 강사가 청중에게 무엇을 주고 싶은지, 어떤 변화를 만들어내고 싶은지를 보여주는 핵심이다. 목적이 분명하면 강의는 중심을 잡고, 자료 수집과 내용 구성도 자연스럽게 흐른다.

강의 목적을 설정할 때는 세 가지 요소가 반드시 고려되어야 한다. 첫째, 목표는 강의를 통해 달성하고자 하는 최종 지향점이다. 둘째, 주제는 그 목표를 실현하기 위해 집중해야 할 구체적 테마다. 셋째, 학습 정도는 수강생이 어느 깊이까지 습득해야 하는지의 수준을 정하는 것이다. 이 세 가지가 유기적으로 연결될 때, 강의는 탄탄한 구조를 갖추게 된다.

목적이 설정되면 이제 학습성과를 구체화해야 한다. 학습성과란 수강생이 강의를 통해 얻게 될 구체적 결과를 의미한다. 단순히 '이해한다'가 아니라, '문제를 분석할 수 있다', '새로운 방법을 적용할 수 있다'와 같은 형태로 제시되어야 한다. 이렇게 구체화된 학습성과는 강의가 끝난 후에도 수강생이 자신의 변화를 자각할 수 있도록 돕는다.

자료수집

강의 준비에서 가장 현실적인 과정은 자료를 수집하는 일이다. 자료는 강의의 뼈대를 살찌우는 살과 같다. 자료 수집은 크게 네 가지 방식으로 나눌 수 있다.

첫째, 자신의 머릿속에서 꺼내는 것이다. 이미 알고 있는 지식과 경험 중에서 주제와 맞는 것을 골라내고, 그것을 자기 언어로 재구성해야 한다. 자기 언어로 설명하지 못하는 지식은 진정한 자기 것이 아니다.

둘째, 타인의 지혜를 빌리는 것이다. 책이나 명언, 연구자료 속에는 훌륭한 인사이트가 숨어 있다. 그러나 그것을 무비판적으로 인용해서는 안 된다. 내 강의 주제와 맞아야 하고, 내 철학과도 일치해야 한다.

셋째, 사람과 대화하는 것이다. 경험 많은 사람들과 나누는 대화는 살아 있는 자료가 된다. 그러나 경험을 무리하게 짜맞추거나 억지로 끼워 넣으면 강의는 부자연스러워지고 설득력을 잃는다.

넷째, 시청각 자료를 활용하는 것이다. 시각 자료나 영상, 도표 하나가 때로는 말보다 더 강렬한 메시지를 전달한다. 청중은 눈과 귀로 동시에 자극을 받을 때 더 깊이 몰입한다. 따라서 강사는 항상 보조자료를 철저히 준비해야 한다.

강의 준비 단계는 단순히 '강의를 하기 전 거쳐야 하는 절차'가 아니다. 그것은 강사가 자신의 전문성과 철학을 증명하는 과정이자, 청중의 시간과 마음을 존중하는 가장 기본적인 태도이다. 제대로 준비되지 않은 강의는 한순간 스쳐가는 말로 흩어지지만, 치열하게 준비된 강의는 청중의 가슴에 씨앗처럼 심겨 오래도록 기억된다. 준비 속에는 강사의 진심이 담겨 있고, 그 진심은 강의의 본질을 지탱하는 힘이 된다.

결국, 강의 준비란 시간을 채우는 의무가 아니라, 누군가의 삶을 바꾸기 위한 약속이며, 작은 말 한마디에도 청중의 미래를 담아내려는 헌신이다. 준비된 강사의 한 문장은 지식을 넘어 영감을 주고, 청중이 앞으로 나아갈 용기를 북돋아 준다. 누군가에게는 삶의 전환점이 되고, 또 다른 누군가에게는 희망의 불씨가 된다.

강의의 진정한 힘은 무대 위의 화려한 퍼포먼스에서 나오지 않는다. 그 힘은 강의실에 들어오기 전, 수많은 고민과 반복, 자료 탐구와 설계 속에서 이미 싹트고 있다. 준비는 청중을 향한 가장 깊은 배려이며, 그 자체가 강사의 존재 이유다. 철저한 준비로 다져진 한 시간의 강의는 단순한 수업을 넘어, 누군가의 인생을 바꾸는 선물이 된다.

"준비 없는 말은 메아리로 사라지지만, 준비된 말은 인생을 울리는 진동이 된다."

강사가 준비하는 순간, 강의는 이미 시작된 것이다.

수강자 분석

강의의 본질은 결국 '사람'에 있다. 아무리 완벽하게 준비된 강의라 할지라도, 그것을 듣는 수강자가 공감하지 못하면 그 순간 강의는 공허한 울림으로 끝난다. 그래서 명강사들은 언제나 스스로에게 이렇게 묻는다. "이 강의는 누구를 위한 것인가?" 답은 분명하다. 바로 수강자다. 따라서 강의의 첫걸음은 강의 주제도, 교안도 아닌 수강자 분석이다. 수강자를 제대로 이해하지 못하면 강의는 방향을 잃고, 아무리 훌륭한 메시지도 공허하게 흩어진다.

수강자의 본질

화법은 결국 청중과의 대응이다. 강사의 말은 청중이 있을 때 비로소 살아 움직인다. 따라서 화법연구의 출발점은 언제나 청중, 즉 수강자의 본질을 파악하는 일이다. 수강자는 강의실에 들어오는 순간 이미 '나를 이해해주길' 바라는 마음을 갖는다. 자발적으로 오든, 누군가의 권유로 오든 그들은 강의를 듣는 동안 강사와의 친밀감을 느끼고 싶어 한다. 이때 강사의 첫인상과 첫마디는 강의 전체를 좌우한다. 따뜻한 미소와 친근한 목소리는 순식간에 마음의 거리를 좁히지만, 무심하고 차가운 태도는 청중의 문을 단단히 닫아버린다. 결국 수강자의 본질은 '공감하고 싶어 한다'는 데 있다.

그러나 수강자는 내적·외적 조건에 쉽게 흔들린다. 강의실의 온도, 좌석 배치, 소음, 심지어 휴대전화 알림까지도 집중을 방해하는 요소가 된다. 그래서 강사는 언제나 환경까지 디자인해야 한다. 적절한 강의장 크기, 편안한 좌석 배치, 불필요한 방해 요소의 차단—all of these가 강의 몰입도를 높인다. 동시에 수강자의 마음은 늘 유동적이다. 강사의 한마디 농담이 웃음을 만들 수도 있지만, 무심코 던진 말이 불쾌감을 주어 마음을 닫게 할 수도 있다. 강사는 언제나 청중의 표정과 분위기를 읽으며 흐름을 조율할 줄 알아야 한다.

또한 수강자는 쉽게 싫증을 낸다. 단순히 앉아서 듣는 행위도 몸과 눈, 뇌를 모두 사용하는 노동이기 때문이다. 강사의 과제는 바로 이 '노동'을 조금이라도 가볍게 만들어주는 것이다. 이야기를 단순한 정보 전달이 아니라 흥미로운 경험으로 풀어내야 한다. 청중은 정서적인 이야기에 약하다. 희로애락이 담긴 스토리, 작은 유머, 공감 가는 사례는 지루함을 순식간에 깨뜨리고 청중의 마음을 활짝 연다. 청중이 웃지 않는 것은 청중 탓이 아니다. 강사가 웃음을 줄 소재를 마련하지 않았기 때문이다.

수강자를 가볍게 하는 스킬

청중은 '재미있고 쉽게 이해되는 이야기'를 원한다. 실례를 풍부하게 활용하고, 추상적인 개념은 구체적 사례로 풀어내야 한다. 그리고 그 사례 속에 감정을 불어넣어야 한다. 인간은 논리보다 감정에 더 크게 반응한다. 감정을 자극하는 순간, 청중은 귀로 듣는 것이 아니라 가슴으로 받아들인다. 강사가 말에 리듬을 넣고 목소리의 고저와 속도를 조절하며, 때로는 짧은 침묵으로 여운을 남길 때 청중은 '듣는 노동'을 즐거운 경험으로 바꾸게 된다.

수강자의 특질 파악

강사가 초빙되었을 때 가장 먼저 해야 할 일은 "내 강의를 들을 사람은 누구인가?"를 파악하는 것이다. 수강자의 특성을 모른 채 강의를 한다는 것은 지도를 보지 않고 항해를 시작하는 것과 같다. 초빙된 동기와 기대를 의뢰 측과 충분히 상의해야 하며, 강의 전후의 맥락도 살펴야 한다. 배당된 시간과 강의장의 조건, 준비된 장비까지 점검해야 한다. 그리고 가장 중요한 것은 수강자의 특성을 면밀히 분석하는 것이다. 수강자의 연령, 성별, 지위, 교육 수준에 따라 강의는 전혀 다른 톤과 방식으로 설계되어야 한다. 청년을 대상으로 할 때와 경영진을 대상으로 할 때, 현장의 실무자와 연구자를 대상으로 할 때, 접근 방식은 달라야 한다.

강의는 '수강자를 이해하는 만큼' 성공한다. 수강자를 분석한다는 것은 단순한 사전 준비가 아니다. 그것은 청중을 존중하는 태도이며, 강의의 질을 결정짓는 핵심 열쇠다. 수강자의 마음을 읽고 그들의 눈높이에 맞추는 순간, 강의는 일방적인 전달이 아니라 진정한 소통으로 변모한다. 그리고 그 소통은 청중의 마음에 오래 남아 행동을 이끌어내는 힘이 된다.

요컨대, 수강자 분석은 강사의 출발점이다. 그것은 청중을 향한 존중이며, 강의의 본질을 살리는 숨은 원동력이다. 강사가 수강자의 본질을 이해하고, 그들의 특성을 읽으며, 마음을 헤아릴 때 강의는 단순한 시간이 아니라 변화를 일으키는 사건이 된다.

강의 전 준비

강의는 무대 위에서 단순히 말하는 행위가 아니다. 그것은 청중과의 만남이며, 새로운 변화를 약속하는 하나의 이벤트다. 그런데 이 중요한 순간은 강의실 문이 열리기 전부터 이미 시작된다. 강의 전 준비는 단순한 절차가 아니라 강사의 태도이자 철학이고, 청중에 대한 존중의 표현이다. 준비 없는 강의는 공허한 울림으로 끝나지만, 철저히 준비된 강의는 청중의 가슴에 오래 남아 행동을 바꾸는 힘을 지닌다.

강의를 시작하기 전 실천 3가지

무대에 서기 전, 강사는 스스로에게 세 가지 질문을 던져야 한다.

첫째, 강의장과 기자재는 완벽하게 세팅되어 있는가? 교재, 컴퓨터, 마이크, 빔프로젝터, 음향시설, 화이트보드, 플립차트까지 강의에 필요한 모든 장비가 제자리에 있는지 확인해야 한다. 작은 오류 하나가 강의 흐름을 끊고, 청중의 집중을 무너뜨릴 수 있기 때문이다. 무대 위에서 당황하지 않기 위해서는 강의 시작 전 세심한 점검이 반드시 필요하다.

둘째, 싱그러운 음악과 영상을 준비했는가? 강의는 조용히 시작되지 않는다. 청중이 입장하는 순간부터 분위기는 이미 형성된다. 어색한 공기를 풀어주는 음악 한 곡, 마음을 열게 하는 짧은 영상 하나는 단순한 오프닝 장치가 아니라 청중의 마음을 강의로 초대하는 '열쇠'가 된다. 음악은 긴장을 풀어주고, 영상은 기대감을 높인다. 청중이 강의가 시작되기 전부터 이미 몰입할 수 있도록 돕는 것이다.

셋째, 준비된 강사의 모습을 보여주고 있는가? 강의실 앞에서 청중을 맞이하며 이름과 부서를 기억하고, 가볍게 인사를 건네는 것만으로도 큰 차이가 생긴다. 청중은 강사를 '먼 사람'이 아니라 '함께 호흡하는 사람'으로 느끼게 되고, 이미 마음을 열기 시작한다. 또한 강의 전, 수강생 중에서 진행을 돕거나 질문에 답할 사람을 미리 살펴두는 것도 좋은 방법이다. 강사가 청중의 편에 서 있다는 인상을 주는 것, 그것이 프로 강사의 첫걸음이다.

철저한 자료와 마음의 준비

강의는 단순히 준비된 자료를 전달하는 시간이 아니다. 그것은 청중의 기대와 호기심을 충족시키고, 때로는 그들의 삶을 흔드는 순간이다. 그렇기에 자료 준비와 마음의 준비는 강의의 성패를 가르는 결정적 요인이다.

먼저 자료 준비는 철저해야 한다. 강의의 첫인상은 강사의 태도와 준비성에서 결정된다. 자료가 허술하면 청중은 강사의 신뢰도를 잃고, 메시지에 몰입하지 않는다. 반면 체계적으로 정리된 자료는 강의에 무게감을 더하고, 청중의 공감을 이끌어낸다.

또한 질문을 많이 하라. 질문은 청중을 깨우는 최고의 도구다. 청중은 일방적으로 듣는 것에 금세 지친다. 하지만 질문은 참여를 유도하고, 강의의 흐름을 생생하게 만든다. "여러분은 이런 경험 있으신가요?"라는 짧은 질문만으로도 강의장은 대화의 장으로 바뀐다. 질문은 청중을 강의의 '손님'이 아니라 '주인공'으로 세우는 힘을 갖고 있다.

그리고 무엇보다 쉽게 말해야 한다. 어려운 용어와 복잡한 개념은 청중과 강사 사이에 벽을 만든다. 강의란 똑똑해 보이는 것이 목적이 아니라, 상대가 이해하고 공감하게 만드는 것이 목적이다. 어린아이도 이해할 수 있는 언어로 설명할 수 있다면, 그 강의는 진짜 성공한 것이다.

강사의 컨디션 관리

아무리 준비가 완벽해도 강사의 몸과 마음이 준비되지 않았다면 강의는 무너지기 쉽다. 컨디션 관리는 선택이 아니라 필수다. 강사가 피곤하거나 목이 잠겨 있다면, 청중은 그것을 단번에 알아차린다. 강의 전 충분한 수면, 적절한 스트레칭, 그리고 물 한 잔은 단순한 습관이 아니라 강의력을 끌어올리는 작은 의식이다. 물은 목을 부드럽게 하고, 목소리에 힘을 불어넣는다. 목소리는 곧 강사의 무기이기에, 강의 전 물 한 잔은 가장 간단하면서도 강력한 준비다.

강의 전 준비는 단순히 장비를 점검하고 자료를 챙기는 일이 아니다. 그것은 청중을 맞이할 마음의 문을 여는 행위이며, 강사로서의 태도를 세우는 의식이다. 강의장은 무대이고, 강사는 그 무대의 연출자다. 준비된 강사는 강의 시작 전부터 청중을 사로잡고, 강의가 끝난 후에도 오래 기억되는 울림을 남긴다.

결국, 강의 전 준비란 청중에 대한 배려와 존중이며, 동시에 강사 스스로가 프로임을 증명하는 순간이다. 준비된 강의는 단순한 수업이 아니라 청중에게 새로운 가능성을 열어주는 경험이 된다. 준비가 곧 강사의 품격이고, 준비가 곧 강의의 힘이다.

강의 실행

강의 준비가 씨앗을 심는 과정이라면, 강의 실행은 그 씨앗이 강의실 안에서 싹트고 꽃을 피우는 순간이다. 강사의 입술에서 흘러나오는 한마디 한마디는 단순한 정보가 아니라, 청중의 마음을 흔드는 파동이 된다. 강의 실행은 계획된 내용을 '살아 있는 퍼포먼스'로 바꾸는 일이며, 무대 위의 강사가 얼마나 치밀하고 또 얼마나 진정성 있게 청중과 호흡하느냐에 따라 그 성패가 갈린다.

1. 삼단계법 — 기본이자 불변의 원칙

강의의 고전적이면서도 가장 강력한 구조는 서론, 본론, 결론으로 이어지는 삼단계법이다. 단순한 구성 같지만, 모든 명강의는 이 기본 위에 세워진다.

먼저 서론은 강의의 문을 여는 순간이다. 청중의 주의를 단숨에 붙잡고, 이 시간이 왜 의미 있는 시간인지를 설득해야 한다. 강사의 첫인사, 한 줄의 유머, 혹은 날카로운 질문 하나가 청중의 마음을 열고 기대감을 심어준다. 서론에서 강의 목적과 학습의 필요성을 선명하게 제시한다면, 청중은 강사와 이미 같은 배를 탄 셈이다.

본론은 강의의 심장이다. 본론에서 강사는 준비한 모든 지식과 경험을 쏟아내며 청중을 몰입의 세계로 이끌어야 한다. 중요한 점은 단순히 지식을 전달하는 데 그치지 않고, 청중이 적극적으로 반응하고 참여하도록 만드는 것이다. 질문을 던지고, 사례를 제시하고, 때로는 토론을 유도하며 청중을 수동적 존재가 아니라 주인공으로 세워야 한다. 논리적인 구성, 자연스러운 전환, 그리고 중간중간의 동기부여는 본론을 단단하게 지탱하는 기둥이 된다.

마지막으로 결론은 여운을 남기는 단계다. 이미 설명한 내용을 다시 요약하며 핵심을 압축적으로 상기시켜 주어야 한다. 그리고 이 지식이 단순한 정보가 아니라 삶에 적용될 수 있음을 재차 강조하며 청중의 마음속에 각인시켜야 한다. 따뜻한 감사 인사와 함께 "오늘의 배움이 내일의 변화를 만든다"는 메시지를 남긴다면, 청중은 그 강의를 단순히 들은 것이 아니라 '체험했다'고 느낄 것이다.

2. 4단계법 — 직장 교육의 현실적 무기

직장 교육이나 실무 중심의 강의에서는 삼단계법을 넘어선 4단계법이 효과적이다. 강의가 단순히 '듣는 시간'에 머무르지 않고, 청중의 실질적인 행동 변화를 이끌어내기 때문이다.

첫 단계인 준비(도입)는 강의의 필요성과 학습 목표를 분명히 알려주는 것이다. "이 강의가 여러분의 업무에 어떤 이익을 줄지"를 구체적으로 설명할 때 청중의 귀와 마음은 활짝 열린다.

제시 단계에서는 새로운 학습 내용을 체계적으로 소개한다. 중요한 것은 일방적인 전달이 아니라 대화를 통한 전개다. 수시로 질문을 던지며 청중과 눈을 맞추고, 작은 대답 하나에도 진심 어린 반응을 보여주는 순간, 강의장은 활발한 쌍방향 소통의 공간으로 바뀐다.

적용 단계는 강의 내용을 현실로 끌어오는 과정이다. 단순히 "알았다"에서 멈추는 것이 아니라 "쓸 수 있다"로 나아가야 한다. 따라서 청중이 실제 상황에서 방금 배운 내용을 응용해보도록 유도하는 실습이나 사례연구는 반드시 필요하다.

마지막으로 평가 및 사후 지도 단계는 강의의 완결성을 높이는 장치다. 청중이 정말로 이해했는지 확인하고, 부족한 부분을 보완해주는 시간이 바로 이 단계다. 때로는 작은 퀴즈, 때로는 사후 피드백이 강의의 깊이를 더해 준다. 강의는 여기서 끝나는 것이 아니라, 이후에도 청중의 삶과 업무 속에서 살아남아야 한다.

3. 5단계법 — 설득의 예술

사회적 강의, 리더십 교육, 대중연설처럼 '설득'이 핵심인 상황에서는 5단계법이 탁월하다. 인간이 사물을 이해하고 받아들이는 심리적 구조와 일치하기 때문이다.

첫째, 청중의 주의를 끌라. 강사의 첫마디는 스포트라이트와 같다. 한 줄의 명언, 유머, 혹은 현재의 핫이슈를 언급하는 것만으로도 청중의 눈빛이 달라진다. 둘째, 주제를 소개하라. 단순히 '오늘은 이런 걸 배우겠습니다'가 아니라, 이 주제가 왜 지금 청중에게 필요한지, 강사가 왜 이 주제에 열정을 가지게 되었는지를 함께 전해야 한다.

셋째, 강의의 요점을 명확히 하라. 핵심 메시지를 선명하게 제시하고, 정의와 사례, 질문을 통해 청중이 주제의 본질을 파악하도록 돕는다. 넷째, 주제를 전개하라. 논리와 데이터, 권위자의 의견을 적절히 배합해 신뢰를 구축하고, 에피소드와 사례를 통해 감정적인 울림을 만든다. 이 단계에서 강의는 절정에 이른다.

마지막 다섯째, 마무리를 강렬하게 하라. "최후의 5분이 강의 전체의 성패를 가른다"는 말처럼, 끝은 언제나 강해야 한다. 핵심 메시지를 반복하고, 요약하며, 따뜻한 인사와 함께 여운을 남기는 순간, 청중은 그 강의를 단순한 정보 전달이 아니라 설득의 경험으로 기억한다.

강의 실행은 단순한 진행 절차가 아니다. 그것은 청중의 마음을 설득의 무대로 이끌어내는 종합예술이다. 서론에서 마음을 열고, 본론에서 지혜를 나누고, 결론에서 삶의 변화를 촉구하는 순간, 강의는 단순한 지식 전달이 아니라 청중의 미래를 흔드는 힘이 된다.

결국 강의의 진정한 가치는 얼마나 청중을 몰입하게 만들었는가, 얼마나 청중이 강의를 '자신의 이야기'로 느끼게 했는가에 달려 있다. 준비된 구조 위에 열정과 진심을 입히는 것, 그것이 바로 강의 실행의 예술이며, 명강사가 무대를 지배하는 비밀이다.

실전 스피치 준비과정

스피치는 단순히 '말을 잘하는 법'이 아니다. 그것은 철저한 준비와 진정성 있는 태도가 만나 완성되는 예술이며, 청중과의 관계 속에서 살아 숨 쉬는 소통의 기술이다. 준비 없는 스피치는 순간에 사라지지만, 치밀한 준비로 다져진 스피치는 오래도록 기억된다. 실전 스피치의 준비과정은 무대에 서기 전의 몇 분이 아니라, 이미 무대에 오르기 훨씬 전부터 시작된다.

청중과의 교감 — 스피치의 첫 출발점

강사는 자기가 하고 싶은 이야기를 쏟아내는 사람이 아니라, 청중이 듣고 싶어 하고, 또 들을 필요가 있는 이야기를 전하는 사람이다. 그래서 강의 전, 청중과 눈을 맞추는 순간은 무엇보다 중요하다. 시선이 닿는 자리에서 청중은 '저 사람이 나를 보았다'라는 느낌을 받는다. 질문을 던져 모두가 참여할 수 있도록 이끌어야 하고, 강의 중에는 청중의 반응을 미리 예측하며 혼자만의 상상 속에서 진행하지 않아야 한다. 반응은 때로는 뜨겁고, 때로는 무덤덤하다. 중요한 건 그 순간을 함께 호흡하는 태도다. 강의가 끝난 후에는 반드시 따뜻한 감사의 인사를 전해야 한다. 그 한마디가 청중에게는 존중으로, 강사에게는 신뢰로 돌아오기 때문이다.

실패한 강의의 그림자 — 콘텐츠가 '내 것'이 아닐 때

많은 강사들이 실패를 경험하는 이유는 단순하다. 콘텐츠를 내 것으로 만들지 못했기 때문이다. 많은 이들이 PPT와 교안을 달달 외운 채 무대에 선다. 하지만 단순 암기는 강의 현장에서 무너질 수밖에 없다. 긴장하면 잊어버리고, 예상치 못한 질문 하나에 무너져 버린다. 진정한 준비란 자료를 외우는 것이 아니라, 그것을 내 안에 깊숙이 녹여 '나의 이야기'로 바꾸는 것이다. 설령 내 경험이 아닌 내용이라 하더라도, 강의하는 순간만큼은 그것이 철저히 내 것이어야 한다. 그 믿음을 가지고 말할 때, 목소리에는 힘이 실리고, 전달에는 에너지가 붙는다. 결국 청중은 자료가 아니라 강사의 '내면화된 이야기'에 감동하는 것이다.

스피치가 잊어서는 안 될 세 가지

첫째, 스스로 자신만만해야 한다. 불안과 망설임은 그대로 전달된다. 무대에 서는 순간, 자신감을 '연기'하더라도 당당하게 시작해야 한다.

둘째, 외우지 말고 핵심 포인트만 기억하라. 청중은 강의가 매끄럽게 흘러가는지를 보지, 단어 하나하나를 따지지 않는다. 핵심만 잡고 자유롭게 풀어가는 강의는 오히려 더 자연스럽다.

셋째, 가장 편안한 사람에게 전달한다고 상상하며 연습하라. 사랑하는 가족이나 친한 친구를 떠올리며 말하면 목소리도 따뜻해지고 표정도 부드러워진다.

그리고 무엇보다 중요한 것은 질문으로 시작하는 힘이다. 간단한 질문 하나가 강의를 연다. 꾸준히 청중에게 질문하는 훈련을 하면 질문의 수준은 점점 높아지고, 강의의 깊이도 함께 성장한다. 질문과 웃음을 주는 강사가 바로 이 시대가 원하는 강사다.

이야기 설계하기 — 왜, 무엇, 어떻게, 만약에

스토리 있는 강의는 절대 잊히지 않는다. 강의는 '왜'라는 질문에서 출발한다. 청중은 이 강의를 왜 들어야 하는지, 어떤 의미가 있는지 공감을 원한다. 그래서 강의 시작은 인사와 함께 자연스럽게 참여를 이끌어내야 한다.

그다음은 무엇을 단계다. 오늘 무엇을 배우고 어떤 큰 그림을 나눌지를 간단하고 선명하게 알려주어야 한다. 강의의 뼈대를 잡는 순간이다.

세 번째는 어떻게 단계다. 구체적인 기술과 방법을 실습과 함께 전달하며 청중이 직접 체험하도록 한다. 이 과정에서 강의는 '듣는 시간'에서 '배우는 시간'으로 바뀐다.

마지막으로 만약에 단계를 통해 청중이 스스로에게 묻게 해야 한다. "만약 이 내용을 내 상황에 적용한다면?" 이 질문은 청중의 머리와 마음을 동시에 움직여 강의의 메시지를 자기 삶 속으로 가져가도록 돕는다.

3-10-3의 황금률 — 기억되는 강의의 리듬

강의는 시간 배분이 생명이다. 50분 강의 기준으로 첫 3분과 마지막 3분은 무엇보다 중요하다. 시작의 3분은 청중의 귀와 마음을 여는 열쇠이고, 마지막 3분은 강의의 메시지를 각인시키는 도장이다.

또한 10분마다 짧고 간결한 전환을 주어야 한다. 유머, 질문, 영상, 작은 사례 하나만으로도 청중의 집중력이 다시 살아난다. 이 짧은 스팟이 강의 전체의 리듬을 만든다.

결국 스피치의 황금률은 기술보다 본질에 있다. 명료함, 단순함, 열정. 명료함은 치열한 준비와 연구에서 나오고, 단순함은 핵심만 전하는 전달력에서 나오며, 열정은 청중을 향한 사랑에서 나온다. 숫자 3은 마법처럼 기억된다. 세 가지 핵심 메시지, 세 번의 강렬한 강조, 세 분의 여운 있는 클로징. 이것이 청중의 뇌리에 깊이 각인되는 법칙이다.

실전 스피치 준비과정은 단순한 '예행연습'이 아니다. 그것은 청중과 교감하는 마음을 준비하는 일이며, 실패의 그림자까지 끌어안고 자신만의 언어로 바꿔내는 과정이다. 또한 질문으로 열고, 이야기로 풀고, 3-10-3의 리듬으로 마무리하는 설계의 기술이다. 결국 진정한 스피치의 힘은 완벽한 자료나 화려한 기술이 아니라, 내 안에서 녹아든 이야기와 청중을 향한 진심이다. 이 준비가 된 강사의 말은 단순한 지식 전달을 넘어, 누군가의 인생을 움직이는 사건이 된다.

마이크 활용법

스피치에서 마이크는 단순히 소리를 키우는 도구가 아니다. 마이크는 강사의 목소리를 청중의 마음속 깊은 곳까지 데려다 주는 다리이며, 메시지의 무게와 진심을 실어 전달하는 확성기다. 아무리 좋은 내용이라도 마이크를 잘못 사용하면 울림이 사라지고, 청중은 불편해진다. 반대로 올바른 마이크 사용법은 연사의 말에 신뢰와 생동감을 불어넣어 강의 전체를 한층 빛나게 만든다.

1. 핸드 마이크 — 손끝에서 시작되는 울림

핸드 마이크를 잡는 순간, 강사는 자신의 목소리를 무대 위로 날려 보내는 지휘자가 된다. 하지만 작은 습관 하나가 청중의 집중을 흐릴 수도 있다. 마이크는 입과 주먹 하나 정도의 거리를 두고 잡는 것이 이상적이다. 너무 가까우면 숨소리와 파열음이 거칠게 증폭되고, 너무 멀면 목소리가 힘을 잃는다. 입모양을 가리지 말아야 발음이 또렷하게 전달되고, 두 손으로 마이크를 움켜쥐면 불안한 인상을 주게 된다.

마이크는 결코 긴장한 손에 힘껏 쥐는 물체가 아니다. 겨드랑이를 살짝 붙여 마이크가 자연스럽게 입을 따라 움직이도록 하면, 목소리는 훨씬 안정적이고 부드럽게 청중에게 스며든다. 마이크를 세워 잡는 것이 기본이지만, 기울이거나 불필요하게 돌리면 잡음이 섞여 메시지의 선명함이 흐려진다. 결국 핸드 마이크는 강사의 손끝과 호흡이 얼마나 조화롭게 어우러지는가에 달려 있다.

2. 핀 마이크 — 자유로움 속의 정밀함

두 손을 자유롭게 쓰고 싶을 때는 핀 마이크가 유용하다. 하지만 작은 장치라고 해서 소홀히 다루면 안 된다. 핀 마이크는 심장 주변, 목소리가 가장 안정적으로 울리는 위치에 달아야 하며, 고개를 자주 돌리는 방향 쪽에 설치하면 소리가 일정하게 전달된다. 옷이나 스카프에 가려지면 소리가 답답해지므로 반드시 드러내야 한다. 작은 배려 하나가 청중의 몰입도를 크게 바꿀 수 있다. 핀 마이크의 장점은 자유로운 몸짓과 제스처를 가능하게 한다는 점인데, 이 자유가 강의에 생동감을 더한다.

3. 마이크 사용 시 주의할 점 — 기본이 명품을 만든다

마이크를 켠 후 반드시 손끝으로 살짝 똑똑 두드려 테스트해야 한다. 그러나 입을 대고 '후후' 불거나 머리를 잡는 행위는 청중에 대한 결례다. 음량과 볼륨, 에코와 이퀄라이저는 연사의 목소리와 행사 분위기에 맞춰 미리 점검해야 한다. 중요한 메시지를 전할 때는 에코를 줄이고, 여흥이나 오락적 분위기에서는 에코를 살짝 더해 연출력을 높일 수 있다.

또한 파열음이나 거친 숨소리는 조금 떨어져 말하거나 호흡 조절을 통해 줄일 수 있다. 무엇보다 마이크와 입 사이의 일정한 거리를 유지하는 것이 핵심이다. 이 작은 간격이 청중에게는 안정감과 신뢰를 준다. 마이크가 켜져 있는지, 앰프와의 거리가 적절한지 확인하지 않아 '삐~' 하는 잡음이 울리면, 그 순간 청중의 집중은 산산이 흩어진다. 강사의 프로의식은 바로 이런 세밀한 부분에서 드러난다.

4. 보조 도구의 품격 있는 사용 — 메모카드, 레이저, 프레젠터

메모카드는 강사의 안전벨트 같은 존재다. 하지만 그것이 얼굴을 가려서는 안 된다. 키워드만 기록해 두고 청중과 눈을 마주치며 활용해야 한다. 레이저 포인터 역시 필요할 때만 사용하는 것이 원칙이다. 줄을 긋거나 원을 빙빙 돌리는 행동은 청중의 시선을 혼란스럽게 만들 뿐이다.

프레젠터는 화면을 매끄럽게 전환하는 도구이지 쇼의 주인공이 아니다. 스크린을 보며 버튼을 누르지 말고, 멘트를 먼저 하고 부드럽게 화면을 바꾸어야 한다. 기상캐스터처럼 손에 들려 있어도 어색하지 않게, 자연스럽게 다루는 훈련이 필요하다. 결국 도구의 활용은 강의의 품격을 결정짓는다.

마이크와 보조 도구는 강의를 돋보이게 하는 무대 뒤의 동반자다. 올바른 사용은 청중에게 안정감을 주고, 메시지를 또렷하게 남기며, 연사의 존재를 더욱 프로페셔널하게 만든다. 작은 장치 하나가 강의를 살리기도, 망치기도 한다. 결국 성공적인 스피치의 비밀은 화려한 기교가 아니라, 기본을 지키는 세련된 습관에 있다. 마이크는 목소리에 날개를 달아주지만, 그 날개를 어떻게 펼칠지는 강사의 품격과 진심에 달려 있다.

"마이크 앞에 선다는 것은, 청중과 맺는 하나의 약속이다."

12장
마인드 디자인

화자(話者)의 사명과 태도

사람들은 당신이 무슨 말을 했는지는 곧 잊지만,
당신이 어떤 마음으로 말했는지는 오래 기억한다._마야 안젤루

긴장, 두려움이 아닌 에너지로 전환하라

무대에 선다는 것은 단순한 행위가 아니다. 이는 자신을 세상 앞에 드러내는 순간이며, 동시에 수많은 눈과 귀가 나를 향하는 시간이다. 그래서 누구든 무대에 서면 긴장을 경험한다. 어떤 이는 손발이 떨리고, 어떤 이는 심장이 빠르게 뛰며, 또 어떤 이는 목소리가 잘 나오지 않는다. 이를 무대공포증, 발표불안, 연단공포증이라 부르며, 학문적으로는 사회공포증의 한 범주에 속하기도 한다. 그러나 중요한 것은, 이 긴장은 결코 특별한 사람에게만 찾아오는 문제가 아니라는 점이다. 오히려 무대 위에 서 본 사람이라면 누구나 마주하는 보편적인 감정이다.

긴장은 나약함의 증거가 아니라, 내가 맡은 일에 대한 책임감과 진지함의 표시다. 즉, 무대에서 긴장한다는 것은 "이 순간이 중요하다"는 것을 뇌와 몸이 알려주는 신호다. 그렇다면 우리는 이 긴장을 어떻게 다루어야 할까? 그것을 두려움으로 남겨둘 것인가, 아니면 성장의 에너지로 전환할 것인가.

무대공포와 발표불안의 이해

무대공포는 단순히 "떨린다"는 표현으로 설명되기에는 그 범위가 넓다. 가슴 두근거림, 손발 떨림, 안면홍조, 식은땀, 눈물, 시선회피 등 신체적 증상과, "실수하면 어떻게 하지?", "청중이 날 비웃으면 어떡하지?"와 같은 부정적 상상들이 결합하여 나타난다. 이 모든 것은 자율신경계의 과도한 항진에서 비롯된다. 인간의 몸은 위기 상황에서 도망치거나 싸울 준비를 하기 위해 '긴장 모드'를 가동한다. 청중 앞에서 서는 행위 역시 본능적으로 위협적 상황으로 인식되기에, 뇌는 우리를 지키려는 반응을 내보내는 것이다.

발표불안 역시 마찬가지다. 성격적으로 소심하거나 완벽주의적 성향을 가진 사람은 더 큰 불안을 경험한다. 과거 발표에서의 실패 경험은 트라우마로 남아 이후 무대에 서는 것을 방해한다. 또한 청중의 수준이나 지위, 앞뒤 순서에 선 능숙한 발표자의 존재도 불안을 증폭시킨다. 그리고 무엇보다 준비가 부족할 때, 불안은 더 깊어진다. 준비되지 않은 무대만큼 발표자를 흔드는 것은 없다.

긴장의 원인과 본질

긴장은 단순히 "겁이 많아서" 생기는 것이 아니다. 발표 상황의 중요성을 과도하게 인식할 때, 준비가 부족할 때, 경험이 적을 때, 잘해야 한다는 과욕이 있을 때 긴장은 필연적으로 발생한다. 평소 쓰지 않던 고급 어휘를 무리하게 사용하려는 시도도 긴장을 키운다. 그러나 이 모든 요인의 바탕에는 하나의 질문이 숨어 있다.

"사람들이 나를 어떻게 볼까?"

결국 긴장의 본질은 자기 이미지에 대한 집착과 평가 불안이다. 그러나 역설적으로 말하자면, 이 불안을 해소하는 방법 역시 단순하다. 무대 위에서 '나'가 아니라 '메시지'를 바라보는 것이다. 내가 잘 보이는 것보다 내가 전하는 메시지가 청중에게 잘 전달되는 것이 더 중요하다.

긴장을 극복하는 방법

1. 철저한 준비와 연습

연습은 긴장을 줄이는 가장 확실한 처방이다. 말머리에 몇 문장을 암기하고, 전체 흐름은 아웃라인으로 정리해 손에 두면, "잊어버리면 어떡하지?"라는 불안을 크게 줄일 수 있다. 반복적인 연습은 발표 상황을 익숙하게 만들어준다. 익숙함은 두려움을 무너뜨린다.

2. 몸과 마음의 컨디션 관리

호흡은 몸과 마음을 연결하는 다리다. 천천히, 깊게 호흡하며 몸을 안정시켜라. 심호흡은 교감신경의 항진을 완화하고, 몸의 긴장을 풀어준다. 발표 전에는 간단한 스트레칭과 움직임으로 근육을 이완하고, 무대 위에서는 당당한 자세와 의도적 제스처로 몸이 자신감을 기억하도록 하라.

3. 인식 전환

긴장은 실패의 징조가 아니라, 준비와 집중의 신호다. 무대 초

반의 떨림은 시간이 지나며 자연스럽게 줄어든다. 오히려 적당한 긴장은 발표를 더 생생하게 만든다. "청중은 내 실수를 기다리는 적이 아니라, 내 성공을 응원하는 동반자"라는 사실을 잊지 말라. 대부분의 청중은 발표자가 긴장하는 것을 이해하며, 오히려 진솔한 모습에 더 호감을 느낀다.

4. 경험과 노출

경험은 최고의 교사다. 무대에 서는 모든 기회를 잡아라. 거울 앞에서의 독백, 소규모 발표, 동호회 활동, 작은 모임에서의 발언이 모두 값진 훈련이다. 처음에는 누구나 실수한다. 그러나 경험을 반복할수록 긴장은 줄고, 무대는 더 이상 낯선 장소가 아닌 익숙한 터전이 된다.

5. 자기 암시와 이미지 트레이닝

뇌는 상상과 현실을 구분하지 못한다. 발표 전, 성공적으로 발표하는 자신의 모습을 떠올리고, 청중이 미소로 반응하는 장면을 그려보라. "나는 할 수 있다"라는 단순한 자기암시를 반복하라. 이러한 훈련은 실제 무대에서 강력한 힘을 발휘한다.

발표불안을 기회로 삼기

적당한 발표불안은 오히려 준비를 촉진하고 발표를 몰입하게 만든다. 발표에 서툰 사람일수록 발표에만 집중하지 않고 다른 생각을 하느라 자신을 무너뜨린다. 그러나 일단 무대에 오르면 다른 모든 생각을 버리고, 오직 메시지 전달에 몰입하라. 몰입의 경험보다 더 위대한 스승은 없다.

그리고 기억하라. 청중은 완벽한 달변가를 원하지 않는다. 그들은 진솔한 목소리, 진심이 담긴 메시지를 기다린다. 발표자가 "제가 조금 떨리네요. 응원의 박수를 부탁드립니다."라고 말하는 순간, 청중은 오히려 더 따뜻하게 반응한다. 진실한 화자는 실수조차도 호감으로 바꿀 수 있다.

긴장은 적이 아니라 동반자다

우리는 흔히 긴장을 두려움이라 생각한다. 그러나 긴장은 무대 위에서 나를 배신하는 적이 아니다. 긴장은 나를 더욱 각성시키고, 집중하게 하며, 최선을 다하도록 독려하는 동반자다.

오늘 무대에서 떨림을 경험했는가? 그렇다면 그것은 당신이 그 순간을 소중히 여기고 있다는 증거다. 당신의 가슴이 두근거리는 이유는 실패가 두려워서가 아니라, 성공을 간절히 원하기 때문이다. 긴장을 부정하지 말라. 그것을 받아들이고, 다스리고, 에너지로 전환하라.

말은 사람의 마음을 움직이는 힘이다. 그리고 무대에 선 당신은 그 힘을 발휘할 수 있는 특권을 가진 사람이다. 청중은 당신의 완벽을 기다리는 것이 아니라, 당신의 진심을 기다린다. 그러니 이제 두려움에 위축되지 말고, 떨림 속에서 용기를 발견하라. 긴장은 당신을 넘어뜨리려는 벽이 아니라, 더 높이 뛰어오르기 위한 발판이다.

두려움은 결국 순간에 불과하다. 하지만 당신이 전한 말은 그 순간을 넘어, 청중의 가슴 속에 오래도록 울림으로 남는다. 그러므로 긴장을 두려워하지 말고, 오히려 사랑하라. 긴장은 당신이 그 무대를 진지하게 대하고 있다는 증거이며, 청중과 마음을 나누려는 간절한 마음의 표현이기도 하다.

그 떨림이야말로 당신이 살아 있음을, 그리고 누군가의 삶에 영향을 미칠 수 있는 자리에 서 있음을 알려주는 가장 인간적인 신호다. 그러니 긴장을 피하지 말고 끌어안아라. 그것은 당신이 무대 위에 선 이유를 더욱 빛나게 하고, 당신의 진심을 더 깊이 전달하게 할 것이다.

두려움은 사라지지만, 당신의 말은 누군가의 용기가 되고, 위로가 되며, 때로는 삶을 바꾸는 씨앗이 된다. 그러니 이제, 떨림을 기꺼이 받아들이라. 그 떨림 속에서 당신은 진정한 화자로 완성된다.

진정성, 말에 영혼을 담다

스피치의 본질은 기술이 아니다. 기술은 화려함을 더할 수 있지만, 본질을 대신하지는 못한다. 아무리 정교한 언어와 유려한 표현을 구사한다 해도, 말 속에 진정성이 빠져 있다면 청중은 그 공허함을 금세 알아차린다. 인간은 본능적으로 진심과 가식을 구분하는 능력을 가지고 있기 때문이다. 그래서 스피치 커뮤니케이션에서 가장 중요한 것은 바로 진정성이다.

진정성 없는 말은 순간적으로 귀를 사로잡을 수는 있다. 그러나 그것은 오래가지 못한다. 반대로 다소 서툴고 투박하더라도, 말 속에 영혼이 담겨 있다면 청중의 마음은 흔들린다. 진심 어린 말은 누군가의 눈물을 닦아주고, 마음의 닫힌 문을 열며, 때로는 인생의 방향을 바꾸는 불씨가 된다.

진정성의 힘

진정성이란 단순히 거짓을 말하지 않는 차원이 아니다. 그것은 말하는 이가 자신의 말과 삶을 일치시키려는 태도이자 의지다. 말과 행동이 다르면 청중은 곧장 불신한다. 그러나 마음과 메시지가 일관성을 가질 때, 그 말은 생명력을 얻는다.

역사 속 위대한 연설들을 떠올려 보라. 링컨의 게티즈버그 연설은 불과 2분 남짓이었지만, 그 짧은 연설은 세기를 넘어 기억된다. 화려한 수사를 쓴 것이 아니라, 전쟁의 희생자와 평화에 대한 애도의 진심이 담겨 있었기 때문이다. 마틴 루터 킹의 "I Have a Dream"도 마찬가지다. 그의 말이 수많은 사람들의 삶을 변화시킬 수 있었던 이유는, 그것이 단순한 정치적 구호가 아니라 그의 영혼이 담긴 신념의 고백이었기 때문이다.

오늘날도 마찬가지다. 강단에서, 회의장에서, 교실에서, 가정에서. 청중이 기억하는 것은 발표자의 화려한 어휘가 아니라, 그의 눈빛과 표정, 그리고 말에 담긴 진심이다.

왜 진정성이 중요한가

청중은 완벽한 달변가를 원하지 않는다. 그들이 진정으로 원하는 것은 솔직한 사람의 목소리다. 말하는 이의 표정과 억양, 몸짓과 시선 속에서 그가 얼마나 진실한 마음으로 서 있는지를 느낀다. 그래서 스피치에서 진정성은 단순히 전달되는 단어가 아니라, 전달되는 사람 자체를 의미한다.

현대사회는 정보가 넘쳐난다. 검색하면 지식은 쉽게 얻을 수 있다. 그러나 청중은 지식이 아니라, 마음을 울리는 메시지를 갈망한다. 수많은 정보 속에서 사람들을 움직이는 것은 결국 영혼이 담긴 말이다. 그러므로 진정성 있는 화자는 지식 전달자가 아니라, 신뢰와 감동을 전하는 소통자가 된다.

진정성을 기르는 방법

첫째, 스스로 믿는 말을 하라.

자신이 믿지 않는 말을 청중이 믿을 리 없다. 말은 단순한 전달 수단이 아니라, 그 사람의 신념을 드러내는 창이다. 발표자가 스스로 확신하지 못하는 이야기를 할 때, 청중은 곧바로 어색한 공기를 느낀다. 말은 목소리를 통해 전달되지만, 믿음은 눈빛과 호흡, 몸짓을 통해 드러나기 때문이다.

따라서 화자는 자신의 언어를 선택하기 전에 반드시 물어야 한다. "나는 이 말을 진심으로 믿는가?" 만약 그 질문에 고개가 끄덕여지지 않는다면, 그 말은 청중의 마음에도 닿지 못할 것이다. 믿는 말을 하라. 그 순간 당신의 목소리는 더 단단해지고, 청중의 마음은 더 쉽게 열린다.

둘째, 삶과 연결하라.

진정성은 삶과 분리될 수 없다. 추상적이고 교과서적인 설명은 귀에는 들어오지만, 가슴에 남지 않는다. 그러나 자신의 경험 속에서 길어 올린 이야기에는 힘이 있다. 어린 시절의 작은 기억, 실패의 순간, 극복의 경험, 누군가에게 들었던 따뜻한 말 한마디조차도 청중을 울릴 수 있다.

예를 들어, 단순히 "노력하면 이겨낼 수 있다"라고 말하는 것보다, "저 역시 발표에서 번번이 떨어졌지만, 포기하지 않고 연습을 반복해 결국 무대에서 박수를 받았다"라고 말하는 것이 더 큰 울림을 준다. 삶의 이야기는 청중과 발표자를 이어주는 다리다. 그 다리를 건너는 순간, 청중은 단순한 듣는 사람이 아니라, 함께 걷는 동행자가 된다.

셋째, 솔직하라.

완벽한 척하는 발표자는 오히려 멀게 느껴진다. 때로는 부족함을 인정하는 고백이 청중의 마음을 열어젖힌다. "저도 많이 떨립니다."라는 한 마디는 달변의 긴 연설보다 더 큰 공감을 불러일으킬 수 있다.

솔직함은 인간적인 매력을 드러낸다. 청중은 잘난 사람보다, 자기와 닮은 사람에게 마음을 연다. 한두 번의 실수, 잠깐의 머뭇거림조차도 진솔하게 드러날 때, 청중은 발표자를 더 따뜻하게 받아들인다. 가식은 오래가지 못한다. 그러나 솔직함은 오래도록 남는다.

넷째, 일관성을 지켜라.

무대 위에서의 화려한 언어가 무대 밖에서의 행동과 충돌할 때, 진정성은 무너진다. 청중은 단 한 번의 강연이 아니라, 발표자의 전체 삶을 바라본다. 그래서 일관성은 진정성의 핵심이다.

말과 행동이 일치하는 사람은 신뢰를 얻는다. 무대에서 "정직하라"라고 말하면서 일상에서는 거짓을 일삼는 사람은 결코 존경받지 못한다. 그러나 말과 삶이 하나로 이어진 사람은 시간이 지날수록 무게감을 더해간다. 진정성은 순간의 퍼포먼스가 아니라, 삶 전체가 만들어내는 결과물이기 때문이다.

다섯째, 청중을 존중하라.

말은 태도를 숨기지 못한다. 발표자가 청중을 존중하는지, 아니면 단순히 자신의 지식을 전달하는 대상으로 보는지는 금세 드러난다. 청중을 동등한 존재로 대할 때, 진정성은 배가된다.

청중을 존중한다는 것은 단순히 예의를 지키는 차원을 넘어선다. 그것은 발표자가 청중을 가르칠 대상이 아니라, 함께 나누는 동반자로 바라본다는 의미다. 발표자가 “여러분 덕분에 제가 이 자리에 섰습니다.”라고 말하는 순간, 청중은 강의실의 관객에서 발표자의 협력자로 바뀐다. 존중은 거리를 좁히고, 마음을 하나로 만든다.

“말에 영혼을 담는다”는 것은 단순히 감정을 실어 말하는 것을 뜻하지 않는다. 그것은 곧 자신의 신념과 삶 전체를 메시지에 녹여내는 행위다. 청중은 눈에 보이지 않는 울림을 감지한다. 목소리는 귀에만 닿지만, 영혼이 담긴 말은 마음에 닿는다. 설령 표현이 부족하고, 억양이 흔들리고, 문장이 매끄럽지 않더라도, 그 속에 진심이 있다면 청중은 감동한다. 사람들은 달변가보다 솔직하고 진정성 있는 화자의 목소리에 더 오래 머문다.

말에 영혼을 담는다는 것은 단순히 “좋은 말을 한다”는 차원이 아니다. 그것은 내가 전하는 그 한 마디가 내 삶으로도 증명될 수 있는가의 문제다. 청중은 발표자의 말과 행동이 어긋날 때 곧장 마음을 닫는다. 그러나 삶과 말이 일치하는 순간, 그 메시지는 무게를 가진다. 단순히 청중의 호감을 얻기 위해 꾸며낸 말은 일시적으로는 매력적으로 보일 수 있다. 하지만 시간이 지나면 힘을 잃고 사라진다. 반대로 자신의 가치와 철학, 경험과 신념이 담긴 말은 청중의 가슴 속에서 오랫동안 울린다. 그것은 단순한 말이 아니라 하나의 삶의 증언이기 때문이다.

말의 무게와 울림

사람들은 화려한 언어보다 마음을 울린 한 마디를 기억한다. 때로는 길고 화려한 설명보다, "괜찮다. 다시 일어설 수 있다."라는 단순한 말이 지친 이의 눈물을 닦아준다. 말은 공기 속에서 사라지지만, 그 울림은 청중의 내면에서 새로운 의미로 자라난다. 그것은 씨앗처럼 뿌리를 내려, 어느 날 누군가의 용기나 희망으로 꽃을 피운다.

말에 영혼을 담는다는 것은 곧 책임을 지는 일이다. 청중은 발표자의 기술적인 완벽함을 기억하지 않는다. 그보다는 말 속에 담긴 따뜻한 마음, 진심으로 건넨 위로, 믿음을 나누는 순간을 기억한다. 발표자가 책임을 다하는 삶을 살아갈 때, 그의 말은 무게감을 더하며, 시간이 흘러도 청중의 마음 속에서 살아 움직인다.

청중이 기다리는 것은 화려함이 아니다

당신이 완벽하지 않아도 괜찮다. 오히려 서툴고, 떨리고, 때로는 말이 막히는 그 순간조차 청중은 더 큰 진심을 본다. 청중은 당신이 화려한 언어를 구사하길 기대하지 않는다. 그들이 기다리는 것은 진심 어린 한 마디다.

많은 사람들은 무대에서 실수하지 않으려 애쓴다. 그러나 청중은 실수 그 자체보다 발표자의 태도를 본다. “제가 조금 긴장했네요. 응원의 박수를 부탁드립니다.”라는 솔직한 한 마디는 완벽한 문장보다 더 큰 울림을 만든다. 청중은 당신의 화려함이 아니라, 당신의 인간적인 모습 속에서 진정성을 발견한다.

말은 순간이지만, 진정성은 영원하다

말은 한순간 공기 속에 흩어지지만, 진정성은 사라지지 않는다. 그것은 청중의 가슴 속에서 씨앗처럼 남아, 위로가 되고, 용기가 되고, 때로는 삶을 바꾸는 계기가 된다. 당신의 말이 누군가의 눈물을 멈추게 하고, 다시 일어설 용기를 주며, 새로운 시작의 불씨가 될 수 있다.

그러므로 두려워하지 말라. 당신이 완벽하지 않아도, 목소리가 흔들려도, 문장이 매끄럽지 않아도 괜찮다. 청중은 그 떨림 속에서 오히려 더 큰 진심을 본다. 당신의 영혼이 담긴 말은 청중을 향한 가장 진실한 선물이 된다.

말은 순간이지만, 진정성은 영원하다. 당신이 오늘 무대에서 전한 말은 누군가의 내일을 바꾸는 희망으로 남을 것이다. 그러니 이제, 말에 마음을 담고, 영혼을 불어넣어라. 그것이 화자의 가장 큰 사명이며, 스피치의 진짜 힘이다.

책임감, 말에는 무게가 있다

"말 한마디에 천 냥 빚을 갚는다." 우리는 어릴 적부터 이 말을 귀에 못이 박히도록 들어왔다. 하지만 나이가 들수록 이 속담의 의미는 단순한 지혜를 넘어, 삶의 무게로 다가온다. 말은 눈에 보이지 않고 손에 잡히지도 않지만, 어떤 무거운 돌덩이보다 강력한 힘을 지니고 있다. 한 마디는 사람을 살릴 수도 있고, 한 마디는 사람을 무너뜨릴 수도 있다. 그렇기에 화자(話者)의 말은 언제나 책임을 동반한다.

특히 무대 위의 말은 개인적인 차원을 넘는다. 가정에서 친구끼리 주고받는 말과는 다르다. 청중 앞에서 발화되는 언어는 누군가의 기억 속에 남고, 때로는 삶의 중요한 선택에 영향을 미친다. 지도자의 연설 한 마디가 역사의 물줄기를 바꾸고, 교사의 말 한 마디가 학생의 미래를 결정하기도 한다. 무대에서의 말은 결코 가볍지 않다. 말은 힘이고, 그 힘은 반드시 책임으로 연결된다.

말의 힘은 곧 책임이다

말은 단순히 공기 중에 흩어지는 소리가 아니다. 그것은 사람의 마음을 흔들고 행동을 촉발시키는 힘을 가진다. 예를 들어, 한 마디의 따뜻한 위로가 절망 속에 있던 사람을 다시 일으켜 세울 수 있다. 반대로, 무심코 던진 비난의 말은 오랫동안 치유되지 않는 상처를 남길 수 있다.

이처럼 말은 화살과도 같다. 활시위를 떠난 화살은 다시 되돌릴 수 없듯, 한 번 입 밖에 나온 말은 다시 주워 담을 수 없다. "그냥 하는 소리였어."라는 변명은 통하지 않는다. 청중은 이미 그 말 속에서 메시지를 읽고, 마음에 새겼기 때문이다. 그래서 무대 위에 서는 사람은 누구보다도 자신의 언어가 지닌 무게를 자각해야 한다.

왜 책임감이 중요한가

청중은 발표자의 언어를 단순한 의견이나 농담으로 받아들이지 않는다. 무대 위의 말은 '공식적인 메시지'로 각인된다. 따라서 책임 없는 말은 청중의 신뢰를 순식간에 무너뜨린다. 아무리 화려한 언변이라 해도, 가볍게 내뱉은 말은 설득력을 갖지 못한다. 반면, 책임 있는 언어는 시간이 지나도 잊히지 않고, 발표자와 청중 사이에 신뢰의 다리를 놓는다.

책임 있는 말은 단순히 조심스러운 말이 아니다. 그것은 청중을 존중하는 태도이자, 자신이 말한 바를 행동으로 증명하겠다는 약속이다. 결국 책임감은 발표자의 신뢰 자본이며, 신뢰 없는 스피치는 아무리 기교가 뛰어나도 청중의 마음을 얻을 수 없다.

책임 있는 언어를 기르는 방법

첫째, 사실을 기반으로 말하라

말은 공기 중에 흩어지는 듯 보이지만, 실제로는 청중의 기억 속에 남아 오랫동안 작용한다. 따라서 사실을 왜곡하거나 근거 없는 정보를 전달하는 것은 단순한 실수가 아니라, 청중을 속이는 행위다. 발표자가 던진 한 마디가 누군가의 판단 기준이 되고, 삶의 중요한 선택으로 이어질 수 있음을 명심해야 한다.

"카더라 통신"식 말하기는 순간은 흥미로울지 모르지만, 결국 신뢰를 무너뜨린다. 반대로 사실과 자료 위에 세워진 말은 비록 지루해 보일지라도 시간이 갈수록 힘을 얻는다. 링컨이 전쟁을 치르는 와중에도 수많은 데이터를 검토한 뒤 연설문을 작성했던 이유는, 한 마디가 역사의 향방을 바꿀 수 있다는 사실을 알았기 때문이다. 발표자가 자료를 찾고, 근거를 확인하고, 사실에 기초해 말하는 습관을 가진다면, 그의 언어는 단단한 뿌리를 내리게 된다. 청중은 결국 화려한 표현보다 근거 있는 진실을 신뢰한다.

둘째, 청중의 입장을 생각하라

같은 말도 어떻게 전하느냐에 따라 완전히 다른 결과를 낳는다. 발표자의 의도가 아무리 좋더라도, 청중의 상황과 정서를 고려하지 않으면 그 말은 칼날처럼 다가올 수 있다. 예를 들어 "더 노력하세요"라는 말은 어떤 이에게는 동기부여가 될 수 있지만, 이미 지쳐 있는 사람에게는 비난처럼 들릴 수 있다.

책임 있는 화자는 항상 질문한다. "내가 이 말을 하면, 청중은 어떻게 느낄까?" 발표는 일방향의 독백이 아니라 상호작용이다.

말은 청중의 마음에 떨어지는 순간부터 의미를 가진다. 청중을 존중하고 배려하는 태도는 말 속에 스며들어 자연스럽게 전해진다. 그래서 같은 내용이라도 "당신은 이미 잘하고 있습니다. 조금만 더 해보면 더 좋은 결과가 있을 것입니다."라고 표현한다면, 격려와 위로가 동시에 전달된다.

청중의 입장을 고려하는 태도는 발표자의 성숙함을 드러낸다. 단순히 메시지를 전달하는 사람이 아니라, 청중의 마음을 돌보고 함께 걸어가는 동반자가 되는 것이다.

셋째, 긍정적 책임을 지라

언어는 사람을 세울 수도, 무너뜨릴 수도 있는 도구다. 책임 있는 화자는 언제나 자신의 언어가 청중에게 힘과 용기를 주는 방향으로 나아가야 한다. "나는 할 수 없다"라는 말 대신 "아직은 부족하지만, 충분히 성장할 수 있다"라는 메시지를 전할 때, 청중은 새로운 가능성을 본다.

긍정적 책임은 단순히 듣기 좋은 말을 하는 것이 아니다. 그것은 현실을 왜곡하지 않으면서도 희망을 제시하는 것이다. "상황이 어렵습니다. 하지만 우리는 함께라면 이겨낼 수 있습니다."라는 말은 문제의식을 공유하면서도 청중에게 새로운 동력을 불어넣는다.

청중은 화려한 수사보다 진심 어린 격려에서 더 큰 힘을 얻는다. 마틴 루터 킹의 연설이 수많은 이들의 마음을 움직였던 것도, 그의 말이 단순히 이상을 이야기한 것이 아니라, 듣는 이들에게 "우리의 꿈은 가능하다"는 확신을 심어주었기 때문이다. 긍정적 책임은 청중에게 위로와 희망을 전하고, 동시에 발표자를 신뢰할 수 있는 사람으로 만든다.

넷째, 말한 대로 행동하라

책임 있는 언어의 최종 시험대는 행동이다. 무대 위에서 아무리 멋진 말을 해도, 무대 밖에서 그 말이 지켜지지 않으면 진정성은 한순간에 무너진다. 청중은 발표자의 언변보다 그의 삶을 더 오래 관찰한다. 그래서 "말한 대로 행동하는가?"는 책임 있는 화자의 가장 중요한 과제다.

예를 들어, 지도자가 청렴을 외치면서 개인적으로 부정을 저지른다면, 그의 연설은 공허한 메아리에 불과하다. 반대로 평범한 말이라도 행동으로 입증할 때, 청중은 감동한다. 작은 약속이라도 지키는 태도, 말과 삶이 일치하는 모습이 청중의 마음을 움직인다.

말과 행동이 하나로 이어질 때, 발표자는 단순한 전달자를 넘어 신뢰받는 리더가 된다. 신뢰는 하루아침에 생기지 않는다. 그러나 한 번 쌓인 신뢰는 말의 무게를 배가시키고, 청중의 마음을 강하게 붙든다.

말의 무게를 보여주는 사례들

역사는 수없이 많은 장면에서 말의 무게를 증명해왔다. 링컨의 게티즈버그 연설은 불과 2분 남짓의 짧은 시간이었지만, 그 속에 담긴 언어는 세기를 넘어 울려 퍼지고 있다. 그는 유려한 문장을 늘어놓지 않았다. 단지 전쟁으로 희생된 이들을 기리며, 민주주의의 정신을 강조했을 뿐이다. 그러나 바로 그 단순함과 진정성이 수많은 이들의 마음에 불멸의 메시지로 새겨졌다. 그 한 마디는 미국을 다시 세우는 초석이 되었고, 지금도 교과서 속에 살아 숨쉬고 있다.

마틴 루터 킹 목사의 "I Have a Dream"은 더 말할 것도 없다. 그의 연설은 단순한 정치적 구호가 아니었다. 그것은 한 인간이 온몸으로 겪은 차별의 아픔, 그리고 세상을 바꾸고자 했던 간절한 꿈이 응축된 언어였다. 그 목소리를 들은 사람들은 단순히 환호한 것이 아니라, 자신들의 삶이 바뀔 수 있다는 확신을 얻었다. 그의 언어가 가진 무게는 수많은 사람을 광장으로 불러냈고, 결국 미국 사회 전체를 변화의 길로 이끌었다.

이처럼 책임 있는 언어는 역사를 움직인다. 반대로 책임 없는 말은 혼란과 상처를 남긴다. 히틀러의 선동적 언어는 사람들의 분노를 증폭시키며 전 세계를 전쟁으로 몰아넣었다. 한 지도자의 거짓된 말이 수천만 명의 생명을 앗아간 것이다. 기업의 경우도 마찬가지다. 최고경영자의 무심한 발언 하나가 주식시장을 요동치게 하고, 수많은 직원들의 생계를 흔들기도 한다. 말은 결코 공허한 울림이 아니다.

개인의 삶에서도 말의 무게는 뚜렷하다. 부모의 격려 한 마디가 아이에게는 평생의 자신감을 심어줄 수 있다. 반대로 무심코 던진 부정적인 말 한마디가 아이의 마음에 깊은 상처를 남기고, 성인이 되어서도 자존감을 갉아먹는다. 친구들 사이에서도 마찬가지다. 농담처럼 던진 한 마디가 누군가에게는 씻기지 않는 아픔이 될 수 있다. 우리는 종종 “그냥 한 말이야”라고 가볍게 넘기지만, 듣는 이에게는 그 말이 인생의 방향을 바꾸는 결정적 순간이 되기도 한다.

말은 곧 삶이다

책임 없는 말은 바람처럼 스쳐 지나간다. 하지만 책임 있는 말은 사람의 삶을 지탱하는 기둥이 된다. 발표자는 단순히 정보를 전달하는 사람이 아니다. 그는 언어를 통해 청중의 마음을 움직이고, 생각을 바꾸며, 때로는 인생의 길을 새롭게 설계하도록 돕는 사람이다. 그러므로 화자는 반드시 자신의 말에 무게를 담아야 한다.

청중은 당신의 화려한 수사보다 책임 있는 마음에서 나온 단순한 한마디를 더 오래 기억한다. “넌 할 수 있어.”라는 짧은 말이 누군가의 삶을 구할 수도 있다. 반대로 무책임한 한 마디가 누군가의 발걸음을 멈추게 할 수도 있다. 말은 순간의 소리가 아니라, 삶의 궤적을 바꾸는 힘을 가진다.

당신이 오늘 던지는 말이 누군가의 마음속에 등불이 될 수도 있고, 어둠을 밝히는 희망이 될 수도 있다. 말은 눈에 보이지 않지만, 사람의 가슴에 흔적을 남긴다. 청중은 당신이 얼마나 유려하게 말했는가보다, 당신의 언어가 자신에게 어떤 의미로 다가왔는가를 기억한다.

말에는 무게가 있다

그러니 이제 무대 위에 서서 단순히 "잘해야 한다"는 부담만 품지 말라. 내가 지금 하는 이 말이 누군가의 마음에 어떤 흔적을 남길 것인가를 먼저 떠올려라. 그 질문 하나만으로도 당신의 말은 달라진다. 단순한 소리의 나열이 아니라, 책임 있는 삶의 고백이 된다.

말에는 무게가 있다. 그리고 그 무게를 진심으로 감당하는 순간, 당신은 단순한 발표자가 아니라 신뢰받는 화자가 된다. 더 나아가, 누군가의 삶에 빛을 더하는 사람이 된다. 청중은 당신의 완벽함을 기다리지 않는다. 그들은 당신의 진정성과 책임감 속에서 나온 한 마디의 울림을 기다리고 있다.

말은 순간이지만, 그 책임은 영원하다. 오늘 당신이 전하는 한 마디가 누군가의 내일을 밝히는 희망이 될 수 있다. 그러니 말할 때마다 기억하라. 당신의 말은 누군가의 마음을 세우는 힘이며, 동시에 삶을 바꾸는 씨앗이다.

사명감, 메시지의 전달자임을 기억하라

스피치란 무엇일까. 사람들은 흔히 말하기를 기술로 이해한다. 목소리를 크게 내고, 적절한 제스처를 사용하며, 청중의 시선을 끌어당기는 요령을 익히는 것. 물론 이런 요소들은 중요한 부분이다. 그러나 진정한 스피치의 본질은 그보다 훨씬 더 깊은 곳에 있다. 스피치를 하는 사람은 단순히 말을 잘하는 기술자가 아니다. 그는 메시지를 전하는 사명자(使命者)다.

메시지 앞에 선 사람

무대 위에 오른 연사를 상상해 보자. 수많은 청중이 그를 바라보고 있다. 청중은 그가 얼마나 잘생겼는지, 혹은 얼마나 멋진 수트를 입었는지 궁금해하지 않는다. 그들이 진정으로 궁금한 것은 단 하나, "이 사람이 오늘 우리에게 어떤 메시지를 전해줄 것인가?"이다.

이 순간 연사는 더 이상 개인이 아니다. 그는 메시지를 담아내는 그릇이며, 전달자다. 그의 한 마디는 청중의 마음속에 씨앗처럼 뿌려지고, 어떤 이에게는 삶의 방향을 바꾸는 나침반이 된다. 청중이 기억하는 것은 그의 화려한 말솜씨가 아니라, 그 말 속에 담긴 울림이다.

사명감을 가진 언어와 그렇지 않은 언어

사명감이 없는 말은 화려할 수 있다. 유려한 수사와 웃음을 유발하는 농담, 감탄을 자아내는 표현으로 가득할 수 있다. 하지만 시간이 지나면 청중의 기억 속에서는 희미해진다. 왜냐하면 그 말이 전하려는 메시지보다 화자 자신을 드러내는 데 집중했기 때문이다.

반대로, 사명감을 지닌 언어는 다르다. 때로는 투박하고 단순할지라도, 그것은 마음에 오래 남는다. 링컨의 게티즈버그 연설은 단 2분이었다. 그러나 그는 자신에게 주어진 역사적 책무를 알았다. "국민의, 국민에 의한, 국민을 위한 정부"라는 말은 단순한 정치적 수사가 아니라 민주주의를 지켜야 한다는 사명이 담긴 고백이었다. 그래서 지금까지도 그 연설은 민주주의의 상징으로 남아 있다.

마틴 루터 킹의 "I Have a Dream" 역시 그렇다. 그것은 단순한 꿈 이야기가 아니었다. 흑인으로서 겪은 차별의 아픔과, 이를 극복해야 한다는 강렬한 사명이 녹아든 언어였다. 그의 목소리를 들은 사람들은 단순히 환호한 것이 아니라, 자신들의 꿈도 가능하다는 확신을 얻었다. 사명에서 나온 언어는 이렇게 역사를 움직인다.

사명감은 청중을 위한 마음에서 시작된다

청중은 발표자가 얼마나 똑똑한지 알고 싶어 하지 않는다. 그들은 발표자가 얼마나 자신들을 생각하는지를 알고 싶어 한다. 사명감을 가진 화자는 "내가 옳다"를 증명하려 하지 않는다. 그는 "당신이 길을 찾도록 돕겠다"라는 태도로 무대에 선다.

한 청중이 연사에게 이렇게 말했다고 한다.

"오늘 당신의 말이 제 인생을 바꿨습니다."

그 순간 연사는 깨달았다. 무대는 자신을 빛내는 자리가 아니라, 청중을 변화시키는 자리라는 것을.

사명감은 바로 여기서 비롯된다. 화자가 무대를 통해 자신을 드러내려 하지 않고, 메시지를 드러내려 할 때, 청중은 그를 단순한 발표자가 아니라 마음의 울림을 전하는 동반자로 받아들인다.

삶으로 증명하는 메시지

사명감 있는 말은 입술에서 끝나지 않는다. 그것은 반드시 삶과 연결된다. 청중은 발표자의 언어보다 그의 삶을 더 오래 지켜본다. 무대 위에서는 정직을 외치면서 무대 밖에서는 거짓을 일삼는다면, 그 말은 공허한 메아리에 불과하다. 반대로, 표현은 서툴러도 그가 살아온 길 속에서 정직이 드러난다면, 청중은 그의 언어를 신뢰한다.

간디가 말한 "비폭력"은 단순한 철학적 개념이 아니었다. 그것은 그가 매일의 삶에서 실천한 태도였다. 그 삶에서 나온 말은 인도 전역을 움직였고, 결국 세계사의 흐름마저 바꿨다. 사명감 있는 언어란 바로 이런 것이다. 삶이 메시지를 증명하는 것.

사명감 없는 언어의 그림자

반대로 사명감 없는 언어는 위험하다. 지도자의 한 마디가 전쟁을 일으키고, 기업가의 무심한 발언이 경제를 흔들기도 한다. "그냥 한 말이야"라는 말로 넘어갈 수 없다. 청중에게는 그 말이 무겁게 남아 삶에 영향을 미친다.

개인의 삶에서도 같다. 부모의 무심한 한 마디가 아이의 마음을 꺾고, 친구의 농담 한 마디가 평생의 상처로 남는다. 말이 사명 없이 흘러갈 때, 그것은 칼보다 날카로워 사람의 마음을 찌른다.

나는 메시지의 전달자다

스피치는 단순히 입을 열어 소리를 내는 행위가 아니다. 그것은 누군가의 마음속에 메시지를 심는 거룩한 자리다. 청중은 발표자의 완벽한 발음이나 유려한 억양, 화려한 슬라이드의 움직임을 오래 기억하지 않는다. 시간이 흐르면 그러한 장치는 희미해지고, 오직 마음에 남는 것은 말 속에 담긴 진심과 사명감이다.

그래서 무대에 서는 사람은 반드시 자신에게 물어야 한다.

"나는 지금 나 자신을 드러내기 위해 서 있는가, 아니면 메시지를 전하기 위해 서 있는가?"

이 질문 앞에서 정직하게 "나는 메시지의 전달자다"라고 답할 수 있을 때, 비로소 언어는 힘을 가진다. 그 순간 청중은 단순히 말을 듣는 것이 아니라, 위로를 받고, 용기를 얻고, 다시 일어설 이유를 찾는다.

메시지는 삶을 바꾸는 씨앗이다

우리가 던지는 한 마디는 바람처럼 흘러가 버리는 것 같지만, 사실은 누군가의 마음속에 남아 자라난다. 때로는 등불이 되어 어두운 길을 비추고, 때로는 씨앗이 되어 새로운 가능성의 싹을 틔운다. 당신의 언어는 누군가가 다시 꿈꾸도록 만드는 토양이 될 수 있고, 무너진 마음을 다시 세우는 기둥이 될 수도 있다.

링컨이 민주주의를 위해 남긴 짧은 연설, 마틴 루터 킹이 꿈을 외친 목소리, 간디가 비폭력을 말하며 보였던 삶. 이들의 언어가 사람들의 가슴에 남아 역사를 바꿀 수 있었던 이유는 단 하나였다. 그들은 자신을 드러내려 한 것이 아니라, 자신이 믿는 메시지를 세상에 심으려 했기 때문이다.

사명은 화자를 완성한다

말은 순간이지만, 사명은 영원하다. 화려한 기교와 기술은 시간과 함께 사라지지만, 사명에서 비롯된 말은 사람들의 가슴에 오래 남아 흔들림 없는 울림을 만든다. 당신의 언어가 단순한 지식의 전달을 넘어, 누군가의 삶을 지탱하는 기둥이 되고, 무너진 마음을 일으키는 손길이 될 수 있는 이유가 여기에 있다.

그러니 무대에 오르기 전, 자신에게 다시 한 번 속삭여라.

“나는 단순한 발표자가 아니다. 나는 메시지의 전달자다.”

이 다짐 하나는 발표자를 완전히 다른 차원으로 끌어올린다. 그 때부터 화자는 더 이상 자기 자신만의 이야기를 하는 존재가 아니다. 그는 청중의 삶 속에 씨앗을 심는 사람이며, 그 씨앗은 시간이 흘러 꽃이 되고, 열매가 되어, 또 다른 누군가의 삶을 변화시킨다.

진정한 화자의 고백

무대 위에 설 때마다 기억하라. 청중은 당신의 완벽함을 기다리지 않는다. 그들은 당신의 진심, 당신이 전하려는 메시지, 그리고 그 속에 담긴 사명을 기다린다.

"나는 메시지의 전달자다. 내 말은 누군가의 내일을 바꾸는 씨앗이다."

이 고백이 당신의 가슴 깊이 새겨질 때, 당신은 단순히 말하는 사람이 아니라, 누군가의 삶에 빛을 더하는 화자가 된다. 그 순간, 당신의 말은 더 이상 소리가 아니라, 사람의 마음을 울리는 생명의 언어가 된다.

신뢰, 청중과의 보이지 않는 계약

스피치의 본질은 결국 신뢰다. 목소리가 아무리 힘차고 표현이 아무리 화려해도, 청중이 "저 사람을 믿을 수 있다"라는 마음이 생기지 않으면 그 모든 기교는 무용지물이다. 무대 위에서 화자와 청중은 보이지 않는 계약을 맺는다. 청중은 자기 시간을 내어 화자에게 귀와 마음을 맡기고, 화자는 그 시간을 헛되이 하지 않겠다고 약속한다. 이 계약은 서명도 도장도 없지만, 그 어떤 법률 문서보다도 강력하다.

신뢰는 작은 순간에서 태어난다

신뢰는 거대한 선언에서 시작되지 않는다. 오히려 사소한 순간에서 피어난다. 강연을 시작하기 전에 따뜻한 눈빛으로 청중을 바라보는 것, 한 청중의 질문을 끝까지 경청하고 고개를 끄덕이며 답하는 것, 발표가 끝난 후 청중이 나눈 짧은 대화에도 성심껏 응답하는 것.

어느 TED 강연에서 한 연사가 무대에 오르자마자 마이크가 고장 나 버렸다. 순간 어색한 침묵이 흘렀다. 그러나 그는 당황하지 않고, 잠시 숨을 고른 뒤, 무대 아래로 내려가 청중의 가까운 자리에서 마치 대화하듯 이야기를 풀어나갔다. 목소리는 크게 울리지 않았지만, 청중은 오히려 더 집중했다. 그는 기술적 장치가 아닌 진심으로 청중을 붙잡았다. 그 순간 청중의 마음속에 "이 사람은 우리와 함께하려 한다"라는 신뢰가 자리 잡았다.

신뢰가 무너질 때

반대로 신뢰가 무너지는 순간은 너무도 빠르고 날카롭다. 한 대학 강의에서 교수는 학생들에게 "질문 있습니까?"라고 물었다. 한 학생이 조심스럽게 손을 들고 의견을 말했지만, 교수는 말을 다 듣기도 전에 웃으며 끊고 이렇게 말했다.

"그건 기본도 모르는 이야기야."

순간 강의실의 공기가 얼어붙었다. 학생들의 눈빛은 닫혔고, 그 후로 누구도 다시 질문하지 않았다. 내용은 여전히 중요했지만, 신뢰는 이미 깨져버렸다. 청중은 더 이상 그 언어에 마음을 내어주지 않았다. 한 번 깨진 계약은 다시 세우기 어렵다. 말보다 태도가 먼저 신뢰를 무너뜨린 것이다.

신뢰가 쌓일 때의 기적

그러나 신뢰가 쌓이면 작은 말도 큰 울림이 된다. 한 초등학교 교실에서 발표를 두려워해 울던 아이에게 선생님은 다가가 말했다.

"괜찮아. 네 목소리는 지금 이 자리에서 가장 소중한 목소리야.

천천히 해도 돼.”

그 짧은 말은 아이의 눈물을 멈추게 했고, 떨리는 목소리로 몇 마디를 이어가게 했다. 반 친구들의 박수가 이어졌고, 아이는 평생 자신감을 얻었다. 내용은 기억나지 않아도, 그 순간 쌓인 신뢰는 아이의 삶을 지탱하는 토대가 되었다. 신뢰는 말보다 오래 남는다. 한 마디가 사라져도, 그 말이 주었던 용기와 따뜻함은 청중의 삶에 씨앗이 되어 자라난다.

신뢰는 눈에 보이지 않는 계약이다

스피치는 결국 계약이다. 청중은 귀와 마음을 내어주고, 화자는 그 믿음을 배반하지 않을 책임을 진다. 기업 CEO의 한 마디가 주가를 요동치게 하고, 선생님의 말 한 마디가 아이의 자존감을 바꾸는 이유는 바로 이 계약 때문이다. 청중은 무대 위에서 흘러나오는 소리가 단순한 정보가 아니라 자신의 삶과 연결된 약속임을 느낀다.

역사적 인물만이 아니다. 일상에서도 신뢰의 힘은 드러난다. 한 동네 목사가 매주 설교를 하면서도 자신의 약속을 지키지 않았을 때, 교인들은 떠났다. 반대로, 한 의사는 늘 환자들에게 “내가 끝까지 함께하겠다”는 약속을 지켰고, 그 진심은 입소문을 타며 수많은 사람의 발걸음을 모았다. 신뢰는 말이 아니라 삶으로 드러나는 계약이다.

신뢰는 말의 무게를 배가시킨다

스피치란 결국 보이지 않는 계약을 지켜가는 과정이다. 청중은 화자의 화려한 기교를 오래 기억하지 않는다. 그러나 화자의 진실한 태도는 평생 기억한다. 신뢰가 담긴 언어는 단순한 정보 전달을 넘어, 사람의 마음을 바꾸고, 인생의 방향을 새롭게 설계하도록 만든다.

그러니 무대에 오르기 전, 이렇게 다짐하라.

"나는 청중과 신뢰의 계약을 맺는다. 내 말은 그들의 시간을 헛되이 하지 않을 약속이다."

그 다짐 하나가 발표자를 단순한 말하는 사람에서, 신뢰받는 화자로 세운다. 신뢰는 말의 힘을 배가시키고, 그 힘은 청중의 삶을 지탱하는 기둥이 된다.

말은 순간이지만, 신뢰는 영원하다. 당신이 오늘 지킨 작은 약속 하나가 청중의 마음속에서 큰 울림으로 남고, 언젠가 그 울림이 누군가의 인생을 바꾸는 결정적인 순간이 된다.

13장
이미지 디자인

보이는 순간, 신뢰가 시작된다

우리는 상황을 통제할 수 없지만, 그 상황에서 어떤 인상을 남길지는 통제할 수 있다. _찰스 스윈돌

이미지의 정의

이미지라는 단어는 라틴어 imago에서 비롯되었다. 이는 모방하다라는 뜻을 가진 imitari에서 유래한다. 단순히 겉으로 보이는 형태를 모사하는 것에서 출발했지만, 오늘날 이미지의 의미는 훨씬 더 넓고 깊다. 사전적 정의로는 형태, 모양, 느낌, 영상, 관념 등을 가리킨다. 그러나 실제로 우리가 경험하는 이미지는 단순한 외형의 복제가 아니라, 마음속에서 형성되는 감각적 영상과 심상, 그리고 상대방이 우리를 통해 느끼는 총체적 인상이다.

누군가를 떠올릴 때 우리는 그 사람의 외모만을 기억하지 않는다. 차분한 말투, 따뜻한 미소, 자신감 넘치는 자세, 혹은 늘 정리된 복장 같은 요소들이 함께 떠오른다. 결국 이미지는 단편적인 특징이 아니라, 한 사람 전체를 감싸는 분위기와 느낌, 그리고 상대방에게 남겨진 기억의 조각들이 합쳐진 결과물이다.

이미지란 무엇인가

이미지는 그 사람의 실체 자체가 아니라 타인의 마음속에 그려진 또 하나의 세계다. 실제의 나는 하나이지만, 타인에게 비치는 이미지는 수없이 많다. 누군가는 나를 친절하고 따뜻한 사람으로 기억할 수 있지만, 또 다른 누군가는 차갑고 엄격한 인상을 가질 수도 있다. 이처럼 이미지는 주관적이며, 상대의 경험과 기대, 감정에 의해 끊임없이 재구성된다.

그래서 이미지는 단순히 외모를 가꾸는 차원을 넘어선다. 목소리의 억양, 대화에서의 태도, 옷차림과 제스처, 걸음걸이, 심지어는 주변 사람들과의 관계 맺음 방식까지 모두 이미지에 포함된다. 이미지는 눈에 보이는 외형과 마음속에서 느껴지는 인상이 합쳐져 만들어진, 그 사람의 총체적 그림이라 할 수 있다.

학자들의 시각에서 본 이미지

심리학자 Hunt는 사람들이 특정 대상에 대해 이미지를 형성하면, 이후에는 객관적 사실보다 그 이미지에 따라 반응한다고 말했다. 이는 우리가 왜 첫인상에 크게 좌우되는지를 잘 설명해 준다.

마케팅의 석학 필립 코틀러는 인간도 하나의 브랜드라고 강조했다. 자신의 이미지를 잘 포장하고 세련되게 시각화할 수 있다면, 더 좋은 인간관계와 사회적 성취를 거둘 수 있다는 것이다.

커뮤니케이션 학자 Ailes와 Roser는 한 걸음 더 나아가 이렇게 정의한다. 사람은 스스로 하나의 메시지이며, 각 개인이 어떤 이미지를 창출하느냐에 따라 타인에게 전달되는 메시지가 결정된다는 것이다. 말로 무엇을 전하기 전에, 우리는 이미 우리의 태도와 표정, 모습으로 무언가를 전하고 있다는 의미다.

이처럼 학자들의 정의를 종합해 보면, 이미지는 단순한 외양을 넘어 타인과의 관계를 규정하고 행동을 유도하는 보이지 않는 힘이다. 이미지가 마음속에 심어지면, 그것은 일종의 신념처럼 작용해 사람들의 태도와 선택을 바꾼다.

이미지의 개념과 실제

이미지는 시각적 표상과 기억, 감정, 평가, 태도의 총체라 할 수 있다. 실체는 아니지만, 사람들은 이 이미지를 바탕으로 상대방에 대한 태도를 결정한다. 쉽게 말해 이미지는 타인이 나를 보고 느낀 모든 것의 총합이다.

우리는 일상에서 매일 이미지를 주고받으며 살아간다. 직장에서의 회의, 강의실에서의 발표, 지인과의 짧은 만남 모두 이미지 형성의 장이다. 성별, 나이, 직업, 역할, 성격, 가치관 같은 내적 요소는 물론이고, 외모, 표정, 태도, 제스처, 말투, 옷차림, 매너 같은 외적 요소가 복합적으로 작용해 총체적 이미지를 만든다. 이때 중요한 것은 내가 어떤 사람인지만으로는 충분하지 않다는 점이다. 타인이 나를 어떻게 느끼고 기억하는지가 곧 나의 이미지가 된다.

왜 이미지는 중요한가

이미지는 인간관계에서 결정적 역할을 한다. 타인은 나의 본질을 단번에 파악하지 못한다. 대신 눈앞에 보이는 이미지로 나를 해석한다. 그렇기 때문에 좋은 이미지는 단순히 보기 좋음을 넘어, 신뢰를 형성하고 관계의 문을 열게 한다. 반대로 부정적인 이미지는 능력을 가려버리고 기회 자체를 차단하기도 한다.

오늘날 사회에서 이미지는 하나의 설득 수단으로 기능한다. 좋은 이미지를 가진 사람은 말하지 않아도 설득력이 높아지고, 사람들은 그를 더 쉽게 받아들인다. 정치인이나 기업인, 연예인뿐 아니라 교사, 강사, 학생 모두에게 이미지 관리가 중요한 이유가 바로 여기에 있다.

이미지는 곧 또 하나의 언어다. 말보다 먼저 도착해 청중의 마음을 여는 언어, 그리고 시간이 흘러도 기억 속에 남아 관계를 규정하는 언어다. 결국 이미지를 설계한다는 것은 잘 보이기 위한 가식이 아니라, 내가 가진 본질과 가치를 타인에게 올바르게 전달하는 과정이다.

이미지는 단순한 외형의 그림자가 아니다. 그것은 내가 타인과 맺는 관계의 첫 관문이며, 사람들의 태도와 선택을 바꾸는 힘이다. 결국 이미지를 통해 세상은 나를 해석하고, 이미지를 통해 나의 말은 더 큰 설득력을 얻게 된다.

따라서 우리는 질문해야 한다. 나는 지금 어떤 이미지를 주고 있는가. 그리고 그 이미지는 내가 전하고 싶은 메시지와 일치하는가. 이미지가 곧 나의 또 다른 목소리라면, 나는 그 목소리가 신뢰와 존중을 담아내기를 원한다.

이미지메이킹의 개념

우리는 하루에도 수십 번, 수백 번 다른 사람들에게 이미지를 남긴다. 아침에 엘리베이터에서 마주친 이웃에게 건넨 미소, 직장에서 보고서를 발표할 때의 태도, 카페에서 친구와 대화하며 짓는 표정까지. 모든 순간은 곧 내 이미지를 만드는 재료가 된다. 흥미로운 사실은, 사람들이 나를 평가할 때 객관적인 사실보다도 내가 남긴 이미지를 훨씬 더 강하게 기억한다는 점이다.

그래서 이미지 메이킹은 단순히 '꾸며내는 기술'이 아니다. 이미지 메이킹이란 내가 어떤 사람인지, 어떤 메시지를 전하고 싶은지, 그리고 그것을 어떻게 효과적으로 드러낼지를 설계하는 자기 브랜딩의 전략이다. 말하자면 나라는 존재를 하나의 브랜드로 바라보고, 그 브랜드를 세상에 가장 진정성 있게 포장하는 과정이다.

이미지 메이킹의 본질

이미지 메이킹의 핵심은 내적 이미지와 외적 이미지, 그리고 사회적 이미지를 하나로 조율하는 것이다. 내면의 신념과 가치, 감정이 단단히 서 있지 않으면, 아무리 외적으로 멋지게 꾸며도 시간이 지나면 금세 무너진다. 반대로 내면이 단단해도 그것을 표현하는 태도와 외적 요소가 뒷받침되지 않으면 다른 사람에게는 제대로 전달되지 않는다.

예를 들어, 자신감이 넘치는 사람이라도 구부정한 자세와 흐릿한 발음으로 말한다면 그 내적 힘은 반감된다. 또 성격은 온화하지만 늘 차갑게 무표정하다면, 사람들은 그 따뜻한 본질을 알기 어렵다. 따라서 이미지 메이킹은 내적 가치와 외적 표현을 연결하는 다리다. 이 다리가 단단히 놓여 있을 때, 사람들은 비로소 우리의 본모습을 이해하고 신뢰한다.

참자아를 찾아야 하는 이유

이미지 메이킹의 첫걸음은 자신을 제대로 아는 데서 시작된다. 나는 누구인가? 무엇을 좋아하고 무엇을 싫어하는가? 어떤 가치를 지키며 살고 있는가? 이 질문에 답하지 못한다면, 우리는 언제든 타인의 기대와 평가에 휘둘리게 된다.

많은 사람들이 남이 기대하는 모습에 자신을 끼워 맞추느라 지쳐간다. 그러나 진정한 이미지 메이킹은 참자아를 발견하는 것에서 출발한다. 나의 개성, 나의 본질을 이해하고 그것을 표현할 때, 사람들은 "그는 진짜다"라는 신뢰를 느낀다.

객관적 자아와 이상적 자아

이미지 메이킹은 또 하나의 과정을 요구한다. 내가 나를 보는 모습(주관적 자아)과 타인이 나를 보는 모습(객관적 자아)의 차이를 좁히는 일이다. 흔히 우리는 스스로는 밝고 유쾌하다고 생각하지만, 남들이 보기엔 무뚝뚝하고 차갑게 보이기도 한다. 이런 차이가 클수록 대인관계에서 오해가 생긴다. 따라서 이미지 메이킹은 내가 전달하고 싶은 나의 모습과 타인이 실제로 느끼는 이미지를 일치시키는 노력이기도 하다.

또한 우리는 자신이 되고 싶은 미래의 모습, 즉 이상적 자아를 향해 나아가야 한다. 닮고 싶은 롤모델을 정하고, 그가 가진 태도와 습관을 조금씩 실천하다 보면 어느새 나의 이미지도 변해간다. 이 과정은 단순한 흉내가 아니라, 내 안에 숨어 있던 가능성을 깨우는 일이 된다.

이미지 메이킹은 곧 자기 브랜딩이다

기업이 브랜드를 만들어 신뢰를 얻듯, 개인도 자신만의 브랜드를 가져야 한다. 강사가 무대 위에서 보이는 표정과 태도, 리더가 위기 속에서 보이는 언행, 학생이 친구들과 어울릴 때 드러나는 말투 모두가 브랜드를 만든다.

이미지 메이킹은 단순히 나를 예쁘게 보이게 하는 장식이 아니다. 그것은 내가 가진 진정한 가치를 가장 정확하고 세련되게 전달하는 도구다. 꾸며낸 가짜 이미지는 금세 무너진다. 하지만 내면에서 출발한 이미지, 삶으로 뒷받침되는 이미지는 시간이 갈수록 더 단단해지고 신뢰를 쌓는다.

이미지 메이킹의 효과

이미지 메이킹을 통해 긍정적인 이미지를 가진 사람은 사회적 관계에서 기회를 얻는다. 같은 실력을 가진 두 사람이라도, 더 신뢰감 있고 호감을 주는 이미지를 가진 사람이 결국 선택된다. 이처럼 이미지는 능력을 돋보이게 하거나 가려버리는 필터와도 같다.

또한 좋은 이미지는 자신감을 키운다. 상대방의 긍정적인 반응은 나의 자존감을 높이고, 이는 다시 행동과 태도를 변화시킨다. 이렇게 내적 이미지와 외적 이미지가 선순환을 이루면, 사회적 관계도 더 원만해진다. 결국 이미지 메이킹은 나 자신을 성장시키는 동시에, 나를 둘러싼 세상과의 관계를 건강하게 만들어준다.

왜 지금 이미지 메이킹인가

21세기는 이미지 커뮤니케이션의 시대다. 사람들은 더 이상 단순히 '무엇을 말했는가'보다 '어떻게 보였는가'를 통해 상대를 평가한다. 이미지 메이킹은 단순한 꾸밈이 아니라, 자기 자신을 경영하는 총체적 전략이 되었다.

말보다 먼저 도착하는 언어, 바로 이미지. 청중은 당신의 말을 듣기 전에 이미 당신을 보고, 평가하고, 받아들인다. 그렇기에 이미지 메이킹은 성공을 향한 필수적인 출발점이다.

이미지 메이킹은 거짓 포장이 아니다. 진정한 나를 발견하고, 그것을 상대방에게 가장 올바른 방식으로 전달하는 행위다. 결국 이미지 메이킹은 내 안에 있는 본질과 가능성을 세상 앞에 꺼내 보여주는 과정이다.

나는 지금 어떤 이미지를 만들고 있는가? 그 이미지는 내가 전하고 싶은 나의 가치와 닮아 있는가?

이 질문에 정직하게 답하는 순간, 우리는 더 이상 남이 만든 이미지에 휘둘리지 않고, 스스로 선택한 이미지의 주인이 된다.

이미지는 습관이고, 습관은 결국 운명을 만든다. 그러므로 매일의 작은 행동과 태도가 모여 나의 이미지를 만들고, 그 이미지가 나의 삶을 이끌어간다. 이미지 메이킹은 그 과정을 의식적으로 선택하고 책임지는 힘이다.

당신의 이미지는 우연이 아니라, 선택이다. 그리고 그 선택은 누군가의 기억 속에서, 또 당신의 미래 속에서 평생을 함께할 것이다.

13장_이미지 디자인
보이는 순간, 신뢰가 시작된다

이미지 컨트롤

이미지 컨트롤은 단순히 겉모습을 꾸미는 기술이 아니다. 그것은 내 안에 잠재된 능력과 매력을 최상의 상태로 끌어내는 자기표현의 기술이다. 다시 말해, 내가 가진 본질을 바탕으로, 다른 사람이 나를 어떻게 받아들이고 기억할지를 의식적으로 설계하는 과정이다.

그 출발점은 하나의 질문이다.

"나는 어떤 사람인가?"

자기 자신을 모르면 이미지를 관리할 수 없다. 내가 믿고 있는 나의 모습과, 타인이 실제로 느끼는 나의 이미지가 다를 수 있다. 문제는 많은 사람들이 이 간극을 깨닫지 못한다는 것이다. 나는 따뜻하고 사려 깊다고 생각하지만, 타인은 무뚝뚝하고 냉정하다고 느낄 수 있다. 반대로 나는 소심하다고 여겨도, 타인에게는 진중하고 신뢰감 있게 보일 수도 있다. 이미지 컨트롤은 바로 이 간극을 줄이고, 내가 원하는 방향으로 나의 이미지를 조율하는 행위다.

다행히도 이미지는 타고나는 것보다 후천적으로 만들어지는 부분이 훨씬 크다. 내가 어떤 노력을 기울이느냐에 따라 이미지가 변화할 수 있다는 점에서, 이미지 컨트롤은 누구에게나 열려 있는 기회다.

나의 이미지 계발

사회생활은 끊임없는 만남과 관계 속에서 이루어진다. 그 안에서 이미지는 나의 성격이나 능력보다도 먼저 전달되는 메시지다. 부족한 부분은 채우고, 강점은 더욱 빛나게 다듬는 과정이 필요하다. 현대 사회는 너무 빠르게 변하기 때문에, 시간·장소·상황에 맞게 나의 개성을 연출하는 능력이 곧 경쟁력이 된다. 이미지는 나를 설명하는 가장 짧은 자기소개서다.

성공적인 이미지 향상의 가이드라인

성공적인 이미지 컨트롤은 몇 가지 원칙 위에서 가능하다.

-자신감을 가져라. 단점보다 장점을 바라보라. 자기 확신이 없는 이미지는 금세 무너진다.

-남과 비교하지 마라. 비교는 자신을 위축시키고, 이미지를 왜곡한다.

-머리를 써라. 사소한 순간에도 어떻게 하면 더 나은 이미지를 보여줄 수 있을지 고민하라.

-완벽주의를 버려라. 사람은 실수할 수 있다. 중요한 건 진정성이다.

-긍정과 행복을 선택하라. 표정과 태도는 결국 마음의 반영이

다.

-주변 사람을 잘 선택하라. 긍정적이고 낙관적인 사람과 함께할 때, 나의 이미지도 밝아진다

이 모든 지침의 핵심은 이미지 컨트롤은 억지로 꾸미는 것이 아니라, 나 자신을 사랑하고 신뢰하는 데서 출발한다는 것이다.

목표를 이루기 위한 이미지 전략

이미지 컨트롤은 단순히 좋은 인상을 남기는 차원을 넘어, 나의 목표와 직결된다. 자신을 중요한 사람으로 만들고, 남에게 필요한 존재로 자리매김하는 것. 작은 목표든 큰 목표든, 주인공이 되어 이루어내는 경험을 쌓는 것. 이런 과정들이 결국 내가 원하는 이상적 자아와 가까워지도록 돕는다.

이미지는 곧 신뢰다. 사람들은 능력보다도 신뢰감을 주는 이미지에 끌린다. 따라서 믿음과 신뢰가 조화를 이룰 때, 이미지 컨트롤은 가장 강력한 성공 전략이 된다.

이미지 메이킹 프로그램과 자기 변화

오늘날 글로벌 경쟁 사회에서 살아남으려면, 단순한 전문성만으로는 부족하다. 자신만의 개성과 가치를 명품처럼 차별화된 이미지로 만들어야 한다. 이미지 메이킹 프로그램은 나의 상태를 진단하고, 내적·외적·사회적 이미지를 통합적으로 발전시켜, 상황에 맞는 대인관계 능력과 자기 표현법을 익히도록 돕는다.

이것은 단순히 겉모습을 다듬는 일이 아니라, 나를 하나의 브랜드로 세우는 과정이다. 브랜드가 신뢰를 얻을 때 시장에서 선택되

듯, 개인도 이미지가 신뢰를 얻을 때 사회에서 인정받는다.

내적·외적·사회적 이미지

이미지 컨트롤은 크게 세 가지 영역을 다룬다.

-내적 이미지: 신념, 성격, 습관, 감정, 비전.

-외적 이미지: 표정, 외모, 목소리, 자세, 패션.

-사회적 이미지: 인간관계, 매너, 전문성, 리더십.

이 세 가지가 어긋나면 이미지는 불안정하다. 그러나 서로 조화를 이루면, 단순한 인상이 아니라 하나의 강력한 메시지로 작용한다.

이미지 메이킹 십계명

마지막으로 이미지 컨트롤을 위한 십계명을 정리해보자.

열린 마음을 가지고, 첫인상에 승부를 걸며, 외모보다 표정에 투자하라. 자신감을 소유하고, 열등감을 버리며, 객관적인 자신을 발견하라. 자신을 사랑하고, 자신의 일에 몰입하며, 신용을 쌓고, 남을 존중하라.

이 십계명은 단순한 규칙이 아니라, 이미지 컨트롤의 삶의 자세다.

이미지 컨트롤은 타고난 재능의 문제가 아니다. 그것은 매일의 습관, 작은 태도, 사소한 표정에서 비롯된다. 결국 이미지란 내가 어떤 마음으로 세상을 대하느냐의 결과다.

사람들은 나의 말을 잊을 수 있지만, 내가 남긴 이미지는 오래 기억한다. 그러므로 이미지 컨트롤은 곧 나 자신을 책임지는 법이자, 나의 미래를 디자인하는 힘이다.

이제 스스로에게 물어보라.
나는 어떤 사람으로 기억되고 싶은가?
그리고 그 이미지를 만들기 위해 오늘 무엇을 바꿀 수 있는가?
이미지 컨트롤의 답은 결국 나의 선택에 달려 있다.

첫인상을 만드는 법칙

"사람을 판단하는 데 3초가 걸린다." 흔히 하는 말이지만, 단순한 속담이 아니다. 실제로 심리학 연구에 따르면 사람들은 첫 만남에서 상대방의 외모, 표정, 태도, 목소리 등을 종합해 몇 초 안에 인상을 형성하고, 그 인상은 이후의 관계를 지배한다. 아무리 뛰어난 능력이나 훌륭한 성품을 가지고 있더라도, 첫인상에서 부정적인 이미지를 주면 그것을 회복하는 데는 수십 번의 만남이 필요하다. 그래서 첫인상은 단순한 시작이 아니라, 관계의 방향을 결정짓는 분기점이라 할 수 있다.

첫인상의 언어 — 보이지 않는 90%

우리는 흔히 말의 내용을 가장 중요하게 생각한다. 그러나 실제 커뮤니케이션에서 언어가 차지하는 비중은 고작 7%에 불과하다. 나머지는 목소리의 높낮이, 억양, 속도 등 청각적 요소가 38%, 표정, 자세, 태도, 옷차림 등 시각적 요소가 55%를 차지한다. 즉, 첫인상은 말보다 훨씬 더 많은 부분을 비언어적 요소가 결정한다는 뜻이다.

예를 들어, 같은 "반갑습니다"라는 말도 따뜻한 눈빛과 미소, 밝은 목소리와 당당한 자세로 표현하면 호감이 배가된다. 반대로 무표정하거나 움츠린 태도에서 나온 말은 금세 힘을 잃는다. 결국 첫인상이란, 내가 의도하든 하지 않든 내 몸 전체가 전하는 메시지인 셈이다.

첫인상을 좌우하는 핵심 요소

연구에 따르면 첫인상을 결정짓는 요소는 외모가 80%, 목소리가 13%, 인격이 7%다. 여기서 외모란 단순히 얼굴 생김새가 아니라, 체형, 옷차림, 피부, 눈빛, 표정, 자세, 매너 등을 아우른다.

이 사실은 한 가지 중요한 메시지를 전한다. 첫인상은 타고난 외모보다 관리된 이미지가 더 큰 힘을 발휘한다는 것이다. 옷차림과 헤어스타일, 얼굴의 표정과 눈빛, 말할 때의 자세와 태도는 모두 후천적으로 변화시킬 수 있다. 따라서 첫인상을 바꾸는 것은 불가능한 일이 아니라, 의식적 노력의 결과다.

표정 — 첫인상의 언어

"미소는 만국 공통어"라는 말처럼, 표정은 첫인상의 핵심이다. 밝은 표정은 자신에게 긍정적인 기운을 불어넣을 뿐 아니라, 상대에게 기쁨을 나누어 준다. 한 사람의 표정은 주변의 분위기까지 변화시킨다.

표정을 관리하는 몇 가지 원칙이 있다. 마음을 아름답게 가지면 얼굴은 저절로 밝아진다. 얼굴을 밝게 하려고 노력하면 마음까지 밝아진다. 결국 표정은 마음의 상태가 얼굴에 투영된 결과다. 웃음을 지으면 음성이 경쾌해지고, 태도는 여유로워진다. 상대방에게 관심과 생기를 전하는 표정은 강력한 호감의 메시지가 된다.

얼굴은 마음의 거울

얼굴은 내면을 비추는 가장 솔직한 거울이다. 불안과 열등감은 얼굴에 어둠을 남기고, 자신감과 긍정은 얼굴을 환하게 만든다. 따라서 첫인상을 바꾸려면 단순히 표정을 훈련하는 데서 멈추지 말고, 내적인 이미지를 강화해야 한다. 자아 존중감을 높이고, 스스로에게 긍정적인 말을 건네는 훈련은 얼굴 이미지를 바꾸는 데 놀라운 효과를 준다.

"넌 왜 이렇게 멋있니." "나는 오늘도 최고야." 이런 자기 칭찬과 긍정적 자기 암시는 단순한 말이 아니라, 마음을 변화시키는 씨앗이 된다. 마음이 바뀌면 표정이 달라지고, 표정이 달라지면 첫인상이 달라진다.

첫인상은 기회다

좋은 첫인상은 단순히 호감을 주는 데 그치지 않는다. 그것은 관계의 문을 열고, 기회의 장을 넓히며, 설득의 가능성을 높인다. 첫인상은 마치 문 앞에 놓인 열쇠와 같다. 그 열쇠가 긍정적이고 따뜻하다면, 사람들은 기꺼이 마음의 문을 열고 다가온다.

반대로 무심코 지은 표정 하나, 무뚝뚝한 태도 하나가 소중한 기회를 막을 수도 있다. 그렇기에 첫인상을 관리한다는 것은 단순히 외모를 꾸미는 것이 아니라, 나의 미래를 디자인하는 행위다.

첫인상은 짧지만, 그 힘은 길다. 말보다 먼저 도착하는 것은 표정이고, 이성보다 먼저 반응하는 것은 감정이다. 결국 첫인상은 보이지 않는 메시지이자, 보이지 않는 계약이다.

당신의 첫인상은 지금 어떤 언어를 말하고 있는가? 미소와 자신감으로 세상을 설득하는가, 아니면 무표정과 불안으로 기회를 놓치고 있는가?

첫인상은 단 한 번 주어진다. 그러나 그 단 한 번이 당신의 모든 만남을 바꾸고, 삶의 방향을 흔들 수 있다. 그러므로 기억하라. 첫인상은 운명이 아니라 선택이다. 그리고 그 선택은 지금 당신의 표정과 태도에서 시작된다.

맺음말

말은 단순한 소리가 아니다. 그것은 한 사람의 생각과 철학, 그리고 인격이 담긴 보이지 않는 에너지다.

스피치 커뮤니케이션은 단순히 무대 위에서의 화려한 기술이 아니다. 그것은 관계를 지배하고, 메시지를 설계하며, 세상을 움직이는 힘이다. 말 한마디가 누군가의 삶을 바꾸고, 한 번의 표현이 관계의 질서를 새롭게 한다. 결국 우리는 언제나 말 속에서 삶을 경영하고 있는 셈이다.

이 책이 전하고자 했던 메시지는 단순하다.

말에는 기술이 있고, 전략이 있으며, 그보다 더 중요한 것은 태도와 책임감이다. 작은 표정 하나, 짧은 한 마디가 누군가의 마음에 빛이 될 수도 있고, 상처가 될 수도 있다. 그러므로 우리는 말을 가볍게 여길 수 없다.

스피치는 거대한 무대 위의 연설에서만 존재하지 않는다. 아이와 눈을 맞추는 순간, 동료에게 건네는 격려 한마디, 고객 앞에서 내뱉는 설명 한 줄에도 스피치의 본질은 살아 있다. 우리가 매일 쓰는 말은 결국 나를 드러내고, 내 삶을 만들어가는 설계도가 된다.

지금, 당신의 말은 어떤 세상을 만들어내고 있는가?
당신의 말은 누군가를 세우고 있는가, 아니면 무너뜨리고 있는가?
당신의 말은 사랑을 불러오고 있는가, 아니면 불신을 남기고 있는가?

말하는 순간, 인생의 무대가 달라진다.
그 순간, 당신의 관계가 달라지고, 메시지가 달라지고, 결국 당신의 삶 전체가 달라진다.

그러므로 이 책을 덮는 지금, 마음 깊이 다짐하라.
"나는 관계를 지배하고, 메시지를 설계하는 사람이다.
나의 말은 누군가의 내일을 바꾸는 씨앗이다."

이 한마디 다짐이 당신의 삶을 바꾸는 첫 걸음이 될 것이다.
세상은 결국, 말하는 자의 편에 선다.

관계를 지배하고 메시지를 설계하라 - 스피치 커뮤니케이션 디자인

초판 1쇄 인쇄 | 2025년 9월 10일
초판 1쇄 발행 | 2025년 9월 8일

지은이 | 신윤형
발행처 | 도서출판 킹덤
등록일 | 2019년 1월 30일
주소 | 경기도 고양시 일산동구 숲속마을로 65, 302-203
전화 | 010-8895-6978
메일 | syh8737@hanmail.net

가격 | 34,000원

ISBN 등록번호 979-11-89329-12-9(13370)